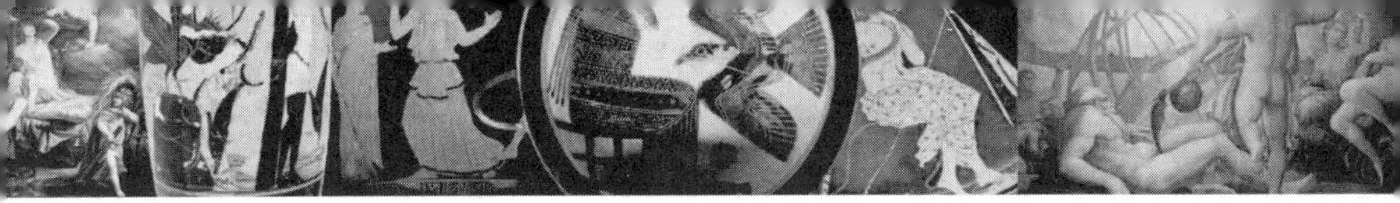

오디세이 신화

정일영 역

신아사

이 글을 쓰면서

이 책은 〈오디세이아〉의 전체 이야기 중 10장까지의 내용을 번역한 것이다. 우리에게 너무도 잘 알려져 있는 〈일리아드〉와 〈오디세이아〉는 유럽문학 최대의 서사시로 손꼽히고 있다. 작가인 호메로스에 대해서는 그의 출생이나 경력, 또는 활동 연대에 대해서는 명확하게 나타나지 않고 있는데, 그러나 작품 속에 드러나는 사실이나 글을 통해 BC 800년에서 750년이 아닐까 추측한다.

〈일리아드〉는 트로이 전쟁이라는 커다란 사건을 중심으로 트로이 공방 50일 동안의 이야기 속에 10년의 전망을 담았으며, 과거를 뒤돌아보고 미래를 암시함으로써 비극성을 강조하였고, 여러 가지 비유로 자연계와 인간계의 관계를 특색 있게 묘사하였다. 무용(武勇)을 노래하고 그리스 기사도를 찬양한 이 시는 BC 900년경의 작품으로 추정되는데 이 작품은 마침내 그리스의 국민적 서사시가 되었고 교육의 중요한 부분이 되었을 뿐만 아니라 유럽 서사시의 모범으로서 라틴 문학을 거쳐 유럽 문학에 큰 영향을 끼쳤다.

반면 〈오디세이아〉의 주제는 그리스군의 트로이 공략 후의 오디세우스의 10년간에 걸친 해상표류의 모험과 귀국에 관한 이야기이며, 이 이야기를 40일간의 사건으로 처리하였다. 총 20장으로 구성되어 있는 이 이야기에서 전반부까지는 주인공이 없는 동안의 오디세우스의 저택의 모습을 그렸고 제5장에서부터 칼립소에게 붙잡혀 있는 주인공 오디세우스가 등장한다. 포세이돈의 방해로 갖은 고생을 한 오디세우스는 마침내 고향으로 돌아와 자신의 아내를 곤경에 빠뜨렸던 구혼자들을 물리친다는 내용인데, 〈일리아드〉가 트로이 전쟁이라는 주제를 중심으로 화려한 영웅들의 모험담이나 전투 장면의 묘사가 화려하다면, 〈오디세이아〉는 오디세우스라는 한 인물을 중심으로 사건 하나하나의 생생한 묘사가 돋보이며 영웅다운 기개나 면모 뿐 아니라 한 인간으로서의 고통과 번민이 실감나게 펼쳐지는 보다 섬세한 작품이라 할 수 있다.

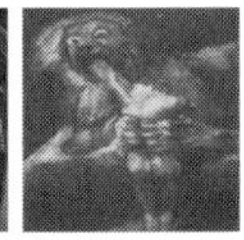

이미 〈오디세이아〉에 대한 훌륭한 번역서들이 나와 있는 것이 사실이다. 그러나 어떤 번역서들은 너무 의역에 치우친 나머지 본래의 생생한 묘사나 표현하고자 하는 내용들이 희석되는 경우를 볼 수 있다. 이 책에서 나는 가능한 한 원전에 가깝게 번역하려고 시도했는데, 그 이유는 주인공의 심리적 상태나 상황에 대한 느낌을 보다 생동감 있게 전하기 위해서이다. 문체가 딱딱하다는 느낌을 갖기도 하겠지만 사건에 대한 때론 매우 잔인한 묘사는 우리에게 보다 생생한 현장감을 준다는 점에서 충분한 의미가 있다고 생각한다. 그리고 이야기 속에서 등장하는 인물이나 신들에 대해 참고 편을 이용하여 설명함으로써 이야기 흐름의 전개를 보다 잘 이해할 수 있도록 하였다. 비록 10장까지의 내용을 번역한 것이지만 그 뒤에 전개될 내용을 보다 흥미진진하게 암시해줄 수 있는 부분이라 생각하며 가능한 한 빠른 시일 내에 나머지 부분까지 보다 알찬 번역을 할 수 있는 날이 오기를 기대해 본다.

역자 정일영

목 차

오디세이아

신들의 회합과 텔레마코스를 찾아간 아테네 여신

오디세이 신화는 오디세우스가 요정인 칼립소가 지배하는 섬에 잡혀 아내인 페넬로페를 다시 만나기 위해 고향으로 돌아올 수 없게 된 시점에서 시작된다. 모든 신들은 오디세우스가 고향으로 돌아오게 하는데 긍정적인 입장을 취하는데 그 이유는 사실 칼립소가 너무 오랫동안 오디세우스를 붙잡고 있었기 때문이었다. 그러나 포세이돈만이 오디세우스가 자신의 아들인 폴리페포스의 눈을 멀게 했다는 이유 때문에 반대한다(10장에서). 포세이돈이 아이티오페스인들과 주연을 베푸는 동안, 다른 신들은 회합을 가지게 되는데 여기에서 아테네는 신들의 왕인 제우스를 비롯하여 오디세우스가 돌아올 수 있도록 신들을 설득한다. 제우스는 오디세우스가 고향으로 돌아가는 것을 허락하고 전령사인 헤르메스를 칼립소에게 보내 오디세우스를 풀어주라고 말한다. 한편, 아테네는 오디세우스의 고향인 이타케로 가 오디세우스의 아들인 텔레마코스를 찾아가 헬렌의 남편인 네스토르가 다스리는 왕국으로 아버지를 찾아 떠나라고 충고한다.

요정이시여

오디세우스는 트로이의 성스러운 도시를 파괴한 후 너무도 오랫동안 방황하였습니다.

그는 그리고 수많은 도시 시민들을 보았고 그들의 괴로움을 알았습니다. 그는 바다에 오랜 시간 동안 표류하면서 자신의 기구한 운명에 대해 괴로워했고 그의 동료들의 귀환을 바라면서 마음속으로 많은 고통을 느꼈습니다.

그는 자신의 바람과는 정 반대로 동료들을 죽음으로부터 구할 수 없었습니다.

그리고 그들은 자신들의 불신으로 인해 위험에 빠졌지요. 정말 어리석은 인간들이라 할 수 있소. 헬리오스 휘페리온의 황소를 먹은 후, 고향으로 돌아갈 수 있는 기회를 빼앗겼습니다.

제우스의 딸인 요정이여, 내게 말해주소서!

전쟁의 죽음과 바다의 위험 속에서 살아남은 이들은 모두 고향으로 돌아갈 수 있었지만,

오디세우스 혼자만이 고향과 아내로부터 멀리 떨어져 있고, 잔인하기 그지없는 여신 칼립소가 자신의 동굴 속에 오디세우스를 가두어두고 남편이 되길 강요하고 있답니다.

신들이 오디세우스가 고향인 이타케로 돌아가는 것을 바란 지 벌써 수년의 시간이 흐르지 않았습니까. 모든 신들이 오디세우스를 가엾이 여기고 있는 반면, 포세이돈만이 오디세우스가 자신의 아들의 눈을 멀게 했다는 이유로 방황하고 고통스러운 세월을 보내기를 바라고 있습니다.

그리고 포세이돈은 세상 끝에 있는 해가 지는 쪽과 해가 뜨는 쪽의 두 민족으로 나뉘어져 있는 이디오피아 사람들에게 갔다.

그리고 그곳에서 황소와 양들을 잡아 향연을 베풀고 있는 동안, 다른 신들은 올림피아에 있는 제우스의 궁전에서 회의를 가졌고, 아가메논의 아들이자 영웅인 오레스테스가 죽인 나무랄 데 없는 아이기스토스를 생각하며 사람들에 대해 이야기했다.

— 아! 사람들은 걸핏하면 신들에게 원망을 돌리곤 합니다! 그들은 자신들의 불행이 우리들로 인해서 생겼다고 생각하지만 오히려 광기에 사로 잡혀 자신들의 운명을 더욱 악화시킨답니다.

우리가 아르고스의 학살자인 헤르메스를 통해 아이기스토스에게 아트레우스의 아들을 죽여선 안 되며 그의 아내를 원해서도 안 될 것이며 만약 이를 어길 시에는 오레스테스가 자라 자신의 왕국을 되찾기 위해 복수를 하는 끔찍한 운명에 처하게 될 것이라고 분명히 경고했음에도 불구하고 아이기스토스는 운명을 거역하고 아트레우스를 죽이고 그의 아내와 결혼을 했습니다.

헤르메스가 신들의 경고를 분명히 전했음에도 불구하고 그의 충고를 받아들이지 않은 아이기스토스는 결국 끔찍한 운명에 처하게 되었고, 그의 운명을 안타까워하던 여신 아테네가 간청한다.

— 오 모든 신들 중 가장 위대하신 크로노스의 아들이시여!

모든 이에게 합당한 죽음을 내리시는 이여!

아이기스토스가 신들의 경고를 무시하고 운명을 거슬러 행한 행동에 대한 대가를 받아야 한다는 것을 저도 알고 있나이다.

그렇지만 용감한 오디세우스에 대한 기억으로 내 마음은 갈갈이 찢겨진답니다.

오 불행한 영웅이여! 바다 한가운데 있는 섬에 갇힌 채 고향과 사랑하는 사람들로부터 그렇게 오랜 세월 떨어져 고통스러워해야 한다니!

그리고 나무가 울창한 이 섬에는 바다의 깊이를 잘 알고 있으며 땅과 하늘인 우라노스 사이에 세워져 있는 높은 기둥을 떠받치고 있는 아틀라스의 딸인 강력한 힘을 가진 여신이 살고 있습니다. 이 여신은 탄식하고 있는 이 불행한 영웅인 오디세우스를 붙잡고는 그가 고향인 이타케를 잊도록 하기 위해 항상 감미로운 말로 유혹하고 있죠. 그러나 오디세우스는 고향에서 지펴대는 연기를 보고 싶어 하며 섬에서 이대로 사느니 차라리 죽음을 택하길 바라고 있습니다.

올림푸스의 신들이여. 당신들은 위대한 트로이 앞에서 아르고스인들의 배를 타고 당신들을 위해 임무를 완수했던 오디세우스의 희생으로 인해 감명을 받지 않습니까?

그러자 구름을 모으고 있던 제우스가 아테네에게 말했다.

— 내 자식이여, 네가 하고자 하는 말이 무엇인지를 내가 모를 것이라고 생각하느냐?

내가 어찌 모든 인간들 중 가장 지혜로우며 거대한 하늘인 우라노스에 살고 있는 영혼 불멸의 존재인 신들에게 가장 정성껏 제물을 바치는 오디세우스를 잊을 수 있겠느냐?

그러나 땅을 지탱하고 있는 포세이돈이 오디세우스가 퀴클로페스들 중 가장 힘이 센 신과 같은 존재인 자신의 아들인 폴리페모스의 눈을 멀게 했다는 이유로 너무도 화가 나 있구나.

바다를 지배하는 포르퀴스의 딸인 요정 토오사가 깊은 동굴 속에서 포세이돈과 잠자리를 같이 했기 때문에 포세이돈은 땅을 뒤흔들 능력이 있으면서도 오디세우스를 죽이지 않고 그저 고향을 떠나 방황하게 만든 것이니라.

그러나 올림푸스 신전에 모여 있는 우리 신들은 오디세우스가 고향으로 돌아갈 것이라는 것을 확신하노라. 그리고 포세이돈은 자신의 분노를 잊어버리게 될 것이니, 그 이유는 영혼 불사의 존재인 모든 신들과 홀로 대적해서 싸울 수는 없기 때문이니라.

그러자 빛나는 눈을 가진 아테네 여신이 제우스에게 대답했다.

— 오 왕들 중 가장 높은 곳에 임하시는 크로노스의 아들이신 아버지시여!

제발 바라옵건대 오귀기아 섬에서 아르고스의 학살자인 전령신 헤르메스를 오디세우스를 붙잡고 있는 요정인 칼립소에게 보내시어 우리 올림푸스의 신들이 강한 정신과 인내심을 가지고 있는 지혜로운 오디세우스가 고향으로 돌아갈 수 있도록 결정하였다는 것을 알려주세요.

그리고 저는 이타케로 가서 오디세우스의 아들을 독려하면서 그에게 힘을 주어 광장에 모여 서로 자신들이 오디세우스의 뒤를 이은 후계자라고 주장하면서 수많은 숫양들과 소들을 닥치는 대로 도살하고 있는 야만족인 아카이아인들을 쫓아 보낼 수 있게 하겠습니다. 그리고 그가 그렇게도 사랑하는 아버지가 돌아온다는 사실을 알려주고 그를 모래로 뒤덮인 필로스와 스파르타로 보낼 것입니다. 이로 인해 그는 모든 인간들 중 가장 영광스러운 존재라는 명성을 얻게 될 것이니까요.

이렇게 말을 마친 아테네 여신은 영원히 존재하는 황금으로 장식된 신발을 신었고 이 신발로 인해 아테네 여신은 바람의 입김이 가는 대로 파도가 출렁이는 바다와 광활한 대지 위를 날아갔다.

그리고 아테네 여신은 가장 강력한 힘을 가진 제우스의 딸로서 자신에게 대항했던 모든 인간 영웅들을 굴복시킬 때 사용하였던 날카롭고 무거우며 거대한 동시에 견고한 청동으로 만들어진 창을 손에 잡았다.

그리고 올림푸스 신전 꼭대기에서 날아올라 손에는 청동으로 만들어진 창을 들고는 오디세우스의 장례식을 치루고 있는 이타케 시민들 한 가운데에 내려 왔다. 그녀는 타포스인들의 수장인 멘테스라는 낯선 이방인의 모습을 하였다. 그리고 아테네 여신은 문 앞에서 자신들이 죽인 황소의 가죽위에 앉아서 장기 놀이를 하고 있는 무례하고 오만한 오디세우스의 후계자라고 주장하는 이들을 보았다.

그리고 전령들과 시종들이 그들 주위를 감싸고 있었는데, 한쪽에서는 술을 섞는 항아리인 크라테레스 안에다 물과 포도주를 섞고 있었고 다른 한쪽에서는 작은 구멍들이 숭숭 뚫려 있는 해면을 가지고 식탁을 닦고 있었다. 그리고 일부는 오디세우스의 후계자들로 자처하는 이들 앞에 고기를 넘치게 차리고 있었다. 이들 중 가장 높은 수장인 텔레마코스는 아버지의 죽음으로 인해 애통한 심정으로 앉아 있었다. 텔레마코스는 갑자기 용감한 그의 아버지의 용기를 이어받아 왕궁 밖으로 후계자로 자처하는 무례한 이들을 몰아내고 권력을 다시 되찾고 재산을 간직할 수 있게 되었으면 하는 바람을 가지고 있었다.

사람들 틈에 앉아 이런 생각을 하던 텔레마코스는 장례식 도중에 성문 앞에 오랫동안 머물러 있던 한 이방인을 모습을 하고 있는 아테네 여신을 보았다. 그는 그 이방인의 오른 손을 잡고 그의 창을 받으며 말했다.

— 어서 오시오, 여행객이여. 당신은 우리들의 친구이니 식사

후에 당신이 원하는 것을 우리에게 말하시오.

이렇게 말하고는 텔레마코스가 아테네 여신을 궁 안으로 안내했고 아테네 여신은 그를 따라갔다. 그리고 높이 세워진 왕궁에 들어섰을 때 텔레마코스는 아테네의 창을 윤이 나고 있는 높은 기둥 옆에 세웠는데, 그 기둥에는 이미 주인을 잃은 인내심 강한 오디세우스의 다른 창들이 세워져 있었다.

그리고 아테네 여신에게 정교하게 세공된 의자에 앉게 했는데 의자 위에는 화려하게 수놓인 삼베 천이 깔려져 있었고 발을 올려놓을 수 있는 발판이 있었다. 그리고 텔레마코스 자신은 오디세우스의 자리만을 노리는 오만불손한 이들로부터 멀리 떨어진 채 의자를 가지고 와 그녀 곁에 앉았다. 이는 이방인인 아테네 여신이 예의도 없이 식사를 하고 있는 무례한 자들로부터 기분을 상하지 않게 하고 또 떠난 후 아직 돌아오지 않아 자리에 없는 아버지에 대해 묻기 위해서였다.

그리고 시녀가 황금으로 만든 항아리를 가져와 아테네 여신이 손을 씻을 수 있도록 은으로 만든 대야에 물을 부었고 텔레마코스와 아테네 여신을 위해 식탁을 차렸다.

그리고 식탁 위에 빵을 가져온 후 많은 음식을 식탁에 차려놓았으며 또 다른 하인은 고기를 먹기 좋게 잘게 썬 후 금으로 만든 잔에 포도주를 따랐다.

바로 이때 오만하고 무례한 신랑 후보자들이 들어왔다. 이들이 의자에 순서대로 앉자 전령들은 그들의 손에 물을 부었으며 하인들은 바구니에 빵을 담아 가져왔고 젊은 시종들은 신랑 후보자들에게 포도주를 주었다.

이들이 앞에 차려 있는 음식에 손을 뻗어 식사를 하기 시작하였고 시장기가 가시자 포도주로 목을 충분히 축인 다음에 춤과 노래를 하라고 시켰다. 전령이 페미오스의 손에 칠현금인 키타리스를 가져다주었다.

악기를 받아 든 그는 악기를 연주하며 노래를 하기 시작했다. 텔레마코스는 다른 이들이 들을 수 없도록 하기 위해 빛나는 눈을 가진 아테네 여신 쪽으로 머리를 기울여 조그마하게 말했다.

— 친애하는 여행객이여. 내가 이런 말을 하면 혹시 실례가 되지는 않을는지요?

기타리스와 노래는 저들의 마음에 쏙 들었을 것이니 왜냐하면 저들은 내 아버지인 오디세우스의 재산을 아무 거리낌 없이 빼앗았으니 말이요. 정작 재산을 뺏긴 내 아버지의 백골은 저 메마른 땅에서 비에 맞아 썩어가고 있거나 혹은 바다 어딘가에 잠겨 물살에 따라 이리 저리 굴러다니고 있을 텐데 말이죠. 만일 저들이 아버지가 이타케로 돌아오시는 것을 보았다면, 비싼 옷과 황금을 버리고 허겁지겁 걸음아 나 살려라하고 도망갔을 텐데 말입니다. 그러나 아버지인 오디세우스는 잔혹한 운명으로 인해 죽음을 당하였고 우리에게는 더 이상 희망이 없다오. 우린 저쪽 땅 어디에선가 살고 있는 사람들 중에 하나가 우리에게 아버지의 귀환을 알리길 바랐지만 결코 그런 날은 오지 않을 것이오. 솔직하게 내게 말해주시오.

당신은 누구이며 어디 출신이오? 당신의 고향은 어디이며 부모님은 누구시오? 어느 왕국에서 온 것이오? 그리고 당신을 이타케로 인도해준 선원들은 또 누구요? 나는 당신이 적어도 걸어서 이곳에 오지는 않았다고 생각한다오. 내가 모든 것을 알 수 있도록 진실을 말해주오. 당신은 이곳에 처음 온 것이오, 아니면 내 아버지의 손님으로 온 적이 있는 것이오?

많은 사람들이 우리의 왕국을 알고 있고 또 아버지인 오디세우스는 늘 사람들을 초대했었으니 하는 말이라오.

그러자 빛나는 눈빛의 아테네 여신이 텔레마코스에게 말했다.

— 내가 당신에게 아주 중요한 사실을 말해 주겠소. 나는 내가 용감한 앙키알로스의 아들인 멘테스라는 것이 매우 자랑스럽소. 그리고 나는 뱃사람들의 친구인 타포스인들을 통치하고 있다오. 나는 번쩍이는 쇠를 싣고 포도주 빛의 바다를 항해하여 청동을 찾기 위해 테메사 쪽으로 가는 중이었다오. 그곳은 우리와는 다른 언어를 사용하는 사람들이 살고 있는 곳으로, 그곳으로 가기 위해 선원들과 함께 배를 타고 흑해를 항해를 하고 있던 중이었소. 내 배가 마을 밖 들판 근처에 있는 숲으로 덮인 네이온스 산 아래 쪽, 레이트론 항구에 정박했소. 그래서 이곳에 내 배와 선인들이 정박하게 되었던 것이라오.

그리고 우리 선조들은 오래전부터 이곳에서 환대를 받았다오. 정말 그 아버지에 그 아들이라는 말이 맞는 것 같소. 혹 당신이 내 말을 믿지 못하겠다면 이 점에 대해 노인인 라에르테스에게 물어봐도 좋소. 사람들이 말하길 그는 더 이상 이 도시에 오지 않는다고 하는데 사실 그는 멀리 떨어진 들판 외진 곳에 살고 있는데 그의 늙은 시종이 그가 기름진 포도밭을 경작하느라고 피곤해 지면 그에게 먹을 것과 마실 것을 가져다준다오.

그리고 내가 이곳에 온 이유는 사람들이 당신의 아버지가 돌아왔다고 말했기 때문이라오. 그렇지만 신들이 그의 귀환을 방해하고 있는 것 같으니 왜냐하면 존귀한 오디세우스는 이 땅에서 결코 죽지 않기 때문이라오. 그는 거대한 파도가 치는 망망대해 어느 섬에 붙잡혀 있을 것이오. 난폭하고 무서운 남자들과 그의 주인이 강제로 오디세우스를 붙잡아놓고 있는 것이라 생각하오. 그렇지만, 오늘 비록 내가 예언가도 아니고 조점술을 통해 길흉화복을 점칠 줄도 모르지만 불사의 존재인 신들이 내게 보여주었던 예지를 당신에게 말해주겠소.

비록 오디세우스가 그토록 사랑하는 고향에서 오랜 세월 멀리 떨어져 있기는 하지만, 이곳으로 되돌아올 방법을 찾을 것이오. 왜냐하면 그는 그러고도 남을 남다른 재치가 있으니 하는 말이오. 그런데 당신이 정말 오디세우스의 친 아들이 맞는지 솔직히 나에게 말해주시겠소? 당신은 머리와 아름다운 눈이 기이할 정도로 그와 닮았단 말이오.

오디세우스가 트로이로 떠나기 전 그와 나는 그의 배와 아르고스인들의 배에서 자주 만났었는데, 그가 트로이로 떠난 이후 서로 더 이상 보지 못했다오.

그러자 현명한 텔레마코스가 그에게 대답했다.

— 이방인이여, 내가 그대에게 솔직하게 말하리다. 나의 어머니께서 내가 오디세우스의 아들이라고 말씀하셨지만, 나는 솔직히 아무 것도 알 수가 없다오. 왜냐하면 그 누구도 스스로 자신의 아버지가 누구인지는 알 수 없으니까 말이오. 아, 혹시 내가 어딘가 풍족한 삶을 살며 늙어가는 행복한 어떤 사람의 아들이었으면 얼마나 좋을까요. 사람들은 내가 사람들 중에 가장 불행한 사람의 아들이라고 말을 한다오.

그러자 반짝이는 눈을 가진 아테네 여신이 그에게 대답했다.

— 신들이 당신을 보잘 것 없는 사람의 아들로 태어나게 하지 않았다는 것을 나는 확신하오. 페넬로페가 당신을 낳았고 이제 이렇게 훌륭하게 성장하지 않았소. 그런데 내게 솔직하게 말해주

시오. 이 음식들은 무엇이오? 그리고 이 사람들은 왜 모여 있는 것이오? 당신은 이 사람들이 필요한 것이오? 향연을 베풀고 있는 것이오? 아니면 결혼을 축하하는 것이오? 내가 이렇게 생각할 수밖에 없는 이유는 이 왕궁에 있는 그 누구도 돈을 지불하지 않으면서 저렇게 불손하고도 예의 없이 음식을 먹고 있으니 말이오. 적어도 생각이 있는 사람들이라면 저런 무례한 사람들 가운데 당신을 보는 것에 아마 한탄할 것이라오.

그러자 현명한 텔레마코스가 그녀에게 대답했다.

— 이방인이여, 이 점에 대해 당신이 물었으니 내가 말하리다. 이 왕궁은 영웅이 살고 있었을 때에는 풍요롭고 명예로운 장소였소. 그렇지만 오늘날 우리 불행의 근원인 신들이 아마도 다르게 결정을 내려 내 아버지인 오디세우스를 모든 사람들 사이에서 잊힌 존재로 만든 것 같다오.

그리고 나는 트로이 군사들에 의해 내 아버지가 동료들과 함께 죽임을 당했거나 전쟁 후 친구들의 품 안에서 죽었다면, 설사 내 아버지가 돌아가셨다고 해도 결코 슬퍼하지 않았을 것이오.

만일 그랬다면 아카이아인들이 아버지를 위해 무덤을 세워주었을 것이고 아버지는 아들인 내게 위대한 영광을 풍족한 재물과 함께 물려주었을 것이오. 그렇지만 오늘 폭풍의 전령들인 하피들이 아버지를 어둠 속으로 납치해 결국 아버지는 돌아가셨다오. 그 누구도 내 아버지가 어떻게 되었는지 내게 알려주지 않았고 내게 오직 고통과 눈물만이 남겨주었을 뿐이라오. 그렇지만 나는 단지 내 아버지가 돌아가셨기 때문에 신음하는 것이 아니라오. 신들은 내게 또 다른 고통을 주었기 때문이오.

둘리키온, 사메와 숲으로 둘러싸인 자퀸토스를 지배하는 모든 이들과 이타케에서 지배층 계급에 있는 사람들까지 모두 내 어머니를 차지하기 위해 호기탐탐 기회를 노리고 있고 왕국의 재산을 탕진하고 있다오.

그리고 나의 어머니는 이들의 강압적인 결혼신청을 더 이상 거절할 수 없는 지경에 이르렀고 이들은 먹고 마시며 나의 왕국의 재산을 없앨 뿐 아니라 곧 나까지도 죽이려고 들것이오.

텔레마코스를 가엾게 여긴 아테네 여신이 그에게 말했다.

— 아, 틀림없이 이 무례하고 오만불손한 자들로부터 당신을 구해줄 오디세우스의 절대적인 도움이 필요하겠구려.

일로스 메르메로스의 아들인 일로스의 곁을 떠나 에퓌라에서 오던 길에 나의 거처에 머물면서 즐겁게 먹고 마시던 오디세우스를 처음 보았을 때처럼 만일 오디세우스가 돌아와 그의 투구와 방패 그리고 양손에 창을 들고 문 앞에 서 있다면 얼마나 좋겠소!

오디세우스는 빠른 배를 타고 청동으로 만든 날카로운 무기와 화살에 묻히기 위한 치명적인 독을 찾기 위해 그곳에 갔고 일로스는 영원히 죽지 않는 신들을 무서워하여 그에게 독을 주려 하지 않았지만, 오디세우스를 몹시 좋아했던 나의 아버지는 그에게 독을 주었다오.

만일 내가 본 대로라면, 오디세우스는 오만한 저들 앞에 홀연히 나타날 것이고 그렇게 되면 저들의 운명은 끝이 날 것이며 결혼식은 꿈도 꾸지 못할 것이오! 그렇지만 그가 돌아올 지 아니면 돌아오지 못할 지, 또 왕국으로 와 저 무례한 자들에게 벌을 내릴지는 신들의 결정에 달려 있다오. 그래서 나는 당신이 이곳으로부터 저들을 어떻게 쫓아내야 할지 그 방법을 찾으라고 권하고 싶다오.

이제 내 말을 귀 기울여 듣고 기억하시오.

내일 아카이아인들의 영웅들이 광장에 모이면, 오디세우스의 후계자라고 자처하는 오만불손한 저들을 모두 자신들의 나라로 돌아가라고 그들에게 말하시오. 그리고 신들을 증인으로 선택하시오.

당신의 어머니가 만일 오디세우스 이외의 다른 남자와 결혼하길 원한다면 강력한 힘을 가지고 있는 그녀의 아버지의 왕국으로 돌아가라고 하시오. 그의 측근들이 그녀와 결혼을 할 것이고 그녀의 아버지는 그들에게 그토록 사랑하는 딸의 결혼식에 합당한 많은 재산을 줄 것이오.

그리고 당신이 나를 진정으로 믿길 원한다면 다음과 같이 충고하는 바이오.

그대의 가장 훌륭한 20명의 선원들과 함께 무장하고 가장 훌륭한 배를 타고 그렇게 오랫동안 떠나 있는 그대의 아버지에 대한 소식을 얻기 위해 떠나시오. 아마도 사람들 중 누군가가 당신에게 아버지에 대해 말하거나 아니면 인간들로부터 가장 큰 영광을 받고 있는 제우스로부터 당신 아버지에 대한 무슨 소식을 들을 수 있을 것이라오.

우선 필로스로 가서 고결한 네스토르에게 물어보시오. 그리고 스파르타로 가서 청동갑옷을 입은 아카이아인들 중 마지막으로 돌아온 금발의 메넬라오스에게 가 아버지에 대한 소식을 물어보시오.

그리고 만일 당신의 아버지가 살아있고 고향으로 돌아온다는 소식을 듣게 된다면, 아버지를 보고 싶은 마음이 간절하겠지만 그래도 1년을 더 기다리시오. 그러나 만일 당신 아버지가 더 이상 살아있지 않고 죽었다는 소식을 듣게 된다면, 사랑하는 사람들이 살고 있는 고향으로 돌아오시오. 그리고 아버지를 위해 성대한 장례식과 무덤을 세워주시오. 왜냐하면 그는 그럴만한 업적과 인품을 가졌기 때문이라오. 그리고 이 모든 일을 치른 후에는 날카로운 이성과 냉정한 판단을 통해 당신의 왕국에 머물고 있는 저 무례한 사람들을 계략으로 죽일 것인지 아니면 무력을 사용하여 죽일 것인지를 생각하시오. 이제 당신은 더 이상 아이가 아니라는 것을 명심하고 치기어린 어리석은 행동을 해서는 안 된다오.

당신은 오레스테스가 자기 아버지의 신의를 저버리고 무참히 살해한 아이기스토스를 계략을 써서 죽임으로서 사람들에게 얼마나 많은 칭송을 받았는지 알지 못합니까?

나의 친구이자 건장하고 잘 생겼으며 용감한 당신 역시 후세의 사람들로부터 이와 같은 영광을 받을 수 있는 자격이 있음을 난 잘 알고 있소. 나는 나를 기다리고 있는 나의 동료들과 합류하기 위해 나의 배로 돌아갈 것이오. 친구여 내가 한 말을 가벼이 듣지 말고 잘 명심하기 바라오.

그러자 지혜로운 텔레마코스가 아테네 여신에게 대답했다.

— 이방인이여, 당신은 나에게 진정한 친구로서, 또 아버지가 아들에게 대하는 것처럼 귀중한 충고를 해주시는군요. 나는 당신이 한 말을 결코 잊지 않을 것입니다. 그러나 당신이 바쁘다는 것을 알고 있지만 당신이 내게 베풀어준 귀중한 호의와 감사에 보답할 수 있게 목욕을 한 후에 선물을 받아 돌아가실 수는 없는지요? 또한 당신의 동료들도 함께 나의 귀빈으로 모시고 싶으니 조금만 더 머물러 주실 수 없겠는지요?

그러자 아테네 여신이 그에게 대답했다.

— 나를 더 이상 붙잡지 말아주오. 나는 이제 떠나야 한다오. 당신의 그 소중한 마음만을 간직하고 나의 왕국으로 돌아가겠소,

내가 다시 이곳으로 돌아왔을 때 그때 봅시다. 부디 마음을 굳게 먹고 강해지길 바랍니다.

이렇게 말을 마친 빛나는 눈을 가진 아테네 여신은 하늘로 날아올라 새처럼 사라졌다. 그러나 그녀는 텔레마코스의 마음속에 아버지에 대한 생생한 기억과 함께 강한 힘과 자신감을 심어주었다. 그리고 두려움으로 가득 차 있던 텔레마코스는 그녀가 신이었다고 생각하게 되었다.

아테네 여신이 사라지고 난 후, 젊은 영웅인 텔레마코스는 오만불손한 자들에게 다가갔다. 매우 유명한 음유시인이 노래를 부르고 있었고 그 자들은 조용한 가운데 그의 노래를 들으며 앉아 있었다. 그의 노래 가사에는 아카이아 용사들이 트로이 전쟁을 마치고 고향으로 돌아올 때 아테네 여신이 이들에게 내렸던 가혹한 운명에 대한 내용을 담고 있었다.

그리고 왕국 높은 방에서 이카리오스의 딸이자 지혜로운 여인인 페넬로페가 이 노래를 듣고 있었는데, 그녀는 뒤에 두 명의 하녀들과 함께 높은 계단을 서서히 걸어 내려왔다. 신랑 후보자들과 마주하게 되자 그녀는 머리 장식에 쓰이는 베일로 얼굴을 가리고 지붕을 받치고 있는 육중한 기둥 옆에 서고는 눈물을 흘리며 음유시인에게 말했다.

— 페미오스여, 당신은 음유시인들이 인간들과 신들의 행동을 칭송하는 다른 노래들을 알고 있죠. 조용한 가운데 포도주를 마시고 있는 저들 한 가운데에 앉아 저들에게 그와 같은 노래들을 불러주시지 않겠어요? 그렇지만, 제발 이 노래만은 하지 말아주세요. 남편을 잃은 아픔과 그를 다시는 볼 수 없다는 생각으로 내 마음이 갈가리 찢기어 나가는 것만 같으니까요.

나는 사랑하는 남편을 위해 눈물을 흘리고 헬라스와 아르고스를 가득 채웠던 남편의 영광과 그에 대한 영원한 기억을 간직할 것이에요.

그러자 지혜로운 텔레마코스가 대답했다.

— 어머니, 왜 영감을 통해 자신의 감정과 느낌대로 노래하고 있는 음유시인의 이 부드러운 목소리를 들으며 즐거워하는 우리들을 방해하시는 거예요? 시인들은 아무런 잘못도 없잖아요? 그리고 제우스신께서는 저들에게 마음 내키는 대로 시를 읊을 수 있는 재능을 주셨답니다.

저 노래를 듣고 슬퍼할 필요는 전혀 없어요. 왜냐하면 그는 다나오스인들의 슬픈 운명을 노래하고 있고, 사람들은 항상 가장 최근에 일어난 일들을 주제로 노래하니까요.

그러니까 마음을 굳게 먹고 저 노래를 들으세요. 아버지인 오디세우스는 트로이 전쟁에서 홀로 돌아가신 것이 아니에요. 다른 많은 사람들 역시 그 전쟁에서 죽었으니까요. 어머니 침실로 돌아가세요. 그리고 하시던 물레질을 계속하세요. 물론 시녀들에게 하던 일을 계속 시키시고요. 대화는 남자들이 하게 놔두시고 모든 것은 이 자리를 주관하고 있는 저에게 맡기세요.

아들의 말에 너무도 놀란 페넬로페는 치기어린 소년으로만 알고 있던 아들의 이 현명한 말을 마음에 품고 자기 방으로 돌아갔다.

시녀들과 함께 방으로 돌아온 그녀는 사랑하는 남편인 오디세우스를 위해 눈물을 흘렸고 아테네 여신은 너무도 슬퍼하는 그녀의 눈꺼풀을 무겁게 하여 잠을 잘 수 있도록 해주었다.

오만 무례한 무리들은 어두침침한 거처에서 시끄러운 소리를 내며 오디세우스의 아내와 잠자리를 같이 하길 원했다. 그러자 현명한 텔레마코스가 그들에게 말을 했다.

— 내 어머니의 신랑 후보들이여. 조금 전 노래를 들으며 즐거워하던 우리들을 방해했던 무례한 내 어머니의 행동은 잊어버리고 먹고 마시며 즐깁시다. 이제 방해할 사람은 아무도 없고 마치 신의 목소리를 방불케 하는 음유시인의 노래를 듣는 것은 너무도 즐거운 일이니까요.

그렇지만 내가 분명히 말하지만 새벽이 되면 이곳에서 나가 우리 모두 회의장으로 가야 합니다. 다른 잔치를 원한다면 당신들의 거처로 돌아가 맛있고 푸짐한 음식들을 드세요. 물론 그대들의 재산을 가지고 말이에요. 그렇지만 만일 내 아버지인 오디세우스의 명예를 조금이라도 훼손시키는 자가 있다면, 나는 영원 불사의 존재인 신들에게 간청하여 제우스신께서 당신들의 행동에 벌을 내리게 해달라고 기도할 겁니다. 그렇게 되면 당신들은 아마도 이 왕국에서 아무 이유도 모른 채 죽게 되겠죠.

텔레마코스는 입술을 깨물며 모두에게 이렇게 말을 했고 이런 당당한 어조로 말을 하는 텔레마코스를 보며 모두들 깜짝 놀랐다.

그러자 에우페이테스의 아들인 안티노오스가 그에게 대답했다.

— 텔레마코스여! 분명 신들께서 당신에게 당당하게 이와 같은 말을 할 수 있게 가르쳐준 모양이요! 그렇지만 비록 당신이 태어남으로써 이 왕국을 물려받았지만, 제우스신께서는 당신을 이 왕국의 왕으로 정한 적은 없다는 것을 알아야 하오!

그러자 현명한 텔레마코스가 그에게 대답했다.

— 안티노오스여! 당신이 내 말 때문에 나에게 시비를 걸고 싶은 모양인데, 나는 제우스신의 의지에 따라 왕이 되고 싶을 뿐이랍니다. 당신은 제우스신께서 설마 인간들 중 변변치 못한 사람을 왕으로 결정할 정도로 한심하다고 생각하는 겁니까?

우린 모두 부유한 왕국을 가지고 있으며 영웅으로 칭송받고 있지요. 그렇지만 어리던, 나이가 많던 간에 많은 다른 왕들이 이타케 주위에 자신들의 함대를 배치시키고 있습니다. 이들 중 한 명이 이 나라를 지배하게 되겠죠. 왜냐하면 나의 아버지인 오디세우스는 죽었으니까요. 적어도 나는 나를 위해 아버지께서 이루어놓으신 왕국과 노예들의 주인이 될 것입니다.

그러자 폴리보스의 아들인 에우리마코스가 대답했다.

— 텔레마코스여! 이타케를 지배할 아카이아인을 결정하는 것은 신들이 알아서 할 일이오. 당신은 당신의 재산과 이 왕궁만을 가지시오. 당신이 이타케에 살고 있는 한 그 누구도 당신에게서 이것들을 힘을 써 강제로 뺏으려고 하지 않을 것이오.

그나저나 아까 나타났던 그 이방인에 대해서는 확실하게 대답을 해줘야겠소.

그는 어디에서 온 것이오? 그리고 어디로 간 것이오?

그의 가문은 어디이며 나라는 또 어디요?

그가 당신 아버지의 귀환에 대한 무슨 소식이라도 가지고 온 것이오?

그가 돈을 갚으라고 온 것이오?

그는 예고도 없이 나타났다가 아무런 말도 없이 사라졌소. 게다가 그의 형색은 어느 대단한 가문의 사람인 것 같았는데 말이오.

그러자 현명한 텔레카코스가 말했다.

— 에우리마코스여! 분명 나의 아버지는 더 이상 돌아오시지 못합니다. 그리고 설사 그가 아버지에 대한 무슨 소식을 전해주었더라도 믿지 않을 것이오.

나는 내 어머니가 이 왕국으로 예언자를 불러 그에게 부탁했던 예언 따위에는 전혀 관심이 없습니다.

그렇지만 아까 그 사람은 내 아버지의 손님으로서 타포스에서 온 사람입니다. 그는 용감한 왕인 앙키알로스의 아들인 멘테스이며 선원들인 타포스인들의 수장이랍니다.

그렇지만 텔레마코스는 마음속으로 그가 영원불멸의 존재인 여신이었나고 믿었다.

여러 신랑 후보자들은 밤이 되길 기다리며 춤과 노래를 보고 즐겼다. 그리고 즐기는 사이 곧 밤이 되었고 잠을 자기 위해 후보자들은 각자의 방으로 돌아갔다.

그리고 텔레마코스는 성 높은 곳에 위치해 사방을 볼 수 있게 만들어진 자신의 방으로 돌아갔다. 그리고 많은 생각을 하면서 잠자리에 들었다.

그리고 지혜로운 여인인 에우리클레이아는 불이 밝혀진 등을 들고 있었는데 그녀는 페이세노르의 아들인 옵스의 딸로서 그녀가 어렸을 때 라에르테스가 20마리의 황소를 주고 그녀를 샀다. 그는 그녀를 매우 아꼈지만 아내의 분노를 피하기 위해 그녀와 결코 잠자리를 같이 하지는 않았다.

그녀는 텔레마코스를 가장 아끼며 갓난아기 때 젖을 먹이고 어렸을 때부터 그를 키웠던 여인이었다. 그녀는 등잔을 들고 튼튼하게 만들어진 텔레마코스의 방문을 열었다. 침대 곁에 앉아있던 텔레마코스는 긴 옷을 벗어 자신을 보살펴주는 현명한 나이든 그녀의 손에 쥐어 주었다. 그녀는 정성스럽게 텔레마코스가 벗어 놓은 긴 옷을 접어 정리하고 끈으로 묶을 수 있도록 구멍이 많이 뚫린 침대 옆에 있던 못에 걸어두었다. 그리고 방을 나가면서 은으로 만든 고리를 살며시 당겨 문을 닫았다. 암양의 털로 만든 이불을 덮은 텔레마코스는 밤새 아테네 여신이 그에게 충고했던 그 여행을 계획했다.

아버지를 찾아 길을 떠나는 텔레마코스

텔레마코스는 자신이 주관한 회의가 지속되는 동안 신랑 후보자들이 각자의 나라로 돌아갈 것을 요구했지만 허사였다. 결국 아테네 여신이 오디세우스의 친구인 멘토르의 모습으로 나타나 그의 출발을 돕는다. 텔레마코스는 어머니에게 알리지 않고 아테네여신과 함께 스파르타로 떠난다.

아침에 태어난 붉은 색 손가락을 가진 새벽의 여신인 에오스가 나타나자, 오디세우스의 사랑하는 아들은 침대에서 일어나 옷을 입고 어깨에 칼을 메고는 신발을 신은 후 서둘러 방을 나왔는데 그의 모습은 마치 신 같았다.

큰 목소리로 전령들에게 신랑 후보자들인 아카이아인들을 회의장으로 모이라고 명령했다. 텔레마코스의 명령을 받은 전령들로부터 연락을 받은 신랑 후보자들이 급히 광장으로 모였다.

그리고 이들이 다 모였을 때 텔레마코스는 한 손에는 청동으로 든 창을 든 채로 광장으로 갔다.

그리고 아주 민첩한 두 마리의 개가 그의 뒤를 좇았다. 그리고 아테네로부터 신의 가호를 받은 텔레마코스가 우아한 모습으로 앞으로 나서자 시민들은 그를 위해 모두 환호했다. 텔레마코스는 아버지인 오디세우스가 앉았던 왕좌에 앉았고 나이가 든 영웅들이 그에게 자리를 양보했다.

그리고 이들 중 아이기티오스가 처음으로 말문을 열었다. 그는 나이가 들어 허리가 굽어졌지만 많은 사실들을 알고 있는 현명한 영웅이었다. 그의 사랑하는 아들이자 용감한 용사인 안티포스는 오디세우스와 함께 말의 산지로 유명한 일리오스로 배를 타고 모험을 떠났는데 그러나 무서운 괴수인 킬클롭스가 그의 텅 빈 동굴에서 그를 죽인 후 마지막 식사로 그를 먹어버렸었다.

이제 아이기티오스에게는 세 명의 아들이 남았는데 그 중 한 명인 에우리노모스는 신랑 후보자들 중 한 명이었고 다른 두 아들은 아버지의 재산을 돌보느라 여념이 없었다. 그러나 아이기티오스는 다른 세 아들이 있음에도 불구하고 안티포스의 죽음을 슬퍼하며 그를 잊지 못했다. 그는 울면서 다음과 같이 말했다.

— 이타케 시민들이여, 이제 내가 하고자 하는 말을 잘 들으시오.

우리들은 우리의 영웅인 오디세우스가 배를 타고 이 나라를 떠난 후 결코 회의장에 이처럼 모여 앉아 있었던 적이 없었습니다. 오늘 우리를 이 자리에 모이게 한 사람이 누구입니까? 어떤 이유로 해서 이렇게 급하게 모이게 한 것입니까? 젊은 영웅들 중에 한 사람입니까, 아니면 나이가 든 영웅들 중 한 명입니까?

그가 떠난 우리 군대에 대한 어떤 소식을 들은 것입니까? 그래서 우리들에게 제일 먼저 그 소식을 전하기 위해 우리를 이곳으로 모이게 한 것일까요? 아니면 우리 모두에게 아주 흥미로운 사실을 말하길 원해서일까요? 나는 이와 같은 행동이 매우 정당하다고 생각합니다. 우리를 이곳에 모이게 한 이가 누구이건 간에 제우스신의 가호가 있기를 빕니다.

아이기티오스가 이렇게 말을 하자 오디세우스의 사랑하는 아들이 그의 말에 대단히 기뻐하며 빨리 말을 하고 싶은 생각에 더 이상 의자에 앉아 있을 수가 없었다. 텔레마코스는 회의장 한 가운데로 나갔고 지혜로운 전령인 페이세노르가 그의 손에 왕의 신물을 쥐어주었다. 그리고 텔레마코스는 아이기티오스에게 말했다.

— 오 지혜로운 이여, 이곳에 당신들을 모이게 한 사람은 그리 멀리 있지 않으며 당신은 그를 곧 보게 될 것입니다. 왜냐하면 나는 너무도 큰 고통을 겪고 있으니까요. 정말 나도 당신들에게 제일 먼저 나라를 떠났던 용감한 우리 군사들에 대한 소식을 전하고 싶었지만 나는 그들에 대한 그 어떠한 소식도 받지 못했습니다. 또한 모든 시민들이 흥미로워할 그 어떤 것도 말할 것이 없군요. 그렇지만 나는 이제 내 자신의 관심사와 내 왕궁에서 벌어지고 있는 끔찍한 이중의 불행에 대해 당신들에게 말하려고 합니다.

먼저 나는 이전에 당신들을 지휘하고 또 당신들에게 아버지처럼 다정다감했던, 그 누구도 비난할 수 없는 내 아버지를 잃었습니다. 그리고 이제는 곧 신랑 후보자들이 내 어머니의 의지와는 상관없이 어머니와 결혼하여 나의 모든 재산뿐 아니라 내 왕궁을 파괴할 불행스러운 일이 닥칠 것이기 때문입니다.

그리고 이 왕의 자리를 물려받을 사람은 신랑 후보자들 중 한 사람의 아들들이 될 것입니다. 그리고 이들은 자신의 사랑하는 딸에게 많은 재산을 물려주고 그녀가 사랑하는 사람과 결혼시키려는 나의 어머니 페넬로페의 아버지인 이카리오스의 왕국을 방문하길 전혀 원하고 있지 않습니다.

그리고 이들은 매일 우리의 왕궁을 침략하여 내 황소들과 양들, 그리고 살찐 염소들을 죽이며 이 고기로 풍성한 식사를 하며 나의 포도주를 모두 마셔버리고 있습니다. 이곳에는 내 왕국에서 이런 파렴치한 일들을 몰아낼 내 아버지인 오디세우스 같은 남자가 없습니다. 그리고 전투에 대한 경험도 전혀 없고 아직 어수룩하기만 한 나는 아무 것도 할 수가 없습니다.

물론 내가 힘이 있었다면 나는 기필코 이들을 물리쳤을 것입니다. 왜냐하면 이들은 도저히 용서할 수 없는 만행을 저질렀으며 나의 왕궁을 모욕했으니까요. 당신들은 우리 왕국에서 자행되고 있는 이런 일들에 대해 분노해야 합니다.

이타케 근처에 살고 있는 이웃 시민들을 걱정하고, 이런 용서할 수 없는 행동을 자행하고 있는 것에 대해 신들의 분노가 내릴까 걱정해야 합니다. 제발 부탁드립니다. 올림푸스 신들의 수장인 제우스신 또는 사람들을 모이게 하기도 하고 흩어지게 하기도 하는 테미스의 이름으로 부탁하니 친구들이여 나를 도와주러 오기 바랍니다.

그리고 적어도 내가 혼자 이런 고통을 겪게 하여 주십시오. 만일 나의 아버지인 오디세우스가 이 훌륭한 정강이받이를 한 아카이아인들을 죽인다면, 그리고 그들이 이에 대한 복수를 하기 위해 당신들을 압박하고, 그래서 당신들이 나와 반대인 그들 편에 선다면, 그 땐 차라리 나의 모든 재산을 당신들이 가져가세요.

텔레마코스는 이렇게 말을 하고는 눈물을 흘리며 왕의 신물을 땅에 던져버렸다. 그리고 광장에 있던 사람들은 모두 텔레마코스에게 연민을 느끼며 침묵을 지켰다. 감히 그 누구도 텔레마코스가 한 말에 대해 대꾸하지 못했다. 단지 안티노오스만이 그에게 다음과 같이 말했다.

— 오만함과 분노로 가득 찬 텔레마코스여, 당신은 지금 우리를 모욕하며 말하고 있구려. 그리고 우리가 한 일에 대해 부끄럽게 생각하게 만들려고 하고 있소. 신랑 후보자들인 아카이아인들은 당신에게 해를 끼친 것이 아무 것도 없으며 오히려 당신 어머니가 수많은 중상모략을 꾸민 것이 아니요.

당신 어머니가 아카이아인들의 마음을 가지고 논 것이 이미 3년이 지나고 이제 4년이 되어 가고 있소. 그녀는 아카이아인들 모두에게 서신을 보내 자신과 결혼할 것이라고 약속을 하여 희망을 품게 하고는 속으로는 전혀 엉뚱한 짓을 꾸미고 있구려. 그리고 이제는 또 다른 음모를 생각해 내고는 방에서 커다랗고 가는 천을 짜면서 우리들에게 말했소.

— 젊은 영웅들과 내 신랑 후보자들이여, 고결한 오디세우스가 죽었기 때문에 장례식에서 입힐 이 수의를 다 짜기 전까지는 내 결혼식에 대해 더 이상 왈가왈부하지 마세요. 그래야 죽음의 운명

이 영웅 라에르테스에게 닥쳤을 때 그렇게나 많은 재산을 가진 오디세우스가 수의 하나 입지 않은 채로 있다는 것에 대해 아카이아 여인들 중 그 어떤 여자라도 비웃을 수 없을 것이에요.

그녀는 이렇게 말했고 부드러운 심성을 가진 우리는 그녀의 결심을 이해하고 그녀가 원하는 대로 해주었소. 그러나 그녀는 낮에는 커다란 베틀에서 천을 짜고 밤에는 횃불을 켜놓고 다시 그 천을 풀어 원래대로 돌려놓고는 했소.

그렇게 3년이 흘렀고 그녀는 계략을 숨긴 채 아카이아인들을 속여 왔소. 그러나 4년째가 되고 계절이 다시 시작되었을 때 그들의 아내들 중 한 명이 그녀의 계략을 알아채고 우리들에게 말해주었소. 그리고 우린 그녀가 아름다운 천을 다시 풀고 있다는 것을 알아냈소. 그러나 그녀는 자신의 계획과는 반대로 수의 짜는 것을 끝마쳐야 했소.

아카이아인들이 그대에게 이렇게 대답하는 이유는 그대의 마음속에 이러한 사실을 알게 하고 모든 아카이아인들 역시 이것을 알게 하기 위함이오.

당신은 당신의 어머니를 돌려보내고 그녀의 아버지가 선택하고 그녀 마음에 드는 자와 결혼하라고 말해야 하오.

그녀가 아카이아인들의 아들들을 이렇게 오랫동안 속일 수 있었던 것은, 아테네 여신이 그녀에게 부여한 뛰어난 베를 짜는 솜씨와 심오한 영혼, 그리고 심지어 영악함까지 모두 동원하여 머리를 짜냈기 때문이오. 물론 우린 아름다운 머릿결을 가졌던 이전의 아카이아 여인들인 티로, 알크메데, 그리고 미케네조차도 그녀와 비교할 수 없다는 것을 잘 알고 있소.

아카이아 여인들 중 그 누구도 당신의 어머니인 페넬로페의 재능보다 뛰어나지는 않소. 그러나 당신 어머니는 이 재능을 올바로 사용하지 않는구려. 그래서 신랑 후보자들은 당신 어머니가 신들이 그녀의 마음속에 심어놓은 생각을 지니고 있는 동안은 계속 당신의 가축들과 재산을 없애기로 한 것이오.

이렇게 하면 그녀는 커다란 영광을 얻겠지만 그대에게는 없어지는 재산을 보며 후회만이 남을 것이오. 우린 그녀가 선택한 아카이아인들 중 한 명과 결혼하기 전까지는 일을 하지도, 또 결코 다른 곳으로 가지도 않을 것이오.

그러자 신중한 텔레마코스가 그에게 대답했다.

— 안티노오스여! 나는 나를 낳으시고 길러주신 나의 어머니의 의사를 무시한 채 왕궁에서 내보낼 수는 없습니다. 나의 아버지가 아직 어딘가에 살아계시거나 혹은 돌아가셨건 간에 내가 어머니를 돌려보낸다면 이카리오스에게 수많은 재산을 돌려줄 능력이 내겐 없으니까요. 나는 이미 나의 아버지로 인해 많은 슬픔과 고통을 겪었습니다.

그리고 내가 만일 어머니에게 할아버지에게로 가서 아카이아인들 중 한 명과 결혼을 하라고 말을 한다면, 내 어머니는 이곳을 떠나면서 아주 추악한 복수의 3여신에게 기도를 하시겠죠. 그리고 신들은 내게 그녀들을 보낼 것이며 그럼 사람들은 어머니에게 복수를 할 것입니다. 이러한 이유 때문에 나는 어머니에게 아무런 말도 할 수가 없습니다. 만일 이렇게 하는 것이 당신들 마음에 들지 않는다면, 내 왕궁에서 나가 당신들의 음식을 먹고 즐기는 수밖에요.

그렇지만 만일 당신들이 내 아버지의 재산을 마음껏 쓰고 먹고 마시는 것이 훨씬 좋아 보일 것 같다고 생각한다면 그렇게 하세요. 나는 신들에게 간청을 할 것입니다. 그리고 만일 제우스신께서 당신들의 이러한 비열한 행동에 대해 정의의 심판을 내리신다면 아마 당신들은 내 왕궁에서 죽음을 맞이할 수밖에 없겠죠.

텔레마코스가 이렇게 말하자 멀리서 이런 모습을 바라보던 제우스신은 독수리 두 마리를 시켜 산꼭대기에서 바람의 숨결을 타고 날아오르게 했고 독수리들은 날개를 활짝 폈다. 그리고 독수리들이 시끄러운 회의장 위를 선회하였다.

독수리가 두꺼운 깃을 흔들면서 사람들의 머리를 내려다보았는데 그것은 죽음의 신호였다. 그리고 날카로운 발톱으로 머리와 목을 찢더니 이타켄 사람들이 살고 있는 마을 위로 지나 오른쪽으로 곧장 날아올랐다. 자신들의 눈으로 독수리들을 보고 겁에 질린 사람들은 숨을 곳을 찾아 이리저리 헤매었다.

그러자 마스토르의 아들인 나이 든 영웅인 할리테르세스가 그들에게 말했다. 그리고 세월의 흐름 속에 오래 살아온 자답게 아는 것이 많았던 매우 현명한 그는 사람들에게 말했다.

— 이타케 사람들이여 이제부터 내가 하는 말을 잘 듣기 바라오. 이 징후는 특히 신랑 후보자들에게 신이 경고하는 메시지라오. 큰 위험이 이들에게 닥칠 것이니 그 이유는 오디세우스가 그의 친구들로부터 더 이상 오랫동안 떨어져 있지 않을 것이기 때문이오.

그는 이곳 가까이 어딘가에 있으면서 신랑 후보자들에게 내릴 죽음과 파멸을 준비하고 있을 것이오. 그리고 이타케에 머물고 있는 사람들 중 많은 이들이 그에게 화를 당할 것이오. 그러니 이제 우리는 신랑 후보자들 스스로 이곳에서 떠나지 않는다면 우리 스스로 이들을 어떻게 이곳에서 떠나게 할 수 있는지를 곰곰이 생각해 보아야 할 것이오. 비록 내가 그 어떠한 예언도 할 능력이 되지는 않지만 이것만은 분명 말할 수 있다오.

나는 아르고스인들이 오디세우스의 명령에 따라 일리오스를 향해 떠났을 때 내가 오디세우스에게 미리 말했던 그러한 일들이 이루어지고 있다고 생각하오. 나는 오디세우스가 모든 동료들을 잃고 많은 불행을 겪은 후 20년이 지나 그의 고향으로 돌아올 것이라고 예언한 적이 있다오. 그리고 이제 이 예언이 이루어질 때라오.

그러자 폴리보스의 아들인 에우리마커스가 그에게 대답했다.

— 늙은이여! 그 따위 예언은 당신 집에 가서 미래에 불행이 닥칠까 두려워하는 당신 자식들에게나 하시오!

나는 당신보다 훨씬 더 나은 예언을 할 수 있소. 많은 새들이 헬리오스의 빛 아래에서 날고 있지만 그렇다고 모든 새들이 운명을 예견해주지는 않소. 분명 오디세우스는 멀리 어딘가에서 죽었고 당신도 그처럼 죽어 신들에게 의탁하는 것이 훨씬 좋을 것 같소! 그랬다면 당신은 그런 헛된 예언이랑 하지 않았을 텐데 말이오.

그리고 텔레마코스가 자기 집을 당신에게 줄 것이라는 희망을 가지고 이미 좌절에 빠진 텔레마코스를 그런 식으로 자극하지 않는 것이 좋겠소. 내가 당신에게 분명히 말하는데 지금 내가 한 말은 반드시 그대로 지켜질 것이오. 당신의 그 낡아빠진 지식과 어이없는 말투로 젊은 그를 자극하여 화나게 하고 그로 인해 그가 우리들에게 대항한다면, 그대는 그를 죽음으로 내몰 뿐이오. 왜냐하면 당신은 우리들을 상대로 아무 것도 할 수 없을 테니까 말이오. 그리고 우린 늙은 당신에게 우리를 기만한 대가에 대한 보상을 요구할 것이고 당신의 고통은 더욱 커갈 뿐이오. 나라면 텔레마코스에게 말해 어머니로 하여금 그녀의 아버지에게 돌아가라고 할 것이오.

그의 백성들이 그녀의 결혼식을 축하하고 많은 부조금을 내게 하려면 사랑하는 딸에게 어떻게 하는 것이 좋은지를 그녀의 아버지는 잘 알 것이오. 나는 그러기 전에 아카이아인들의 아들들이 결코 잠자코 있거나 그녀와의 결혼을 포기할 것이라고는 생각하지 않소. 왜냐하면 우리는 이처럼 말을 많이 하는 텔레마코스 뿐 아니라 그 누구도 두려워하지 않으니까 말이오. 늙은이여, 우린 당신의 쓸데없는 예언에도 불구하고 아무건 걱정이 없다오. 당신의 그 거짓말은 우리에게 혐오감만을 줄 뿐이라오. 그녀가 아카이아인들에게 자신과 결혼할 수 있다는 희망을 주며 이들을 잡고 있는 한 텔레마코스의 재산은 또 다시 없어질 것이오.

그리고 사실 우리는 텔레마코스, 당신의 어머니의 정절을 얻기 위해 앞을 다투며 매일 기다리고 있는 것이며, 우린 다른 아내를 찾기 위해 그 어느 곳에도 가지 않을 것이오.

그러자 현명한 텔레마코스가 그에게 대답했다.

— 에우리마코스, 그리고 신랑 후보자 모두에게 더 이상 길게 말하지도 부탁하지도 않을 것이오. 신들과 모든 아카이아인들은 이제 이러한 사실들을 알고 있습니다. 그저 내게 나와 함께 바다를 항해할 20명의 선원과 빠른 배 한 척을 내어주길 바랄뿐입니다.

나는 오래전부터 실종된 나의 아버지가 고향으로 돌아올 수 있는지를 알아보기 위해 스파르타와 모래로 뒤덮인 필로스로 갈 것입니다. 그렇지 않으면 사람들 중 누군가가 아버지에 대해 말하는 것을 듣거나 인간들로부터 최고의 영광을 받고 있는 제우스신에게서 소문을 듣게 되겠죠. 만일 내 아버지가 살아계시고 고향으로 돌아온다는 소식을 듣게 된다면 나는 고통스럽겠지만 일 년을 더 기다릴 것입니다.

만일 아버지가 돌아가셨고 더 이상 볼 수 없단 이야기를 듣게 된다면 나는 사랑하는 나의 고향으로 돌아와 무덤을 세우고 아버지의 명성에 걸 맞는 장례식을 치를 것이며 어머니가 다른 남편을 맞이하도록 할 것입니다.

이렇게 말하고는 텔레마코스는 자리에 앉았다. 그리고 이들 가운데서 누구나 인정하는 영웅이었던 오디세우스의 동료였던 멘토르가 일어났다.

오디세우스는 떠날 때 멘토르에게 그의 왕궁과 모든 재산을 그에게 맡겼고 나라의 모든 일을 그에게 일임했었다. 지혜롭고 현명한 그는 이들 가운데서 다음과 같이 말했다.

— 아케엔인들이여. 내가 하려고 하는 말을 잘 듣기 바라오.

그처럼 관대하고 온화하며 마음속에 올바른 행동을 하는 왕홀을 가진 왕이 더 이상 존재하지 않으니 이제부터는 잔인하고 혹독한 왕에 대해 걱정하시오. 왜냐하면 아버지처럼 사람들을 대했던 오디세우스에 대해 그 누구도 기억하고 있지 않으니 말이오.

나는 부당한 생각으로 난폭한 행동을 일삼는 저 거만한 신랑후보자들을 비난할 생각은 추호도 없소. 왜냐하면 그들은 오디세우스를 더 이상 보지 못할 것이라는 생각에 사자가 없는 곳에 토끼가 왕이라는 식으로 오디세우스의 왕궁을 마음대로 훼손하고 있기 때문이오.

내가 분노하는 것은 이곳에 무리를 지어 앉아 있으면서 숫자도 얼마 되지 않는 저 신랑 후보들에게 한마디도 하지 못하고 있는 바로 당신들 때문이오.

그러자 에우에노르의 아들인 레이오크리토스가 그에게 대답했다.

— 어리석고 무례하기 짝이 없는 멘토르여, 뭐라고 말을 하고

있는 것이오? 지금 우리들에게 이곳을 떠나라고 충고하는 것인가? 하긴 여기에 모여 있는 젊은 신랑 후보자들을 향연에서 힘으로 쫓아낸다는 것은 어려울 테니까.

설사 영웅인 오디세우스가 살아 돌아와 자신의 왕궁에서 향연을 베풀고 있는 우리 명문의 신랑 후보자들을 본다면 쫓아내고 싶은 생각이 든다 하더라도 비록 그를 그토록 사랑하는 아내라도 남편을 다시 보고 싶지는 않을 것이니 왜냐하면 오디세우스가 수많은 적들을 상대로 싸웠다면 그로서는 치욕적인 죽음을 맞이할 테니까 말이오. 그러니까 당신이 한 말은 다 부질 없는 소리라이 말이오. 자! 아케엔인들이여, 그만 흩어져 각자 일을 하러 가시오. 그리고 멘토르와 할리테르세스가 텔레마코스의 항해 준비를 해줄 것이니 왜냐하면 이들은 오디세우스가 태어날 때부터 그와 친구였으니 말이오.

그렇지만 이타케에서 오디세우스의 소식을 들으려면 아주 오래 걸릴 것 같소. 그리고 텔레마코스는 자신이 원하는 것을 결코 얻지 못할 것이오.

이렇게 말을 하고는 레이오크리토스는 회의장에 있는 사람들을 흩어지게 하였고 사람들은 자기 집으로 돌아갔다. 그리고 신랑 후보자들은 오디세우스의 왕궁으로 향했다.

텔레마코스는 멀리 바닷가로 가 흰 바다에 손을 담그고는 아테네 여신에게 간청했다.

— 어제 내 왕궁으로 와 오랫동안 생사를 모르던 아버지에 대해 말해주고 아버지를 찾으러 내게 배를 타고 바다로 갈 것을 일러주었던 여신이여, 제발 제 말을 들어주소서.

아카이아인들과 특히 저 오만 불손한 신랑 후보자들이 내가 떠나는 것을 방해하고 있습니다.

텔레마코스는 이렇게 말하며 기도했다. 그러자 아테네 여신이 그에게 나타났는데 외모와 목소리가 멘토르와 너무나 흡사하였다. 그녀는 다음과 같이 말했다.

— 텔레마코스여. 그대의 아버지의 훌륭한 정신이 그대에게 깃들어져 있다면, 그리고 그대의 아버지가 말하고 행동하는 것처럼 할 수 있다면, 당신은 겁쟁이도 아니며 어리석지도 않다오. 그리고 그대의 여행은 결코 쓸모없거나 불완전하지 않을 것이오.

만일 당신이 오디세우스와 페넬로페의 아들이 아니었다면, 나는 그대가 하고자 하는 일을 할 수 있을 것이라고 기대조차 하지 않았을 것이오. 왜냐하면 아버지를 빼어 닮은 아들이란 그렇게 많지 않으니까 말이오. 대부분의 아들들은 아버지보다 훨씬 못한 존재들이라오. 그렇지만 그대가 겁쟁이도, 어리석지도 않다는 것을 나는 잘 알고 있소. 왜냐하면 오디세우스의 지혜가 그에게 있으니까 말이오. 그러니 그대는 그대의 임무를 완수할 수 있도록 최선을 다해야 할 것이오. 또한 오만 불손한 신랑 후보자들이 하는 말이나 그들이 꾸미는 음모 따위는 잊으시오. 그들은 신중하지도, 지혜롭지도 않으며 단 하루 만에 자신들의 목숨을 앗아갈 죽음과 검은 운명의 손길에 대해 전혀 생각하고 있지 않으니 말이오.

그러니까 그대가 결심했던 것을 행하는데 더 이상 오랫동안 지체하지 마시오. 그대 아버지의 동료인 나는 그대를 위해 빠른 배를 준비하고 그대와 함께 떠날 것이오. 왕궁으로 돌아가 신랑 후보자들과 함께 어울리시오. 그리고 식량을 준비하시오.

항아리에 포도주를 넣고 꽉 닫을 것이며 두꺼운 가죽 부대에 밀가루를 가득 담으시오. 나는 사람들 중에서 그대와 함께 여행할 자원자들을 모을 것이오. 바다로 둘러싸인 이타케 주위에는 새로 만든 배와 낡은 배가 많이 있는데 나는 이들 중 최상의 조건을 갖춘 배를 고를 것이니 이 모든 준비를 철저히 한 후 우린 광활한 바다로 나갈 것이오.

제우스의 딸인 아테네 여신이 이렇게 말했다. 그리고 텔레마코스는 여신의 목소리를 듣자마자 더 이상 지체하지 않고 비통한 심정으로 왕궁으로 서둘러 돌아왔다. 그리고 오만 불손한 신랑 후보자들이 궁 뜰에서 염소를 잡고 살찐 돼지를 구워 먹는 것을 보았다.

안티노오스는 웃으며 텔레마코스 앞으로 오더니 그의 손을 잡으며 말했다.

— 오만하고 분노로 가득 차 있는 텔레마코스여. 이제 그대 마음 속에는 더 이상 걱정도 사악한 음모도 없겠구려.

이전처럼 평화롭게 먹고 마시도록 하시오. 아카이아인들이 당신을 위해 움직일 것이오. 그들은 당신이 신성한 필로스에게 가서 유명한 아버지에 대한 소식을 듣게 하기 위해 배와 선원들을 준비해 줄 테니까.

그러자 신중한 텔레마코스가 그에게 대답했다.

— 안티노오스여! 오만한 당신들과 향연 자리에 앉은 것도, 그리고 당신들과 함께 평화롭게 이야기하는 것조차 내게 허락되지 않는구려. 신랑 후보자들이여, 당신들은 내가 아이였을 때부터 나의 재산을 충분히 탕진했다고 생각하지 않소? 이제 나는 성인이 되었고 다른 사람들의 충고를 들으면서 내 마음 속에 분노

역시 점점 커지고 있다오.

나는 필로스에게 가던, 아니면 이곳에 있건 간에 당신들에게 치명적인 운명을 가져다 줄 것이오. 물론 나는 떠날 것이지만 나의 여행은 결코 헛된 일이 아닐 것이오. 나는 배도 선원들도 없기 때문에 배를 빌릴 것이고 이런 나의 모습을 보면 당신들은 아주 기쁘겠죠.

이렇게 말을 하고는 텔레마코스는 안티노오스의 손을 세차게 뿌리쳤다. 그리고 신랑 후보자들은 집에서 식사를 하였는데 이 오만한 젊은 신랑 후보자들은 텔레마코스에게 모욕적인 말과 함께 야유를 퍼부었다.

— 여기 우리를 파괴시키기 위해 모래로 뒤덮인 필로스에서 구원 군을 데려오거나 스파르타에서 원군을 데려오려고 하는 텔레마코스가 있구려. 그는 정말 그러길 간절히 바라는 것 같구려. 누가 아오. 우리 모두를 죽이려고 우리 술잔에 넣을 치명적인 독을 구하기 위해 에피라의 풍요로운 땅으로 가길 원할지.

그러자 이 오만한 신랑 후보자들 중 한 명이 말했다.

— 혹시 누가 알겠소? 속이 텅 빈 배로 떠난 후 그의 아버지인 오디세우스처럼 길을 잃고 가족의 품에서 멀리 떨어져 죽을 런지? 그래서 그가 우리에게 해야 할 일을 잔뜩 남겨줄지. 우린 그의 재산을 나눠 가지고 이 왕궁을 그의 어머니와 그녀와 결혼하는 사람에게 줘야겠지.

그들은 이렇게 조롱했다. 그리고 텔레마코스는 이전에 아버지 오디세우스가 사용하던 지붕이 높은 방으로 갔다. 그 방에는 황금과 청동, 그리고 궤 안에는 그의 옷과 향내가 나는 올리브기름이 있었다.

그리고 그 곳에는 아주 부드러운 오래 된 포도주가 담긴 통들도 있었다. 신성한 음료가 담겨져 있는 이 통들은 벽에 잘 정돈되어 있었는데, 이는 오디세이가 많은 어려움을 겪은 후 고향으로 돌아왔을 때 그가 마시려고 준비해둔 것이었다. 그리고 포도주통이 있는 방은 이중문으로 견고히 닫혀 있었고 시녀 한 명이 이 포도주 통들을 밤낮으로 철저하게 관리했는데 그녀는 다름 아닌 페이세노르의 아들인 옵스의 딸인 에우리클레아였다. 텔레마코스는 그녀를 방으로 불러 말했다.

— 유모. 매우 불행한 사람인 내 아버지가 죽음을 피하고 돌아올 때를 기다리며 유모가 보관했던 포도주들 중 가장 향내가 좋고 부드러운 포도주들을 골라 이 통에 담아주구려.

12개의 병에 포도주를 담아 뚜껑을 잘 덮어야 하오. 그리고 튼튼한 부대 자루 20개에 밀가루를 골고루 담아 주세요.

이 사실은 유모 혼자만 알아야 해요. 자, 식량들을 모두 모아주세요. 밤이 되어 어머니가 방으로 주무시러 갈 때 내가 이것들을 가지러 올 거예요. 나는 사랑하는 아버지에 대한 소식을 듣기 위해 스파르타와 모래로 뒤덮인 필로스로 갈 거예요.

텔레마코스가 이렇게 말하자, 그를 누구보다 아끼고 사랑하는 유모인 에우리클레아가 눈물을 흘리며 말했다.

— 사랑하는 도련님, 왜 그런 생각을 하는 거죠? 오디세우스님의 하나 밖에 없는 사랑스런 아들이여! 왜 그렇게 많은 나라를 여행하려는 거죠?

신성한 +우스님은 고향에서 멀리 떨어진, 알지도 못하는 사람들이 사는 곳에서 죽음을 맞이하셨답니다. 그리고 신랑 후보자들은 텔레마코스님을 죽이기 위해 함정을 팔 것이고 당신이 죽게 되면 그들은 당신의 많은 재산을 나눠가질 거예요. 그러니 아무데도 가지 말고 그냥 여기 당신 왕궁에 머무르세요. 당신은 많은 고통을 겪어서도, 험난한 바다 한가운데서 방황해서는 안돼요.

그러자 지혜로운 텔레마코스가 그녀에게 대답했다.

— 유모 안심하세요. 이 계획은 신께서 내게 알려주신 것이니까요. 그렇지만 11일나 12일이 지나기 전까지는 사랑하는 어머니에게도 이 사실을 말해선 안돼요. 적어도 어머니가 내가 떠났다는 것을 알기 전까지는 말이에요. 만약 내가 떠나기 전에 어머니가 이 사실을 알게 되면 너무도 두려워 눈물을 하염없이 흘러 행여 몸이 상하실지도 모르니까요.

그가 이렇게 말하자 나이 든 유모는 신들의 이름으로 아무런 말도 하지 않겠다고 맹세를 하였다. 그리고는 통에 포도주를 담고 튼튼한 부대자루에 밀가루를 담았다.

그리고 텔레마코스는 왕궁 뜰로 가 신랑 후보자들과 함께 어울렸다.

이러는 동안 밝은 눈빛을 가진 아테네 여신은 다른 일들을 꾸몄다. 텔레마코스의 모습으로 변한 아테네 여신은 마을로 가 자신이 선별한 사람들에게 빠른 배를 밤사이에 준비하고 그곳으로 모이라고 말했다.

그리고 그녀는 프로니오스의 사랑하는 아들인 노에몬에게 빠른 배를 준비하라고 말했고 그는 기꺼이 이 임무를 수행하겠노라고 자원했다.

그리고 곧 질흙 같은 어두운 밤이 찾아왔다.

아테네 여신은 빠른 배를 바다에 띄우고 평범하게 보이기 위해 갑판 위에는 보통 배에서 사용하는 물건들을 늘어놓게 하였다. 그리고 이 배를 항구 맨 끝에 정박시켰다. 배에는 뛰어난 선원들이 모여들었고 아테네 여신은 이들 모두를 격려해주었다.

그리고 다시 오디세우스의 궁전으로 서둘러 돌아와 신랑 후보자들이 잠에 더욱 깊게 빠지도록 하였다.

아테네 여신은 신랑 후보자들이 술을 마시는 동안 정신을 혼미하게 하여 손에서 잔을 떨어뜨리게 만들었다. 술에 많이 취했다고 생각한 신랑 후보자들은 잠을 자기 위해 거처로 돌아갔고 잠자리에 드는 순간 깊은 잠에 빠지고 말았다.

그리고 멘토르의 모습과 목소리로 변장한 아테네 여신은 집 밖으로 텔레마코스를 불러낸 후 말했다.

— 텔레마코스여. 이미 훌륭한 정강이 보호대를 한 선원들이 손에 노를 잡고 앉아 당신의 명령만을 기다리고 있다오. 자, 더 이상 지체하지 말고 길을 떠납시다.

이렇게 말하고는 아테네 여신은 텔레마코스보다 앞장서서 걷기 시작했고 텔레마코스는 급히 여신의 뒤를 따랐다. 그리고 바다에 도착하자 배를 띄우고 자신을 기다리고 있는 긴 머리를 날리고 있는 선원들을 볼 수 있었다. 텔레마코스는 그들에게 말했다.

— 어서 오시오 나의 친구들이여. 내 거처에 준비해 놓은 식량들을 모두 나릅시다. 내 어머니와 시녀들은 아무 것도 모르고 있습니다. 내 유모만이 이 사실을 알고 있을 뿐이랍니다.

이렇게 말하고 텔레마코스는 사람들을 이끌고 자신의 거처로 향했다. 그리고 이들은 오디세우스의 사랑하는 아들인 텔레마코스의 명령에 따라 잘 준비된 빠른 배에다 이 식량들을 실었다.

그리고 텔레마코스가 배에 올랐고 아테네 여신은 배 고물에 앉아 배를 지휘했다. 그리고 그녀 옆에 텔레마코스가 앉았으며 그의 동료들은 줄을 풀고 노를 젓는 자리에 앉았다.

빛나는 눈을 지닌 아테네 여신은 순풍의 제퓌로스 신을 시켜 배가 앞으로 나아가게 하기 위해 부드러운 바람을 불게 했다.

그리고 선원들은 텔레마코스의 명령에 따라 돛대를 올렸다. 선원들은 배 위에 빈자리에 소나무로 만들어진 튼튼한 돛대를 세우고 줄로 단단히 고정시켰다. 그리고 가죽 끈으로 단단하게 매어 두었던 흰 돛을 펼치자 돛 가운데로 바람이 불어 돛을 팽팽하게 만들었다. 진홍빛의 파도가 배가 앞으로 나아가기 좋게 배 밑바닥에 찰싹거리며 치면서 마침내 배가 바다로 항해를 시작했다.

검은 색의 빠른 배 위에 돛대를 고정시킨 선원들이 모두 손에 포도주가 가득 든 잔을 들고 자리에서 일어났다. 그리고 영원 불사의 신들과 특히 제우스의 딸인 빛나는 눈을 가진 아테네 여신에게 무사히 항해를 할 수 있도록 기원했다. 그리고 아테네 여신은 밤부터 날이 샐 때까지 이들과 함께 했다.

네스토르의 환대와 메넬라오스를 찾아 나선 텔레마코스와 페이시스트라토스

텔레마코스와 아테네 여신은 네스토르로부터 환대를 받는다. 네스토르는 그리스로 돌아가는 것에 대해 이야기를 하고 자신의 아들인 페이시스트라토스에게 텔레마코스와 함께 메넬라오스에게 갈 것을 권유한다.

헬리오스가 자신의 아름다운 호수를 떠나 청동의 하늘로 올라 신들과 풍요로운 지상에 사는 인간들에게 빛을 전하는 시각, 일행은 넬레우스의 잘 세워진 도시국가인 필로스에 도착하였다.

이 때 바닷가에 있던 필로스 사람들은 푸른색의 머릿결을 가진 포세이돈에게 몸 전체가 검은 색의 황소를 제물로 바치고 있었다. 그곳에는 지위에 따라 아홉 줄의 좌석이 옆으로 길게 놓여 있었고 각 줄에는 5백 명이 앉아 있었다. 그리고 각 줄 앞에는 목이 잘린 9마리의 황소가 놓여 있었다.

이들이 황소의 내장을 먹고 포세이돈을 위해 넓적다리를 굽고 있을 때 이타케에서 출발한 일해들이 항구로 들어오고 있었다. 이들은 돛을 접고 닻을 내려 항구에 정착했다. 그리고 아테네 여신이 항해를 맡은 배에서 텔레마코스가 내렸다. 그리고 아테네 여신이 그에게 말했다.

— 텔레마코스여! 더 이상 수줍어할 필요가 없소. 왜냐하면 당신은 사랑하는 아버지를 어떤 대지가 감금하고 있는지, 그리고 그의 운명이 어떻게 되었는지를 알아보기 위해 바다를 건넜기 때문이라오. 자! 말들을 길들이는 자인 네스토르 앞으로 당당하게 똑바로 걸어가시오. 그리고 그의 마음속에 어떤 생각을 품고 있는지 알아봅시다. 그가 그대에게 진실을 말해줄 것을 간청하시오. 그는 거짓말을 하지 않을 것이오. 왜냐하면 그는 무척 지혜로운 사람이니까 말이오.

그리고 신중한 텔레마코스는 멘토르로 변장한 아테네 여신에게 대답했다.

— 멘토르여! 그에게 어떻게 다가가며 또 어떻게 인사를 해야 하지요? 나는 지혜로운 대화를 해 본적이 한 번도 없을 뿐더러

나처럼 젊은 사람이 나이 든 사람에게 무엇인가를 묻는다는 것 자체가 부끄러운 일이 아닐까요?

그러나 빛나는 눈을 가진 아테네 여신이 그에게 말했다.

— 텔레마코스여! 아무런 걱정하지 말고 마음속에서 우러나오는 말을 그냥 하면 된다오. 나는 당신이 신들의 보호 없이 태어나고 자랐다고는 생각하지 않으니까 말이오.

아테네 여신은 이렇게 말하고 텔레마코스 앞으로 빨리 걸어 나갔고 텔레마코스는 그녀의 뒤를 쫓아 걸었다.

그리고 이들은 필로스 사람들이 앉아 있는 곳에 도착했다. 그곳에는 네스토르가 그의 아들들과 앉아 있었고 그 주위에는 동료들이 꼬챙이에 고기를 꿰어 구우며 식사준비를 하고 있었다. 이들은 낯선 이방인들을 보고는 다가와 환영의 인사를 하고 자리에 앉도록 권했다.

네스토르의 아들인 페이시스트라토스가 제일 먼저 다가와 차례로 악수를 하면서 이들에게 형인 트라시메데스와 아버지 네토스 옆에 마련된 바다 모래위에 펼쳐 놓은 부드러운 양가죽 이 깔린 의자에 앉아 식사를 할 것을 권했다.

그리고 이들에게 내장을 권하고 황금 잔에 포도주를 가득 채우고는 거친 성격의 제우스신의 딸인 아테네 여신에게 건네주며 말했다.

— 자, 나의 귀빈이여. 포세이돈 신에게 감사의 기도를 올리시오. 당신 둘이 이곳에서 먹고 즐기는 모든 향연이 그의 것이니까요.

포세이돈 신에게 드리는 제사를 끝낸 후 이 잔을 당신의 동료에게 주시오. 그래야 그도 포세이돈 신에게 감사를 드릴 수 있을 테니까요. 나는 그가 영원 불사의 존재들에게도 기도를 드릴 것이라 생각합니다. 모든 사람들은 신들이 필요하니까요. 얼핏 보기에 당신 동료가 당신보다 더 젊고 내 나이 또래 같으니 내가 당신에게 먼저 황금 잔을 건네는 것이라오.

이렇게 말을 하고 페이시스트라토스는 부드러운 포도주가 담긴 잔을 아테네 여신에게 건넸고 그녀는 나이가 더 들어 보이는 자신에게 먼저 황금 잔을 건네는 이 젊은이의 사려 깊은 행동이 너무나 마음에 들었다. 그리고 아테네 여신은 포세이돈을 위해 잔을 들었다.

— 대지를 떠받치고 있는 포세이돈이시여, 내 말을 들으시오.

우리를 거절하지 말고 우리가 임무를 완수할 수 있도록 도와주시오. 우선 우리를 이처럼 반갑게 맞이해준 네스토르 왕과 그의 아들들, 그리고 모든 필로스 사람들에게 영광이 있기를 바랍니다.

그리고 마지막으로 검고 빠른 배를 타고 이곳에 온 텔레마코스와 내가 목적하는 일을 무사히 마치고 돌아갈 수 있도록 기원하는 바입니다!

이렇게 기원한 아테네 여신은 그녀 스스로 이 모든 기원들이 이루어지도록 하였다. 그녀는 오디세이의 사랑하는 아들인 텔레마코스에게 아름다운 황금 잔을 건네주고 신에게 기원을 하라고 말했다.

필로스 사람들은 살이 찐 황소 고기가 잘 익자 불에서 꺼내 식탁으로 분배를 하고 이 풍요로운 향연을 즐겼다. 그리고 풍족히 먹고 마신 후에 기사인 게레니아의 네스토르가 이렇게 말했다.

— 이제 우린 우리 손님들에게 무슨 일로 여기에 왔는지 물어볼 수 있겠군요. 왜냐하면 모두들 배부르게 먹고 마셨으니까요.

귀빈들이여! 당신들은 누구시오? 어떤 항로를 통해 여행을 하는 것이오? 아니면 이방인들에게 불행을 가져다주는 것을 인생의 낙으로 삼는 해적들처럼 모험을 하고 있는 중이오?

그러자 신중한 텔레마코스는 자신감을 가지고 그에게 대답했다. 왜냐하면 아테네가 텔레마코스에게 행방이 묘연한 그의 아버지에 대한 정보를 얻기 위해, 그리고 그 자리에 있는 사람들로부터 존경을 받을 수 있도록 그의 마음을 강하게 만들어주었기 때문이었다.

— 오 아키엔인들의 위대한 영광을 받고 계시는 넬레우스의 아들 네스토르 왕이시여!

당신이 우리들이 어디에서 왔는지 물어보셨으니 말씀드리겠습니다. 우린 네이온 산 밑에 있는 이타케에서 공적인 일이 아니라 개인적인 용무 때문에 이곳에 오게 되었습니다. 저는 이전 당신과 함께 트로이를 공격했던 신성하고 인내심 강한 내 아버지 오디세우스의 위대한 업적에 대해 말하는 것을 듣기 위해 왔습니다. 우린 트로이를 상대로 싸웠던 사람들 모두 치명적인 죽음을 겪었다는 것을 잘 알고 있습니다. 그렇지만 크로노스의 아들인 신께서 오직 내 아버지인 오디세우스의 죽음만을 감추었습니다.

그 어떤 사람도 내 아버지가 죽음을 당했다면 적들의 손에 사로잡혀 어느 외진 곳에서 죽음을 당했는지, 아니면 바다에 빠져 돌아가셨는지를 말해주지 못합니다. 내 아버지의 행방을 알기 위해 이렇게 당신 앞에 무릎을 꿇고 간청합니다. 제발 부탁드리오니 당신이 당신 눈으로 내 아버지가 죽임을 당하는 것을 보았거나 아니면 어느 여행자로부터 그에 대한 무슨 소식을 들었는지 간에 내게 알고 있는 것을 사실대로 말씀해주세요.

나의 할머니께서는 아버지를 불행한 존재로 낳았습니다. 제발 동정이나 연민 때문에 저에게 헛된 기대나 희망을 갖게 하는 말은 하시 마세요. 부탁드리오니. 영웅이신 내 아버지가 했던 말이나 행동, 그렇지 않으면 당신이나 아카이아 사람들이 너무도 큰 고통을 겪었던 트로이에서 당신에게 했던 약속을 지켰다던가 하는 그런 것들에 대해 솔직히 말해주시기 바랍니다.

제발 그러한 것들을 기억해 내시어 제게 진실을 말해주세요.

그러나 게레니아의 네스토르가 그에게 말했다.

— 오 친구여. 당신은 지금 아킬레우스의 지휘를 받으며 전리품을 얻기 위해 험한 바다를 항해하고, 프리아모스 왕의 대도시 주위에서 우리의 훌륭한 전사들이 죽임을 당한 끔찍한 전투 등 우리 아카이안 사람들의 사랑하는 아들들이 트로이에서 겪었던 너무도 끔찍한 고통들을 다시 생각나게 하고 있구려.

그곳에는 용맹스런 아이아스와 아킬레우스, 그리고 지혜가 신들과 견줄 수 있던 파트로클로스와 나의 사랑하는 아들이자 강하면서도 용감하며 전투에 능했던 안틸로코스가 잠들어 있다오. 그리고 우린 그 이외에도 인간들 중 그 누구도 견디어낼 수 없는 말할 수 없는 고통들을 겪었소.

당신이 이곳에 머무르면서 5년 내지 6년 동안 내게 무슨 일이 있었는지를 물을 수는 있겠지만 결국 당신은 아카이아인들이 겪은 모든 고통들을 알기 이전에 슬픔만을 간직한 채 고향으로 돌아가게 될 것이오. 9년 동안 우린 수 천 가지 계략을 짜서 트로이를 포위 공격했지만 제우스신께서는 우리에게 고통 어린 승리만을 주었을 뿐이라오.

거기에서 그 누구도 지혜로서 오디세우스에 필적할 만한 사람은 없었다오. 당신의 아버지는 아군의 지원도 없이 전략을 짜서 모든 적들을 물리쳤지. 아마 당신이 진정 오디세우스의 아들이라면 이 점에 대해 추호의 의심도 갖지 않을 것이오. 그런데 당신을 보고 있으니 오디세우스에 대한 존경심이 절로 우러나오는구려.

당신의 말은 오디세우스의 말과 유사하오. 만일 당신이 그와 같은 방식으로 말하지 않았다면 이렇게 젊은 사람이 그의 아들이라는 것을 아무도 믿지 않았을 것이오. 트로이 전쟁 당시 오디세우스와 나는 작전 회의에서나 사람들이 모인 광장에서 같은 생각과 같은 지혜를 가지고 아카이아인들에게 최고의 조언을 해주었디오.

그리고 마침내 프리아모스의 견고한 도시 국가를 정복한 후에 우리가 배로 돌아가자 신은 아카이아인들을 흩어지게 하였다오. 틀림없이 제우스신께서는 아카이아인들의 불행한 귀환을 예견하신 것 같소. 왜냐하면 아카이아인들 모두 사려 깊지도 않았고 올바르지 않았으며 그로 인해 신들의 왕인 무서운 제우스를 아버지로 둔 아테네 여신은 이에 대해 분노를 참지 못하고 아트레우스의 두 아들 사이의 불화를 조장하게 하였고, 결국 그들 중 많은 사람들에게 끔찍한 운명이 기다리고 있었으니 말이오. 아트레우스의 두 아들들은 해질 무렵 아무런 이유도 없이, 또 규정을 어겨가면서 모든 아카이아인들을 회의장으로 모이게 했고 그곳에 모인 아카이아인들의 아들들은 포도주를 마시고 모두 만취했다오. 그리고 아트레우스의 두 아들은 이들에게 왜 사람들을 모이라고 했는지 설명해주었소. 그 때 메넬라오스가 이들에게 광활한 바다를 건너 다시 고향으로 돌아가는 것에 대해 생각해야 한다고 자중

할 것을 요구했지만 아테네 여신의 성난 분노를 잠재우기 위해 사람들을 붙잡아 두고 성스러운 제물을 바치려 했던 아가멤논은 사람들을 정신 차리게 하려는 그가 전혀 마음에 들지 않았다오.

어리석은 그는 어떻게 해야 신의 분노를 잠재울 수 있는지 알 수 없었는데, 왜냐하면 영원불멸의 존재인 신들의 생각은 금방 쉽게 바뀌는 법이 없었기 때문이오. 그리고 아트레우스의 두 아들들이 서로 격렬하게 말다툼을 하는 동안 훌륭한 정강이 보호대를 한 모든 아카이아인들은 웅성거리며 무기를 들고 일어서 두 편으로 갈라졌소. 그리고 우리가 잠이 든 밤사이에, 제우스신은 우리들에게 가장 큰 불행을 준비하고 있었던 거요. 아침이 되어 우린 배를 바다에 띄었고 그 곳에 우리 전리품과 사로잡은 여인들을 배에 실었소.

그리고 우리 군대의 반은 아트레우스의 아들인 아가멤논 왕 옆에 남게 되었고 나머지 우린 배를 타고 항해를 시작했다오. 무서운 괴물들이 살고 있는 바다를 신께서 잠재워 주었고 우린 테네도스에 도착하여 우리의 고향으로 돌아갈 수 있도록 기원하면서 신들께 제물을 바쳤소.

그러나 분노한 제우스신께서 우리가 무사히 고향으로 돌아가도록 놔두지 않았고 다시 우리들 사이에 불화를 일으키게 했다오. 몇 몇은 배를 돌렸는데, 그 중에 매우 신중한 성격의 오디세우스도 있었소. 그는 아트레우스의 아들인 아가멤논 왕의 비위를 맞추기 위해 그에게로 돌아갔다오.

그리고 나는 남아 있는 배들을 지휘하여 도망을 쳤소. 왜냐하면 신이 우리에게 어떠한 불행을 준비하고 있는지 알았기 때문이었소. 그리고 테데우스의 용감한 아들 역시 그의 동료들을 설득하여 도망을 갔소. 나중에 금발의 메넬라오스도 우리와 레스보스에서 합류하였다오.

우린 험난한 바위투성이의 키오스의 섬 북쪽, 즉 키오스 섬을 왼쪽에 두고 갈지, 아니면 프시리 섬으로 가야 할지, 또 그렇지 않으면 바람을 헤치며 미마스를 향해 키오스의 남쪽으로 가야 할지 전혀 알지 못했다오. 제우스신에게 우리가 가야 할 길을 알려달라고 간청하자, 신은 우리에게 신호를 보내주셨고 우리에게 재앙을 피하기 위해 에우보이아를 향해 바다 한 가운데를 가로질러 가라고 명령하였다오.

그러자 바람이 요란한 소리를 내며 불기 시작했고 우리 배는 많은 고기들을 빠른 속도로 지나치며 밤에 게라이스토스에 도착했다오. 그리고 그곳에서 광활한 바다를 횡단한 후 우린 많은 황소의 넓적다리를 포세이돈을 위해 비쳤다오.

4일째 되던 날, 말을 길들이는 재주가 있는 니데우스의 아들인 디오메데스의 동료들은 균형 잡힌 배를 타고 아르고스에 당도했지만, 나는 필로스 섬을 향해 계속 항해를 했고 신이 바람을 일으켜줄 것을 허락한 후 바람은 끊임없이 불어주었다오. 사랑하는 아들이여, 그렇게 하여 나는 고향으로 돌아올 수 있었던 것이고 그 후 아카이아인들 중 어느 누가 살아남았고 죽었는지 전혀 알 수가 없다오.

그렇지만 나의 거처에서 평온한 가운데 내가 아는 것에 대해 그대가 나에게 묻는 것은 정당하다고 생각하며 나 또한 그대에게 아무 것도 숨기지 않을 것이오. 사람들이 말하길 훌륭한 아킬레우스의 유명한 아들이 창을 만드는데 능숙한 미르미돈인들을 안전하게 데리고 갔다고 하오.

포이아스의 유명한 아들인 필록테테스 또한 자신의 사람들을 데리고 갔다고 하고 이도메네우스는 전쟁에서 살아남은 동료들을 이끌고 크레테로 갔는데 바다는 그에게서 어떤 사람도 앗아가지 않아다오. 그대는 비록 멀리 살고 있다 하더라도 아트레우스에 대해서는 들었을 것이오. 그리고 그가 어떻게 돌아왔으며 또 아이기스토스가 그에게 어떻게 하여 끔찍한 죽음을 맞게 했는지도 알 것이오.

그렇지만 살인자인 그 역시 그가 죽인 아트레우스의 아들의 손에 끔찍한 죽음을 당했다오. 한 남자가 자신의 복수를 해주는 아들을 남겼다는 것은 정말 좋은 일이지. 오레스테스가 자신의 유명한 아버지를 죽인 아이기스토스에게 복수를 한 것이라오. 그리고 내 앞에 앞으로의 영웅들로 칭송받을 젊은이들 가운데 가장 뛰어나고 용감하며 잘생긴 그대가 서 있구려.

신중한 텔레마코스가 그에게 대답했다.

— 오 아카이아인들의 위대한 영광이신 넬레우스의 아들 네스토르시여. 분명 오레스테스는 정당한 복수를 한 것이고 모든 아카이아인들은 그를 칭송하며 후세 사람들은 그가 한 일에 대해 영광을 돌릴 것입니다.

나는 신랑 후보자들이 내게 주었던 고통과 모욕감을 갚을 수 있는 힘을 신들이 내게 줄 것을 바랍니다. 그렇지만 신들은 나와 내 아버지에게 명예로운 행동을 할 수 있는 기회를 전혀 주지 않는군요. 저는 지금 인내심을 갖고 모든 고통을 겪어야만 하죠.

그러자 전차를 타고 싸우는 게레니아의 네스토르가 그에게 대답했다.

— 오 친구여. 그대가 내게 말한 것에 따르면 그대의 어머니로 인해 많은 신랑 후보자들이 그대의 왕궁에서 그대를 학대했다는

것인데 그렇다면 그대는 아무런 저항도 없이 이런 모욕 속에 고통스러워 한다는 것이오, 아니면 신탁을 따르는 그대 백성들이 당신을 증오했다는 것이오?

오디세우스가 어느 날 혼자 혹은 모든 아카이아인들의 도움을 받아 이들의 타락에 대한 복수를 할지 그 누가 알겠소? 빛나는 눈을 가진 아테네 여신께서 우리 아카이아인들이 그토록 수많은 고통을 겪었던 트로이인들 틈에 있던 영광스런 오디세이를 아끼는 만큼 그대를 아끼길 바라오.

진정 나는 아테네 여신이 오디세이를 아끼는 것만큼 신들이 어느 한 인간을 그처럼 아끼는 것을 결코 본 적이 없다오. 만일 아테네 여신이 그처럼 그대를 아끼고 보호해주길 원한다면 신랑 후보지들 각자는 곧 신혼에 대한 달콤한 꿈을 잊어버리게 될 것을 확신하오.

그러자 신중한 텔레마코스가 그에게 대답했다.

— 오 노인이여! 나는 그와 같은 일이 결코 일어나지 않을 것이라고 생각합니다. 당신이 내게 예견해준 그런 꿈과 같은 일들은 나를 더욱 괴롭게만 할 뿐이고 망연자실하게 할 뿐입니다. 비록 신들이 원한다고 해도 이런 일들은 내 바람과는 정 반대로 결코 일어나지 않을 것입니다.

그러나 아테네 여신이 그에게 대답했다.

— 텔레마코스여! 그대는 지금 그대가 무슨 말을 하고 있는지 알고 하는 소리인가! 신이란 존재는 비록 멀리 떨어져 있다 하더라도 한 인간을 손쉽게 구할 수가 있다오. 나라면 아가멤논이 아이기스토스와 자신의 아내의 배신으로 죽임을 당한 것처럼 내가

고향에 도착했을 때 닥칠 위험을 겪는 것 보다는 수많은 고통을 겪은 후에 안전하게 내 고향으로 돌아가는 것을 더 바랄 것이오.

그러나 죽음을 몰고 오는 치명적인 운명이 사람들에게 닥쳤을 때는 신들 자신도 아무리 좋아하는 인간이라도 죽음으로부터 벗어나게 할 수는 없다오.

그러자 신중한 텔레마코스가 그녀에게 대답했다.

— 멘토르여! 우리의 슬픔에도 불구하고 그것에 대해서는 더 이상 말하지 맙시다. 오디세우스는 결코 돌아오지 않을 것이고 이미 영원 불사의 존재인 신들이 그에게 죽음과 어두운 운명을 선고했답니다. 이제 나는 네스토르께 묻고 싶군요. 왜냐하면 그는 우리들 중 지혜와 판정으로 가장 뛰어난 사람이니까요. 사람들이 말하길 그는 삼 세대에 걸쳐 사람들을 통치했다고 합니다. 그러한 이유로 인해 그는 내게 불사신처럼 보인답니다. 오 넬레우스의 아들인 네스토르시여! 내게 진실을 말해주세요. 어떻게 멀리까지 통치하던 아트레우스의 아들인 아가멤논 왕이 죽게 된 것인가요? 교활하기 짝이 없는 아이기스토스가 아가멤논 왕에게 어떤 죽음을 준비하고 있었던 거죠? 분명 그는 자기보다 위대한 사람을 죽였습니다. 메넬라오스는 어디에 있었던 거죠? 틀림없이 아카이아의 아르고스에는 없었을 거예요. 메넬라오스는 사람들 틈에 끼어 멀리 떨어진 곳에서 헤매고 있었을 것이고 그가 없는 사이에 아이기스토스가 살인을 저질렀을 거예요.

그러자 전차를 타고 싸우는 게레니아의 네스토르가 그에게 대답했다.

— 나의 자식이여, 내가 그대에게 이 일에 대한 진실을 말해주리다. 내 말을 듣고 나면 그대는 어떻게 된 일인지 알게 될 것이오.

만일 아트레우스의 아들인 금발의 메넬라오스가 트로이로부터 돌아와 살아있는 아이기스토스를 보았다면 틀림없이 그를 죽였을 것이고 파묻지 않고 아르고스에서 멀리 떨어진 들판에 그의 시체를 버렸을 것이며 개들과 새들이 그의 시체를 파먹고 있었을 것이오. 그리고 아카이아 여인들 중 그 누구도 그를 위해 울어주지 않았을 것이오. 왜냐하면 그는 정말 엄청난 죄를 저질렀기 때문이오. 사실 우리가 트로이 전쟁에서 수도 없는 전투를 겪는 동안 그는 말을 돌보는 아르고스에서 편안히 물러나 있으면서 아가멤논의 아내를 말로 유혹했다오.

그리고 물론 처음에는 고결한 클리타이므네스트라는 이러한 비열한 행동을 거절했을 거요. 왜냐하면 그녀는 자기의 선한 생각대로 행동하니까 말이오. 그리고 그녀 곁에는 트로이로 떠나던 아트레이드가 아내를 잘 돌봐 줄 것을 부탁했던 여인이 있었다오.

그러나 신들의 결정이 그녀를 죽도록 하였고 사람들은 시체를 사막뿐인 섬에 버려 새들이 그 시체를 파먹게 내버려두었다오. 그리고 아이기스토스는 클리타이므네스트라를 자신의 거처로 데리고 갔다오. 그리고 그는 신의 제단에 많은 황소 넓적다리를 태우고 많은 장식물과 옷들을 걸어놨다오. 왜냐하면 그는 혼자서는 감히 꿈도 꾸지 못할 그런 계획을 성공적으로 마쳤기 때문이었소.

그리고 나와 아트레이드는 트로이로부터 멀리 항해하고 있는 동안 서로 우정을 나누었다오. 그러나 우리가 아테나이의 갑(岬)의 성스러운 장소인 수니온에 도착했을 때, 메넬라오스의 키잡이인 오네토르의 아들 오네토르의 아들인 프론티스가 앞으로 가고 있는 배의 키를 잡는 순간 아폴론은 갑자기 그의 화살을 뽑아 그를 죽이고 말았다오. 그는 배를 조정하는 모든 사람들 중에 가장 뛰어난 사람으로서 심지어 태풍 속을 뚫고 배를 항해할 능력이 있었다오. 그리고 메넬라오스는 서둘러 항해를 계속해야 했음에도 불구하고 그 장소에 배를 멈추고 동료의 시신을 수장하고 장례를 치러주었다오.

그리고 빈 배에 타고 음침한 바다를 헤치며 항해를 다시 시작하여 마침내 말레이엔 灣(만) 에 이르렀다오. 그러나 제우스신은 산만한 거대한 파도를 일게 하고 거대한 바람을 불게 하여 그가 가는 길을 방해했소.

그러자 배는 뿔뿔이 흩어졌고 일부는 이아르다노스 강 양편에 키도네스인들이 살고 있던 크레테에 쪽으로 흘러갔는데 그러나 고르틴 연안에는 음침한 바다로부터 돌출된 평평하고 가파른 아주 작은 바위가 있었다오.

그곳에서 남풍이 갑(岬) 왼쪽에 있는 파이스토스 쪽으로 거대한 파도를 일으켰다오. 그리고 아주 조그만 바위는 거대한 파도를 산산이 갈라놓았지. 그곳으로 가게 된 사람들은 간신히 죽음에서 벗어날 수가 있었소. 그리고 파도는 배를 바위들이 있는 곳으로 몰고 갔고 바람과 바다는 다섯 척의 배를 아이깁토스로 몰아갔다오.

이렇게 하여 많은 금은보화를 모은 메넬라오스가 낯선 언어를 사용하는 사람들 틈에서 헤매고 있는 동안 아이기스토스는 자신의 끔찍한 계획대로 아트레우스의 아들을 죽이고 그의 백성들을 지배하게 된 것이라오. 그리고 풍요로운 미케나이 지방을 7년 동안이나 통치했던 것이오.

8년째가 되던 날, 신성한 오레스테스가 아테네에서 돌아와 영웅인 자신의 아버지를 죽인 배신자이며 살인자인 아이기스토스를 죽이고 말았다오.

그가 아이기스토스를 죽였을 때, 그는 아르고스인들에게 자신의 불행한 어머니와 비겁자인 아이기스토스의 장례 음식을 제공했다오. 그리고 바로 그날, 용감한 메넬라오스가 배에 실을 수 있는 최대한의 재물을 싣고 돌아온 것이라오. 그대 친구여, 그대의 집에서 너무 오랫동안 떨어져 있지 말기를 충고하오. 그대의 집에는 오만 불손한 많은 남자들이 머물고 있으며 그들이 그대의 재산을 탕진하고 부를 나눠 가질까 걱정이 된다오. 왜냐하면 결국 그대는 불필요한 여행을 한 것이니까 말이오. 나는 그대에게 메넬라오스를 방문할 것을 권하겠소. 그는 결코 되돌아올 수 없다고 생각한 외국으로부터 최근 도착했다오.

폭풍은 그로 하여금 새들조차 일 년이 걸려도 가보지 못할 정도로 거대하고 무서운 광활한 바다를 가로 질러 항해하게 했다오. 그러니 그대의 배와 동료들을 데리고 그를 찾아 가시오. 만일 그대가 육로를 통해 가고 싶다면 내가 마차와 말을 줄 것이고 내 아들들이 금발의 메넬라오스가 있는 라케다이몬까지 안내할 것이오. 그리고 그에게 진실을 말해달라고 부탁해보시오. 그는 매우 현명한 사람이니까 당신에게 거짓말을 하지는 않을 것이오.

그가 이렇게 말하자, 곧 어둠이 찾아왔다.

그리고 빛나는 눈을 가진 아테네 여신이 그에게 말했다.

— 노인이여! 그대는 합당하게 말을 잘해주셨소. 우리가 포세이돈과 다른 신들에게 기원할 수 있도록 제물들의 혀를 잘라 포도주에 담구시오.

그리고 이제 잠자리에 들 시간이니까 우린 잠을 자러 가야겠소. 해가 지평서 너머로 넘어갔으니 신들의 향연에 더 이상 오래 머무는 것은 좋지 않을 테니까요. 이제 그만 우린 물러가야겠소.

제우스의 딸이 이렇게 말하자 모든 이들이 그의 말에 따랐다. 그리고 하인들은 그들의 손에 물을 부어주었고 젊은이들이 잔에 포도주를 따라 사람들에게 나눠주었다.

그리고 그들은 혀를 불 속에 던졌다. 그리고는 서서 신들에게 헌주를 하고는 자신들이 원하는 만큼 포도주를 마음껏 마셨다. 반면 아테네와 텔레마코스는 자신들의 속이 움푹 팬 배로 돌아가려 했다.

그러나 네스토르가 이들을 붙잡고 말했다.

— 당신들이 나를 떠나 이처럼 당신들의 배로 돌아가게 내 버려둔다면 제우스와 모든 다른 신들은 마치 내가 귀빈들을 편안하게 쉬게 하지 못할 정도의 집도 없고 옷, 담요도 없는 가난한 사람인 것처럼 알 것 아니겠소!

나는 많은 옷과 담요를 가지고 있다오. 그리고 영웅 오디세우스의 사랑스런 아들을 내가 살아있는 한, 그리고 내 아들들이 내 왕궁에서 머물며 나를 찾아오는 이방인들을 접대하는 동안은 자신의 배에서 밤을 보내게 할 수는 없다오.

그러나 빛나는 눈을 가진 아테네 여신이 그에게 대답했다.

— 친애하는 노인이여, 잘 말씀하셨소. 우선 제일 좋은 방법은 당신이 텔레마코스를 설득하는 것이라고 생각합니다. 텔레마코스는 당신의 왕궁에서 자기 위해 당신을 좇아갈 것이오. 나는 내 동료들에게 명령을 전달하기 위해 검은 배로 돌아갈 것입니다. 왜냐하면 내가 저들 중 가장 나이가 많다는 것에 영광을 느끼고 있으니까요. 그들은 훌륭한 텔레마코스와 같은 나이들의 젊은이들로서 우정 때문에 그를 따라온 것 같습니다.

나는 배로 돌아가 잠을 잘 것이고 아침이 되자마자 내가 받아야 할 돈이 적지 않기 때문에 관대한 카우코네스 사람들에게 갈 것입니다. 텔레마코스가 깨어나면 당신의 아들과 함께 그에게 가장 빠르고 튼튼한 말이 끄는 마차를 주고 그곳으로 보내주십시오.

이렇게 말하고 빛나는 눈을 가진 아테네는 독수리처럼 사라졌으며 그녀를 본 모든 사람들은 놀라 어쩔 줄 몰라 했다. 그리고 네스토르는 직접 자신의 눈으로 그녀를 보고 경탄에 마지않으며 텔레마코스의 손을 잡고 다음과 같이 말했다.

— 오 친구여! 그대는 더 이상 허약하지도 비겁하지도 않을 것이오. 왜냐하면 그대가 이렇게 어림에도 불구하고 신들 스스로 그대를 인도할 테니까 말이오. 올림피아 신전에 살고 있는 신들 중 제우스의 딸이자 약탈자 트리토게네이아이며 모든 아르고스인들 중 최고인 자네의 아버지를 아끼는 신이 곁에 있으니까 말일세.

오 아테네 여신이시여! 나와 내 아들들, 그리고 나의 아내에게 축복을 내려주소서! 그렇게 해주시면 나는 이마가 넓고 길들여지지 않았으며 멍에를 한 번도 씌운 적이 없는 일 년 된 새끼 양을 제물로 바치겠나이다. 그리고 뿔 위에 금빛이 들기 시작한 후에 당신께 제물로 바치겠나이다.

그가 이렇게 말하자 아테네 여신이 그의 말을 들었다.

그리고 전차를 타고 싸우는 게레니아의 네스토르는 아들들과 사위들 앞에 서서 자신의 아름다운 왕궁으로 돌아갔다. 그리고 왕궁에 도착하자 그들은 순서에 따라 왕좌와 의자에 앉았다. 네스토르 왕은 이들을 위해 늙은 시종이 뚜껑을 따 11년 된 부드러운 포도주를 잔에 따랐다. 그리고 포도주잔을 든 네스토르는 잔을 들어 제우스의 딸인 아테네 여신을 위해 건배하였다. 그리고 모두 건배를 한 후 마음껏 마시기 시작했고, 잠을 자기 위해 숙소로 돌아갔다.

그리고 네스토르는 오디세우스의 사랑스런 아들인 텔레마코스를 소리가 울리는 주랑 옆에 있는 침대에서 자게 하였고 자신의 아들들 중 가장 나이가 어린 아들인 용감한 페이시스트라토스를 옆에서 잠을 자게 하였다. 그리고 자신은 아내가 준비한 침대에서 잠을 잤다.

그리고 아침에 태어난 장밋빛 손가락을 가진 에오스가 나타나자 전차를 타고 싸우는 게레니아의 네스토르는 침대에서 일어났다. 그리고 기름처럼 반짝이는 흰 색의 윤이 나는 돌 위에 앉았다. 그 돌은 옛날 신들만큼이나 지혜로웠던 넬레우스가 앉았던 자리였다. 그러나 죽음이라는 운명에 잡혀 하데스의 왕국으로 내려갔다.

그리고 지금은 아카이아인들을 지켜주는 게레니아의 네스토르가 왕홀을 손에 들고 그 돌 위에 앉아 있었다. 방에서 나온 그의 아들들인 에케프론, 스트라티옷, 페르세우스, 아레토스, 신성한 트라시메데스가 그 주위에 모였다. 그리고 영웅인 페이시스트라토스가 6번째였다. 이들은 신처럼 생긴 텔레마코스에게 다가갔고 네스토르가 그들에게 말을 하기 시작했다.

— 나의 바람대로 훌륭하게 자라준 나의 사랑하는 아들들아! 모든 신들 중에 아테네 여신께서 포세이돈에게 제사를 지내는 자리에 직접 나타나셨도다. 너희들 중 한 명이 들판으로 나가 일 년이 채 되지 않았고 이마가 넓고 길들여지지 않았으며 멍에를 한 번도 씌운 적이 없는 일 년 된 어린 암소를 찾아오너라. 목동에게 서둘러 몰고 오게 하거라. 그리도 다른 아들은 텔레마코스의 검은 배로 가 모든 동료들을 데리고 오라. 배에는 두 사람만이 남아 있어야 한다. 또 다른 아들은 금세공인인 라에르케스에게 가서 어린 암소의 뿔에 금을 발라야 하니 오도록 하거라. 그리고 나머지 아들들은 내 곁에 있거라. 하인들을 시켜 왕궁에 성스러운

향연을 베풀 준비를 하라고 이르고 의자와 나무 그리고 신선한 물을 가져오라고 시키거라.

그가 이렇게 말하자 모두 그의 말에 복종했다. 어린 암소가 들판에서 왕궁으로 운반되어졌고 텔레마코스의 동료들이 왕궁으로 왔다. 그리고 금세공업자는 금을 세공하는데 필요한 모루와 망치 그리고 집게를 들고 왔다. 그리고 아테네 여신 역시 제물을 받으러 왔다.

그리고 나이가 많은 네스토르는 여신이 보고 기뻐할 수 있도록 금세공업자에게 금을 주고는 어린 암소의 뿔에 바르도록 시켰다. 스트라티오스와 고결한 에케프론이 뿔을 잡고 어린 암소를 데리고 왔고 아레토스는 꽃 장식의 욕조 안에 손을 닦을 물을 담았다. 그리고 하녀는 바구니에 보리를 가져왔다. 그리고 용감한 트라시메데스는 손에 도끼를 들고 어린 암소를 죽일 준비를 하고 있었다. 그리고 페르세우스는 피를 받기 위해 항아리를 받치고 있었다. 나이 든 전차를 타고 싸우는 네스토르가 물과 보리를 뿌리고 제물의 머리에서 뽑은 몇 가닥의 머리카락을 불 속에 던지며 아테네 여신에게 빌었다.

사람들이 기원을 하고 보리를 뿌리자 네스토르의 아들인 고귀한 트라시메데스가 도끼로 어린 암소의 목에 있는 근육을 끊었다. 그러자 네스토르의 아내와 딸들, 그리고 며느리들, 그리고 클리메노스의 큰 딸인 에우리디케가 환성을 올렸다.

그리고 축 늘어진 어린 암소를 들어 올리고 부하들 중 가장 높은 페이시스트라토스가 암소의 목을 땄다. 그러자 검은 피가 목을 통해 나왔고 숨이 뼈에서 빠져나가자 그들은 암소를 나누고 의식에 따라 넓적다리를 잘라 양 옆구리의 살찐 부위를 벌린 후 그 위에 피가 흐르는 내장을 올려놓았다.

그리고 네스토르는 붉은 포도주를 들어 기원을 한 후 이것을 불 위에 태웠다. 그리고 젊은 사람들은 손에 끝이 다섯 개로 된 꼬챙이를 들어 고기를 구웠다. 넓적다리를 먹고 난 후 그들은 내장을 먹기 시작했다. 그리고 정성스럽게 살을 발라 꼬챙이에 꿰어 굽기 시작했다.

이러는 동안 네스토르의 딸 중 가장 어리고 아름다운 폴리카스테가 텔레마코스를 씻겼고 씻긴 후에는 향기로운 향료를 몸에 발라주고 아름다운 옷과 외투를 입혀주었다. 텔레마코스가 욕조에서 나왔을 때 마치 신과 같이 아름다웠다. 그리고 그는 네스토르 옆에 앉았다.

고기를 굽던 다른 사람들은 불 뒤로 물러나 향연 자리에 앉았다. 그리고 장로들이 일어나 황금잔에 포도주를 채웠다. 이들이 갈증과 배고픔을 달래자 이들 중 네스토르가 말하기 시작했다.

— 내 아들들아. 텔레마코스에게 아름다운 갈기를 가진 말들을 주고 그가 여행할 수 있도록 그 말들을 마차에 매거라.

네스토르가 말하자 그의 아들들은 그의 말에 따랐다. 그들은 두 마리의 아주 빠른 말들을 마차에 매었다. 그리고 하녀는 마차에 빵과 포도주 그리고 제우스에 의해 사랑받던 왕들이 먹었던 모든 음식을 실었다. 텔레마코스가 아름다운 마차 위에 올랐고 그 옆에는 용사들의 수장인 페이시스트라토스가 마차를 몰 준비를 하였다. 그리고 말에 채찍질을 가하자 마차는 자신들을 배웅하는 사람들을 뒤로 하며 평야를 질주하기 시작했다.

밤이 되자 길이 어둠에 싸였다. 그리고 이들은 알페이오스가 낳은 오르실로코스의 아들인 디오클레스가 살고 있는 파라이에 도착했다. 그곳에서 그들은 밤을 보냈고 디오클레스는 이들을 환대해 주었다.

그리고 이른 아침에 태어난 장밋빛 손가락을 가진 새벽의 신인 에오스가 나타나자 이들은 다시 마차에 올라 다시 길을 떠났다. 페이시스트라토스가 말들에게 채찍질을 하자 말들은 풍요로운 들판을 질주하기 시작했다. 바람처럼 빠르게 달리는 말들 덕분에 그들은 그 날 저녁 목적지에 도착할 수 있었다.

메넬라오스의 환대와 신랑 후보자들의 흉계

레이시스트라토스와 텔레마코스는 메넬라오스에 의해 융숭한 대접을 받았다. 메넬라오스는 이들에게 트로이에서 자신이 어떻게 돌아왔는지를 말해주었다. 그는 이집트에서 여러 형태로 변하는 프로테우스를 잡은 덕분에 그의 형인 아가멤논이 죽임을 당했고 오디세우스가 헬헤나의 개입으로 인해 요정 칼립소가 지배하고 있는 섬에 붙잡혀 있다는 것을 알게 되었다.

이러는 동안 신랑 후보자들은 텔레마코스를 제거하기 위해 음모를 꾸미고 있었다. 페넬로페의 꿈에 유령이 나타나 그녀에게 그의 아들이 살아있다고 알려주었다.

이들은 광활하고 깊숙한 협곡이 있는 라케다이몬에 다다랐다. 그리고 명예로운 자인 메넬라오스의 거처로 길을 향하고 있었는데 그는 집에서 싸움을 좋아하는 호전적인 아킬레스의 아들에게 시집보낸 딸과 그의 아들의 결혼잔치를 벌이며 많은 사람들로부터 축하를 받고 있었다. 오래전에 트로이아에서 그는 딸과 아킬레스의 아들과의 결혼을 약속하였고 신들이 이들의 결혼식을 이뤄지게 하였으며 메넬라오스는 마차와 말과 함께 자신의 딸을 아킬레스의 아들이 지휘하고 있는 미르미돈인들의 유명한 도시로 보냈었다.

그리고 메넬라오스는 스타르테 출신의 알렉토르의 딸을 데려왔는데 신들이 자신의 아내인 헬레나가 아프로디테만큼이나 아름다운 헤르미오네를 낳은 후 더 이상 아이를 갖지 못하게 하였기 때문에 여자 노예로부터 얻은 건장한 아들인 메가펜테스와 결혼시키기 위해서였다.

그리고 영예로운 메넬라오스의 동료들과 이웃 친구들이 그의 높고 거대한 집에서 향연을 벌이고 있었다. 그들은 몹시 흥겨워했으며 음유시인이 이들 가운데 플룻을 연주하며 노래를 불렀고 두 명의 무희는 이들 가운데서 노래 소리에 맞추어 춤을 추고 있었다.

바로 그 순간에 영웅인 텔레마코스와 네스토르의 유명한 아들이 메넬라오스의 집 앞에 말을 멈추었다. 그리고 영예로운 메넬라오스의 오랜 시종이었던 에테오네우스가 이들을 보고 백성들의 왕의 거처에 달려가 이들의 도착을 알렸다. 그는 메넬라오스 곁에 서서 거침없이 말했다.

— 제우스신에 의해 키워진 메넬라오스여! 저기 위대한 제우스의 핏줄로 보이는 두 이방인이 도착했습니다. 그들의 말을 제가

마구간에 데리고 가야 할지 아니면 그들을 환대해 줄 다른 사람에게로 돌려보내야 할지 알려주십시오.

금발의 메넬라오스는 신음소리를 내며 그에게 대답했다.

— 보에토오스의 아들인 에테오네우스여! 그대는 이전에는 그렇지 않더니 아무 생각 없이 말을 하는 아이처럼 말을 하는구려. 우리가 이곳으로 돌아오기 전 우리도 이방인의 신분으로 다른 사람들의 환대를 받은 적이 종종 있지 않았소? 제우스신으로부터 우리에게 미래에 또 다시 새로운 곤경을 맞게 할 생각인 것이오! 어서 우리 손님들의 말을 마구간에 묶어두고 그들을 이 향연으로 데리고 오시오!

메넬라오스가 이렇게 말을 하자 에테오네우스는 서둘러 거처를 나가 다른 충직한 하인들에게 자신을 따라오라고 했다. 그리고 그들은 땀을 흘리고 있는 말들에게서 재갈과 멍에를 벗기고 마구간에 묶고는 흰 보리와 밀을 섞어 주었다. 그리고 환히 빛나는 현관 벽에 마차를 세워둔 다음 이방인들을 주인인 메넬라오스의 집으로 안내했다.

텔레마코스와 그의 동료는 제우스신에 의해 길러진 메넬라오스의 거처를 보고 감탄했다. 영예로운 메넬라오스의 훌륭한 집은 마치 헬리오스와 셀레네의 집처럼 햇빛과 달빛으로 빛나고 있었다. 집의 모습에 경탄을 금치 못한 이들은 씻기 위해 윤이 나는 욕조로 들어갔다. 그리고 하녀들이 이들을 씻기고 향유를 발라주었고 두꺼운 외투와 웃옷을 입혀 주었으며, 이들은 아트레우스의 아들인 메넬라오스의 옆에 높은 의자에 앉았다. 그리고 이들이 손을 씻으려 하자 하녀가 황금으로 만든 아름다운 물 항아리에 물을 담아와 은으로 만든 대야에 물을 부었다. 그리고 이들 앞에다 윤이 나는 식탁을 놓았다. 그런 후 친절함으로 가득 찬 위엄 있는 여 하인이 빵과 많은 음식들을 정성스럽게 준비해주었다. 그리고 고기를 손질하는 하인이 금으로 만든 잔과 함께 여러 가지 종류의 고기가 담긴 쟁반을 그들 앞에 놓았다. 그러자 금발의 메넬라오스가 그들에게 오른 손을 내밀며 말했다.

— 마음껏 드십시오. 그리고 식사가 끝나고 나면 우리들에게 당신들이 누구인지 말해주시오. 분명 그대들은 제우스신에 의해 길러진 홀을 가진 왕들의 자제들임에 틀림없을 것이오. 왜냐하면 겁쟁이들에게서 당신들과 같은 아들들이 태어났을 리가 없을 테니까 말이오.

이렇게 말하고 나서 메넬라오스는 사람들이 그에게 준 명예의 선물인 새끼양의 기름이 있는 등심 부위를 손으로 잡고는 이방인들 앞에 놓았다. 그리고 텔레마코스와 그의 동료는 손을 뻗어 이 양을 잡았다. 이들이 먹고 싶은 욕망을 충족하였을 때 텔레마코스는 네스토르의 아들 쪽으로 머리를 가까이 대고는 다른 사람들이 듣지 못하게 조그마한 소리로 말했다.

— 내 마음 속에 매우 소중한 네스토르의 아들이여! 소리가 잘 울리는 이 집과 청동과 금, 그리고 은과 상아의 번쩍거림을 보게나. 틀림없이 올림푸스에 제우스의 궁전만이 이렇게 화려할 걸세. 정말로 풍요로움이 넘치는군. 이것들을 보고 있노라니 정말 감탄이 절로 나오는군!

금발의 메넬라오스는 텔레마코스가 소곤거리는 소리를 알아듣고는 거침없이 말했다.

— 친애하는 젊은 친구들이여! 그 어떤 인간도 제우스신을 상대로 싸워 이길 수가 없다오. 왜냐하면 그의 궁전과 그의 부유함은 영원불멸하기 때문이오. 나보다 제법 부자인 사람들도 있소. 나는 이곳으로 되돌아오기 전에 많은 고통을 겪었고 8년 동안 내 배를 타고 바다를 헤매었다오. 나는 키프로스와 포이니케, 그리고 아이깁토스를 다녔으며 아이티오페스인들과 시돈인, 그리고 에렘보이인들을 보았고 뿔이 달린 어린 양들과 암양들이 일 년에 세 번 새끼를 낳는 리비아에도 갔었다오.

그곳에는 왕도 목동도 치즈, 고기 그리고 부드러운 우유를 원하는 만큼 먹을 수가 있는데 그 이유는 이들이 일 년 내내 우유를 생산할 수 있기 때문이라오. 그리고 내가 많은 나라들을 떠돌아다니며 재산을 모으는 동안 한 남자가 부정한 여자의 음모의 도움을 받아 내 형제를 배반하고 죽였다오. 그리하여 나는 많은 재산에도 불구하고 온갖 슬픔에 잠겨 살고 있다오.

그대들은 이러한 사실들을 틀림없이 당신의 아버지들이 누구이건 간에 그들에게서 들었을 것이오. 그리고 나는 많은 고통을 겪었고 값비싼 보물들을 감춰두고 있는 많은 주민들이 있는 마을을 파괴했다오. 내가 지금 재산의 삼분의 일만 소유하는 대신 훌륭한 말들이 자라고 있는 아르고스에서 멀리 떨어져 위대한 트로이와 맞서 죽음을 맞았던 영웅들을 아직 살아 있게 해달라고 신들에게 빌 수 있었으면 좋겠소. 나는 이들 모두를 위해 울며 고통에 잠긴다오. 내 궁전에 앉아 나는 이들을 기억하며 슬퍼하고 때로는 고통이 찾아들 때도 있는데 왜냐하면 애도의 피곤함이 밀려오기 때문이라오.

그러나 아무리 슬퍼해도 이들 모두 보다 한 영웅에 대한 생각을 하면 나는 잠도 잊게 되고 먹지도 못한다오. 왜냐하면 오디세우스는 모든 아카이아인들보다 더 많은 고통을 견디었기 때문이라오. 그의 앞에는 또 다른 불행들이 기다리고 있기 때문이었소. 그리고 그토록 오랜 세월동안 행방이 묘연한 그 때문에 나는 견딜 수 없는 슬픔에 빠진다오. 우린 그가 살아있는지 아니면 죽었는지 조차 모르고 있소. 늙은 라에르테스와 현명한 그의 아내 페넬로페는 눈물로 지새고 있고 아들인 텔레마코스는 아기였을 때부터 아버지를 보지 못했소.

그의 말을 듣던 텔레마코스는 그의 아버지로 인해 울고 싶다는 생각이 들었다. 아버지에 대한 이야기를 들으며 그의 눈꺼풀 밖으로 눈물이 흘러나왔고 양 손을 들어 옷깃으로 눈을 가렸다. 그리고 메넬라오스는 울고 있는 텔레마코스를 보면서 오디세우스에 대한 생각을 하게 놔둘 것인지 아니면 자신이 생각하고 있는 것이 맞는지 그에게 물어봐야 하는지를 곰곰이 생각했다.

그가 마음속으로 깊게 이런 생각을 하고 있는 동안 황금으로 만든 활을 들고 다니는 아르테미스를 닮은 헬레나가 향기로운 냄새로 가득 찬 자신의 방에서 나왔다. 그리고 아드라스테는 그녀에게 아름다운 의자를 권했고 알키페는 부드러운 양가죽으로 만든 깔개를 가지고 왔으며 필로는 은으로 만든 바구니를 주었는데 이것은 수많은 보물들이 왕궁에 가득한 아이깁토스의 테바이에 살고 있던 폴리보스의 아내인 알칸드레가 그녀에게 주었던 것이었다.

그리고 폴리보스는 메넬라오스에게 은으로 만든 두 개의 욕조와 두 개의 삼발 솥, 그리고 황금 열 탈렌트를 주었다. 또한 알칸드레도 헬레나에게 금으로 만든 물레 토래와 금실이 달린 은으로 만든 바구니인 아름다운 선물들을 주었다. 그리고 하녀인 필로는 그녀에게 실이 가득 들어 있는 바구니를 가져다주었는데 그 안에는 보랏빛이 나는 고운 실이 들어 있었다. 헬레나는 의자에 앉아 발판 위에 발을 올려놓고 앉아 남편에게 물었다.

— 신성한 메넬라오스여. 우리 왕궁에 들어온 것을 영광으로 여기고 있는 이분들이 누구인지 아세요?

거짓말을 할까요. 아니면 진실을 말해야 할까요? 내 마음이 시키는 대로 말할게요. 나는 이처럼 남자이건 여자이건 간에 그와 비슷하게 생긴 사람을 결코 본 적이 없답니다. 그리고 이 젊은이를 보고 있노라니 보잘 것 없는 여인인 나를 위해 아카이아인들이 세기의 전쟁을 하기 위해 트로이로 떠나면서 어린 채 궁에 남겨두고 간 오디세우스의 아들 텔레마코스가 생각이 나는군요.

그러자 금발의 메넬라오스가 그녀에게 다음과 같이 말했다.

— 부인, 나도 부인과 같이 생각하고 있다오. 두 발, 두 손, 그리고 빛나는 눈, 머리 그리고 머리카락 등이 오디세우스의 그것들과 너무도 흡사하구려. 그리고 그가 나를 위해 얼마나 많은 위험을 감수하였는지 새삼 기억이 떠오르는구려. 이 젊은이의 눈꺼풀 밖으로 눈물이 흘러나오고 자주빛 외투를 들어 눈을 감추고 있구려.

그러나 네스토르의 아들인 페이시스트라토스가 대답했다.

— 제우스에 의해 키워진 인간들의 왕이신 아트레우스의 아들 메넬라오스시여. 분명 이 사람은 당신이 말한 오디세우스의 아들입니다. 그렇지만 그는 현명하기 때문에 이곳에 도착하자마자 마치 신의 목소리로 말을 하며 우리를 즐겁게 해주고 있는 왕의 말을 듣고 있는 상황에서 자신이 정체를 밝히는 것이 적당하지 않다고 판단하였습니다. 그리고 나의 아버지인 전차를 타고 싸우는 게레니아의 네스토르께서 제게 이 텔레마코스와 함께 동행하라는 명을 내리셨고요. 텔레마코스는 왕께서 해줄 충고나 도움을

줄 수 있을 것이라고 생각해서 왕을 뵙길 원하였습니다. 왜냐하면 오랫동안 행방이 묘연한 그의 아버지 때문에 자신을 도와주는 사람이 거의 없는 왕궁에서 너무도 많은 어려움을 겪었기 때문입니다. 아버지는 행방불명이고 왕국 사람들 중 자신을 도와주는 사람은 없는 까닭에 텔레마코스는 불행을 겪을 수밖에 없는 운명에 처하게 된 것입니다.

그러자 금발의 메넬라오스가 그에게 다음과 같이 말했다.

— 오 신이시여! 나로 인해 수많은 전투를 겪은 영웅이자 내가 좋아하는 남자의 아들이 나의 왕국으로 왔습니다. 만일 멀리 떨어져 천둥을 내는 제우스신께서 우리들에게 빠른 전함을 타고 바다에서 돌아올 수 있게 해주었다면 나는 오디세우스에게 모든 아카이아인들 중 최고의 영광을 돌렸을 것입니다. 나는 아르고스 안에 도시를 세우고 그를 위해 거처를 마련해 주었을 것이고 오디세우스는 이타케에서 그의 많은 재산과 가족들, 그리고 그의 모든 백성들을 데리고 왔을 것입니다. 그리고 나는 내가 통치하고 있던 마을들 중 하나를 그를 위해 통째로 내주었을 것입니다. 그리고 죽음의 먹구름이 오디세우스와 나를 갈라놓을 때까지 우린 서로를 자주 방문하며 지냈을 것입니다. 그러나 신께서 분명 이런 우리들의 운명을 시기하였음에 틀림없소, 왜냐하면 오디세우스는 홀로 외로이 불행한 일을 겪으며 돌아오지 못했으니까요.

그가 이렇게 말하자 그 자리에 있던 모든 사람들이 눈물을 흘렸다. 그리고 제우스의 딸인 아르고스의 헬레네 역시 눈물을 흘렸다. 그리고 텔레마코스와 아트레우스의 아들인 메넬라오스 역시 눈물로 옷깃을 적셨다. 또한 네스토르의 아들은 눈에 눈물이 가득 고인 채 찬란한 새벽의 여신 에오스의 뛰어난 아들에게 죽임을 당했던 아들인 안틸로코스가 생각나 이렇게 말했다.

— 아트레우스의 아들이여. 우리가 늙은 네스토르의 왕국에 있을 때 메넬라오스 왕에 대해 자주 말씀하셨는데, 왕께서는 늘 지혜로서 모든 적을 물리치셨다고 하셨습니다. 그러한 이유로 왕이시여, 제가 말씀드립니다. 식사 후에 눈물을 흘리는 것이 저는 전혀 마음에 들지 않는군요. 그러니 아침에 태어난 에오스가 되돌아올 때 눈물을 흘렸으면 합니다. 잔혹한 운명을 겪은 사람들을 위해 눈물을 흘려야 합니다. 그들을 위해 머리카락을 자르고 눈물로 뺨을 적시는 것이야 말로 비참하게 죽어간 사람들이 받을 수 있는 최소한의 보상이라고 생각합니다. 내 형 또한 죽었는데 그는 아르고스인들 중 가장 덜 용감한 전사들 중 하나가 아니었다는 것을 그대도 알 것입니다. 내가 그 자리에 없었고 그를 본 적도 없지만 사람들은 그가 말을 타고 달리며 전투를 할 때 모든 적들을 상대로 이겼다고 말합니다.

금발의 메넬라오스가 그에게 대답했다.

— 오 친인이여. 그대는 매우 지혜로운 사람처럼 말을 하고 현명한 아버지의 아들처럼 말하고 행동하는 것이 당신 나이보다 세월을 더 많이 산 것 같구려. 그대를 보니 크로노스의 아드님께서 축복한 존경하고 정숙한 여인과 결혼하여 자식을 낳은 사람의 훌륭한 혈통을 이어받았다는 것을 알 수 있을 것 같구려. 그는 네스토르에게 그의 왕궁에서 지혜로우며 창을 잘 쓰는 아들들 사이에서 평화롭게 살 수 있도록 약속하였다오. 잠시 우리 눈물을 거두고 우리의 식사를 생각하고 손에 물을 적십시다. 내일 아침 텔레마코스와 나는 서로 말을 하고 우정을 돈독히 할 것이오.

그가 이렇게 말하자, 영예로운 메넬라오스의 충직한 시종인 아스팔리온이 이들의 손에 물을 부어주었고 이들은 앞에 놓여 있는 음식에 손을 뻗었다. 제우스의 딸인 헬레네는 또 다른 생각을 가지고 있었는데, 이들이 마시고 있는 포도주에다 고통을 잊게 해주는 약을 넣었다. 포도주와 진통제가 섞인 잔을 마신 사람은 하루 동안 더 이상 눈물을 흘리지 않게 되는데 심지어 그의 부모가 죽거나 형제나 사랑하는 아들이 청동으로 죽임을 당하고 그 장면을 자신의 눈으로 직접 본다 해도 울지 않았다. 제우스의 딸인 헬레네는 많은 진통제를 생산해 내는 비옥한 땅인 아이깁토스에 있는 톤의 아내인 폴리담나가 그녀에게 준 이 훌륭한 약들을 가지고 있었는데 이 약들은 어떤 것은 이롭기도 하고 또 어떤 것은 해로웠다. 그곳에는 사람들 사이에서 가장 뛰어난 의사들이 있었으며 이들은 파이에온의 후손들이었다. 이 약을 준비시킨 후 헬레네는 포도주를 부으라고 시키면서 다음과 같이 말했다.

— 제우스에 의해 키워진 아트레우스의 아들인 메넬라오스여, 저들이 분명 용감한 인간들의 자식임에 틀림없지만 제우스께서는 자신이 원하는 대로 선과 악을 나누어주시니 그는 전능하기 때문입니다. 그러니 우리 왕궁에 앉아 먹으면서 서로 즐거운 대화를 하세요. 나는 당신들의 마음에 들 만한 것들에 대해 말을 하겠어요. 물론 나는 인내심 강한 오디세우스가 겪었던 모든 전투를 상기시킬 그런 이야기를 다 얘기할 수는 없어요. 그러나 아카이아인들이 너무나 고통을 받았던 트로이에서 그가 어떤 일을 했는지에 대해서는 말할 수 있답니다.

그 스스로 가난뱅이처럼 변장을 하고 남루한 누더기 옷을 어깨에 걸친 채 마치 노예처럼 보이면서 적들의 용사들의 거대한 도시로 들어갔는데, 그는 꼭 거지같았으며 아카이아인들의 배에 있을 때와는 무척 다른 모습으로 꾸몄죠.

이런 모습으로 그는 트로이의 도시로 들어갔는데 아무도 그를 알아보지 못했어요. 나 혼자만이 그를 알아볼 수 있었으며 그에게 이것저것을 물어보았지만 그는 나에게 사실을 숨긴 채 대답했죠. 그리고 나는 그를 씻기고 그에게 향유를 발라 주었으며 옷을 주었고 그가 자신의 배와 군인들의 진영으로 되돌아가기 전까지 트로이아인들에게 오디세우스의 정체를 밝히지 않겠다고 맹세를 했답니다.

그때서야 그는 내게 아카이아인들의 모든 전략을 말해 주었어요. 그리고 그 긴 청동으로 만든 창으로 수많은 트로이아 군사들을 죽인 후에 그는 많은 정보를 가지고 아르고스인들에게 돌아갔죠. 트로이아 여인들은 몹시 슬퍼하고 애통해 했지만 나의 마음은 너무도 기뻤습니다. 왜냐하면 이미 내 마음속에서는 나의 왕궁으로 돌아가길 원하고 있었으며 아프로디테가 나를 속여 나의 사랑하는 고향과 딸, 그리고 신혼방과 똑똑하지도 잘생기지도 않은 어떠한 재능도 가지고 있지 않은 남편으로부터 멀리 떨어진 곳으로 데려갔을 때 나의 절망스러운 운명 때문에 많이 울었기 때문이에요.

그리고 금발의 메넬라오스는 그녀에게 다음과 같이 대답했다.

— 부인은 정말 합당한 말을 하는구려. 분명, 나는 많은 영웅들의 생각이나 지혜에 대해 알고 있고 많은 나라들을 여행했지만 인내심 있는 오디세우스만큼 지혜로운 영웅은 결코 본 적이 없다오. 트로이아인들에게 죽음의 운명을 가져다주기 위해 우리 아르고스의 모든 장수들이 반들반들 윤이 나는 목마 안에 있을 때 인내심 강한 오디세우스가 행한 용감한 행동들을 결코 내 눈으로 본 적이 없다오.

그리고 틀림없이 어느 신께서 당신에게 트로이아인들에게 영광을 베풀라고 명령했기 때문에 당신이 그곳에 있었을 것이고 신을 닮은 데이포보스가 당신을 따랐을 것이오. 그리고 당신은 속이 비어 있는 목마를 만지면서 세 바퀴를 돌았소. 당신은 모든 아르고스 여인들의 목소리를 흉내 내어 다나오스인 장수들의 이름을 불렀지. 그리고 나와 튀데우스의 아들, 그리고 신성한 오디세우스는 그들 가운데 앉아서 당신의 목소리를 들었다오. 디오메네스와 나는 사람들 틈에서 당신 목소리를 듣느니 차라리 밖으로 나가고 싶었다오. 그렇지만 오디세우스가 우리를 말렸고 우린 우리의 바램에도 불구하고 나서지 못했지. 그리고 아카이아인의 다른 아들들은 입을 다문 채 그 자리에 있었고 안티클로스만이 당신에게 대답하려 했었소. 그러나 오디세우스는 그의 건장한 손으로 그의 입을 막았고 결국 모든 아카이아인들을 구했소. 그리고 그는 아테네 여신이 그대를 멀리 떨어뜨려 놓을 때까지 그를 잡고 있었다오.

그러자 신중한 텔레마코스가 그에게 대답했다.

— 제우스에 의해 키워진 사람들의 왕인 아트레우스의 아들 메넬라오스여. 그것은 슬픈 일이긴 하지만 비록 그의 심장이 쇠처럼 강인하다 하더라도 그러한 행동들이 그에게 가혹한 죽음을 피할 수 있게는 못하였습니다. 이제 우리가 안락한 잠을 잘 수 있도록 우리를 침실로 안내해 주시길 바랍니다.

그가 이렇게 말을 하자 아르고스의 헬레네는 하녀들에게 주랑에다 침대를 준비하고 자줏빛의 아름다운 옷들을 가져오게 하고 양탄자를 깔고 두꺼운 양털로 된 이불을 덮게 해주라고 명령했다. 그러자 하녀들이 손에 횃불을 들고는 홀을 빠져 나갔다. 그리고 침대를 준비한 후 손님들을 안내했다. 영웅인 텔레마코스와 네스토르의 뛰어난 아들은 왕궁의 바깥채에서 잠이 들었고 메넬라오스는 높은 왕궁의 깊숙한 방에서, 그리고 여인들 중 가장 아름다운 헬레네는 화려한 옷을 입고 그의 곁에서 잠이 잤다.

아침에 태어난 장밋빛 손가락을 지닌 에오스가 나타나자 용감한 메넬라오스가 침대에서 일어나 옷을 입고 어깨에 날카로운 칼을 매고 번쩍이는 발에 아름다운 신발을 끈으로 맸다. 그리고 방에서 나온 신처럼 생긴 그는 텔레마코스 곁에 앉아 이렇게 말했다.

— 영웅 텔레마코스여. 어인 일로 해서 바다의 넓은 등을 타고 신성한 라케다이몬의 땅인 이곳까지 당신이 오게 된 것이오? 공적인 일 때문이오, 아니면 개인적인 일 때문이오? 진실을 내게 말해주오.

그러자 신중한 텔레마코스가 그에게 대답했다.

— 사람들의 왕이며 제우스에 의해 키워진 아트레웃의 아들 메넬라오스여. 나는 당신이 내 아버지에 대해 무엇인가를 말해 줄 것을 믿고 이곳에 왔습니다. 나의 왕궁은 황폐해졌고 나의 재산들은 사라졌습니다. 나의 거처는 기름진 양들과 주름 잡힌 이마를 하고 유연한 발을 가진 황소들을 죽이는 적들로 가득 차 있습니다. 그들은 내 어머니와 결혼하길 원하는 신랑 후보자들인데 모두 오만하고 무례하답니다. 이러한 이유로 인해 저는 당신 앞에 무릎 꿇고 내 아버지의 비참한 죽음에 대해 말해 달라고 간청하는 것이니 당신께서 직접 그의 죽음을 눈으로 본 것인지 아니면 여행자로부터 그의 죽음에 대해 들었는지 말해주세요. 분명 그 분의 어머니께서 그를 불행한 인간으로 이 세상에 태어나게 하셨습니다. 제발 동정 때문에 저를 속이려 들지 마세요. 당신이 본 모든 것을 솔직하게 내게 말해주세요. 제발 부탁드립니다. 만일 내 아버지

이신 용맹한 오디세우스가 아카이아인들이 그토록 많은 고통을 겪었던 트로이아인들의 나라에서 말로 또는 행동으로 자신이 약속한 것을 이행하셨는지 기억을 하시고 내게 진실을 말해주세요.

그러나 깊은 한숨을 쉰 금발의 메넬라오스가 그에게 대답했다.

— 오 신이시여! 분명 비겁자들이 용감한 자의 침실에서 잠을 자길 원하고 있구려! 이는 암사슴이 풀이 많은 계곡이나 산에서 배불리 먹기 위해 나가 있는 동안 용맹스런 사자의 굴에 젖을 빨고 있는 새로 갓 태어난 새끼 사슴을 놔둔 꼴이구려. 사자는 굴에 돌아오자마자 모든 새끼 사슴들을 무참히 죽일 것이오.

오디세우스는 그들에게 비참한 죽음을 맞게 할 것이오. 아버지이신 제우스와 아테네, 그리고 아폴론 신에게 비오니 그가 견고하게 세워진 레스보스에 있는 동안 자리에서 일어나 필로멜레이데스와 시합을 할 때 그를 세차게 땅에 매다 꽂았을 때 모든 아카이아인들이 기뻐했던 것처럼 신랑 후보자들과 섞일 수 있기를 바랍니다. 신랑 후보자들의 삶은 짧고 그들의 결혼은 아주 가혹할 것이오!

그대가 내게 간청을 하며 부탁한 것들에 대해 나는 하나도 숨김없이 말해줄 것이오. 진실된 자인 바다 노인이 내게 말해준 것을 모두, 그리고 감추는 것 없이 말해주겠소. 돌아오고 싶어 하는 나의 바람에도 불구하고 신들은 나를 아이깁토스에 발을 묶어두었는데 그 이유는 내가 헤카톰베(100마리의 소의 제물)를 그들에게 바치지 않았기 때문이었다오. 사실 신들은 우리가 자신들의 계율을 잊는 것을 전혀 바라지 않았소.

그리고 아이깁토스 앞에 파도가 심하게 몰아치는 바다 한 가운데 섬이 하나 있는데 우린 그 섬을 파로스라 부른다오. 이 섬은 순풍이 불면 속이 파인 배로 하루면 갈 수 있을 정도로 거리가 멀리 떨어져 있지 않은 작은 섬이라오. 그리고 이 섬에는 아주 훌륭한 항구가 있었는데 깊은 물을 퍼낸 후에 균형 잡힌 배들을 바다로 이끌 수가 있다오.

이곳에서 신들은 20일 동안 나의 발을 묶어 놓았고 배가 바다의 넓은 등을 향해 나갈 수 있도록 해주는 바다 바람은 전혀 불지 않았다오.

내 식량이 이미 바닥났기 때문에 내 선원들은 서로 다투기 시작했다오. 진실한 바다 노인인 프로테우스의 딸인 에이도테가 나를 보고 동정을 하였다오. 내가 그녀의 마음을 감동시켰고 그녀는 먹을 것이 바닥났기 때문에 굶주림을 해결하기 위해 끊임없이 휘어진 낚시 바늘로 물고기를 낚으며 섬을 헤매고 있는 동료들에게서 떨어져 혼자 있는 내게 나타났다오. 그리고 내 곁에 앉아 이렇게 말을 했소.

— 오 이방인이여. 그대는 아주 어리석거나 정신이 나갔음에 틀림없구려. 그렇지 않으면 이곳에 남아 고통 받는 것을 즐기거나 말이오. 왜냐하면 그대는 이 섬에 오랫동안 갇혀 있고 그 이유를 전혀 발견하지 못했으며 그대의 동료들의 마음은 지칠 대로 지쳤으니 말이오.

그녀가 이렇게 말했을 때 내가 대답했다오.

— 당신이 여신들 중 한 명인지 아닌지 모르지만 내가 그대에게 사실대로 말하겠소. 나는 여기에 내 의지로 남아 있는 것이 전혀 아니라오. 그러나 거대한 하늘에 살고 있는 신들의 기분을 상하게 했나 보오. 신들은 모든 것을 알고 있을 테니까 신들 중 그 누가

내가 물고기가 넘치는 바다를 가로 지르며 고향으로 돌아가는 것을 막으면서 길을 지체하게 만들려고 하는지 내게 말해주시오.

내가 이렇게 말하자 여신이 말했다오.

— 오 이방인이여. 내가 그대에게 진실을 말해주리다. 여기 이곳에는 모든 바다의 깊이를 알고 있고 포세이돈의 노예인 영원불사의 존재인 아이깁토스의 프로테우스가 살고 있다오. 사람들은 그가 나의 아버지이며 나를 세상에 태어나게 했다고 말합니다. 만일 그대가 꾀를 써서 그를 붙잡을 수만 있다면 그는 그대에게 길을 알려줄 것이고 어떻게 하면 바다를 건너 고향으로 돌아갈 수 있는지 알려줄 거예요. 오 제우스의 자식이여! 그는 그대가 원한다면 당신이 없는 동안, 그리고 힘든 여행을 하고 있는 동안 당신 왕궁에서 일어나고 있는 좋고 나쁜 일에 대해서조차 알려줄 거랍니다.

그녀가 이렇게 말하자 내가 대답했다오.

— 나를 보고 내게 그런 사실을 알려주길 두려워해 나를 피하려고 하는 그 노인의 속임수에 대해 일러주시오. 왜냐하면 신은 인간에게는 극복하기 어려운 존재이니까 말이오.

내가 이렇게 말하자 여신이 내게 대답했다오.

— 오 이방인이여. 내가 그대에게 사실대로 대답할게요. 헬리오스가 루아노스의 한 가운데 도달했을 때 (해가 중천에 떴을 때) 진실만을 말하는 늙은 노인이 서풍인 제피로스의 숨결을 타고 짙은 안개로 덮혀 있는 바다에서 나올 것입니다. 그가 나오면 깊은 동굴에서 잠을 잘 것이고요.

그의 주위에는 흰 바다 속에서 나온 발이 없는 아름다운 할로시드네의 수많은 바다표범들이 깊은 바다 속의 자극적인 냄새를 풍기며 잠을 자고 있을 것에요. 달이 뜨면 내가 그대를 그곳으로 데려가 숨겨 줄 테니 그대는 당신 배 선원들 중 가장 용감한 세 명을 선택하여 바다표범들 사이에 몸을 감추세요. 이제 그대에게 늙은 노인의 계략을 말해주겠어요.

우선 그는 바다표범들의 수를 세고 살펴 볼 겁니다. 그리고 바다표범을 다섯 마리씩 나눈 다음 마치 양떼 가운데 있는 목동처럼 이들 사이에서 잠을 잘 것입니다. 그가 거의 잠에 빠진 것을 보게 되면 당신이 가지고 있는 용기와 있는 힘을 다해 비록 그가 당신에게서 빠져나가려고 몸부림을 쳐도 그를 꽉 붙잡으세요. 그는 땅이나 바다에 있는 모든 무서운 괴물로, 혹은 무서운 불로 변할 서예요. 그러나 그를 절대 놓아서는 안 되며 있는 힘껏 잡아야 합니다. 그리고 그가 스스로 그대에게 질문을 할 때 그대는 그가 잠자고 있던 모습 그대로 전혀 난폭하지 않다는 것을 알게 될 것이고 그러면 그 때 그를 놓아주세요. 그리고 그에게 어떤 신이 그대를 방해하는지 물어보면 그는 그대에게 어떻게 하면 수많은 물고기가 있는 바다를 지나 고향으로 돌아갈 수 있는지를 알려줄 것입니다.

그녀는 이렇게 말을 하고 출렁이는 바다 속으로 사라졌다오. 나는 해변가에 정착해 있는 배로 돌아갔소. 배로 가는 동안 나는 수많은 생각을 했다오. 배에 도착한 나와 선원들은 식사를 준비하여 먹었고 신성한 밤이 되자 해변가에서 잠을 잤소.

그리고 아침에 태어난 장밋빛 손가락을 가진 에오스가 나타났을 때, 나는 거대한 해변가를 걸으며 신들에게 간청했다오. 그리고 나는 내 동료 중 가장 용맹하고 내가 믿을 수 있는 세 명을 데리고 갔소. 이러는 동안 거대한 바다의 중심에서 나온 여신이 최근 잡은 4마리의 바다표범 가죽을 가져다주었다오. 그리고 여신은 아버지를 사로잡을 수 있는 계략을 준비했다오. 그녀는 바다 모래 안에 잠잘 곳을 판 후 우리를 기다리며 앉아 있었소.

그리고 우린 그녀 곁으로 다가갔다오. 그녀는 우리를 모래 속에 들어가게 하고는 각자에게 바다표범 가죽을 주었소. 그것은 매우 힘든 매복이었는데 왜냐하면 바다에서 자란 바다표범의 끔찍한 냄새 때문에 숨이 막혀 죽을 것 같았기 때문이었다오. 누가 바다 괴물 옆에서 잠을 자고 싶어 하겠소? 그러나 여신은 우리에게 바다짐승의 냄새를 쫓아버리는 부드러운 향기가 나는 암브로시아를 우리 코 속에 넣어주었다오. 그리고 우린 아침 내내 인내심을 갖고 기다렸다오. 그리고 마침내 바다에서 수많은 바다표범들이 긴 해변가에 잠을 자기 위해 순서대로 왔소.

정오쯤 되자, 노인이 바다에서 나와 거대한 바다표범들과 합류했고 이들의 수를 세기 시작했다오. 그리고 그것들 중 우리를 제일 먼저 세었는데 그는 우리의 계책을 전혀 눈치 채지 못했소. 그리고 그는 잠을 자기 시작했다오.

우리는 우렁찬 함성을 지르며 그에게 달려들어 그를 팔로 꽉 껴안았다오. 그러나 노인은 자신의 능란한 간계를 잊지 않았소. 처음에는 긴 갈기를 가진 사자로 변하더니 그 다음에는 용으로, 그리고 다시 표범으로, 멧돼지로 변하더니 곧 물로 변했다오. 그래도 안 되니까 나뭇잎이 많이 달린 나무로 변하였지. 하지만 독하게 마음을 먹은 우린 그를 놓치지 않고 꽉 붙잡았다오. 마침내 수많은 간계를 가진 노인이 변하더니 내게 말을 걸었다오.

— 아트레우스의 아들이여. 신들 중 누가 나의 의지에도 불구하고 그대가 이렇게 나를 붙잡을 수 있도록 그대를 도와준 것이오? 내게 무엇을 원하오?

그가 이렇게 말했고 내가 그에게 대답했다오.

— 노인이여. 당신은 내가 무엇을 원하는지 잘 알고 있지 않습니까? 왜 나에게 질문을 하면서 나를 속이려 하는 것입니까? 이미 내가 이 섬에 묶여 있은 지 오래 전부터 나는 왜 내가 이곳에 있어야 하는지 그 이유를 찾을 수가 없었고 내 마음은 지쳐만 갔습니다. 신들은 모든 것을 알고 있을 테니까 내가 물고기가 넘치는 바다를 가로 지르며 고향으로 돌아가는 것을 막으면서 길을 지체하게 만들려고 하는 신들의 의도가 무엇인지 내게 말해주세요.

내가 이렇게 말하자 그가 내게 대답했소.

— 검은 바다를 지나 항해하여 그대의 조국으로 하루 빨리 무사히 돌아가기 위해서는 무엇보다 그대는 제우스와 다른 신들에게 제물을 바쳐야 할 것이오.

적어도 그대가 제우스신에게서 나온 아이깁토스의 물 쪽으로 돌아가지 않고, 거대한 하늘에 살고 있는 영원불사의 신들에게 100마리 황소를 제물로 바치지 않는 한 그대의 운명은 그대의 친구들을 볼 수도 없고 그대의 집이 있는 고향으로 돌아갈 수 없을 것이오. 이렇게 하면, 신들이 그대가 원하는 바를 이루게 해줄 것이오.

그가 이렇게 말하자 나는 마음이 갈갈히 찢겨졌는데 왜냐하면 그는 길고 험한 길을 통해 검은 바다를 가로질러 아이깁토스로 되돌아가라고 말했기 때문이라오. 그러나 나는 이렇게 대답했소.

— 노인이여! 나는 그대가 내게 권유한 그 모든 것을 할 것입니다. 그러나 솔직하게 말해주세요. 네스토르와 내가 트로이아를 떠나면서 남겨두었던 모든 아카이아인들이 그들의 배를 타고 무

사히 그리고 안전하게 고향으로 돌아갈 수 있는 것입니까? 아니면 전쟁 후 이들 중 누군가가 배안에서 또는 친구들의 품안에서 갑작스런 죽임을 당하게 되는 것입니까?

내가 이렇게 말하자 그가 대답했다오.

— 메넬라오스여! 내게 그 무엇도 묻지 마시오, 왜냐하면 내 생각을 알아내는 것은 그대에게 좋지 않을 것이며 나는 그대가 내 말을 모두 들은 뒤 오랫동안 눈물을 흘리게 될거라고 생각하니까 말이오. 많은 아카이아인들이 굴복했고 많은 이들은 살아남았다오. 그대도 전쟁에서 일어나는 것들을 그대 눈으로 직접 보지 않았소.

청동으로 무장한 아카이아인들 중 두 명의 지휘관이 돌아오는 길에 죽었고 세 번째 지휘관은 살아있으며 거대한 바다 한가운데에 잡혀 있다오. 아이아스는 긴 노를 가진 자신의 배에서 죽었다오.

포세이돈은 그를 우선 기라이의 거대한 바위들이 있는 곳으로 데려간 후 바다에서 그를 구해냈다오. 틀림없이 그가 불경건한 말을 하지 않고 사악한 행동을 하지 않았다면 아테네 여신의 미움을 샀음에도 불구하고 죽음을 피했을 것이오. 그러나 그는 신들의 의지에도 불구하고 자신이 바다의 거대한 풍랑으로부터 벗어날 수 있을 것이라고 말하였다오. 그리고 포세이돈은 이 거만한 말을 듣고 거대한 손을 들어 삼지창을 잡고 기라이의 바위를 내리쳤고 바위를 두 조각을 냈소. 한 쪽 바위는 그대로 서 있었고 아이아스가 몸을 피했던 다른 바위는 쓰러지면서 그를 거대한 파도가 치는 바다 속으로 데려갔다오. 그리고 그는 짠 바닷물을 마시고 죽었지.

그대의 형은 죽음을 피했고 움푹 파인 배를 타고 벗어났는데 헤라여신이 그를 구해주었다오. 그러나 그의 배가 말레아의 岬

(갑)을 지나게 되었을 때, 폭풍이 불어 신음하고 있는 그를 옛날 티에스테스가 살았고 지금은 티에스테스의 아들인 아이기스토스가 살고 있던 나라 끝으로 날려 보냈소. 그곳에서 그는 별 위험 없이 귀향길에 오를 수 있었고 신들은 바람의 방향을 바꿔 그가 고향으로 되돌아가게 해 주었다오.

그리고 고향땅에 도착한 아가메논은 너무도 기뻐 땅에 키스를 하고 눈물을 흘렸는데 왜냐하면 그는 기쁜 마음으로 고향을 다시 볼 수 있었기 때문이었다오. 그러나 높은 바위 위에서 여자 파수병이 그를 보았다오. 그녀는 배신자 아이기토스가 황금 두 탈렌트를 주기로 약속하고 그곳에 배치시켰던 것이었소. 그대의 형이 아무도 모르게 돌아올 지도 모르며 그의 힘과 용기를 떠올려 그녀는 너무도 두려워 일 년 전부터 걱정으로 주름살이 늘어가고 있었다오. 그녀는 서둘러 자신의 거처에 있는 왕자에게 이 사실을 알렸소. 곧 아이기스토스는 무서운 계략을 짰소. 그는 사람들 중 아주 용감한 20명의 남자를 선별했고 이들을 수풀 속에 숨어 있게 하였다오. 그리고 반대편에는 식사를 준비하도록 하였지. 그리고 치졸한 속임수를 계획한 자신은 사람들의 왕인 아가멤논을 직접 초대하였고 말과 마차를 뒤따라오게 하였다오. 그리고 조심성이 없는 아트레이드를 죽음으로 몰았고 식사 도중 마치 외양간에 있는 소를 죽이듯 그를 죽였소. 또한 아가멤논의 동료들 중 그 누구도 살아남지 못했고 심지어 아이기스토스의 사람들조차 죽임을 당했다오. 이들 모두는 왕궁에서 참살되었소.

그가 이렇게 말했을 때 내 마음은 찢기듯 아팠고 나는 모래 위에 엎드려 눈물을 흘렸다오. 나는 더 이상 살고 싶지 않았고 헬리오스의 빛을 보기도 원하지 않았다오. 그러나 내가 울음을 그치자 진실한 바다의 노인이 내게 말했소.

— 아트레우스의 아들이여! 그처럼 아무 행동도 하지 않은 채 오랫동안 울고만 있지 마시오. 왜냐하면 그 어느 것도 당신의 아픔을 치유할 수가 없을 테니까 말이오. 차라리 그대의 고향으로 최대한 빨리 돌아갈 수 있는 있는 방법을 찾으시길 충고하오. 그렇게 하면 당신은 아이기스토스를 산채로 사로잡을 수 있을 것이고 그렇지 않으면 오레스테스가 그를 죽였다고 그대에게 통보할 것이며 그대는 장례식에 참석할 수 있을 것이오.

그가 이렇게 말하자 슬픔에 차 있던 나의 마음과 심장, 그리고 영혼이 다시 살아나는 것을 느꼈다오. 나는 그에게 이처럼 말했소.

— 이제 그들의 운명에 대해 알게 되었습니다. 그럼 이제 살아 있건 아니면 죽었건 거대한 바다 한가운데에 잡혀 있는 세 번째 그 지휘관의 이름을 내게 말해주시오. 나는 아무리 슬퍼진다 해도 그것을 꼭 알아야겠습니다.

내가 이렇게 말하자 그가 대답했다오.

— 그는 바로 이타케에서 거처를 가지고 있던 라에르테스의 아들이라오. 나는 그가 어떤 섬에서 요정 칼립소에 의해 강제로 붙잡혀 있으면서 너무도 많은 눈물을 흘리는 것을 보았소. 그리고 그는 고향땅으로 돌아갈 수가 없다오. 그는 사실 자신을 광활한 바다의 등으로 데리고 가줄 노를 갖춘 배도 동료들도 없소.

그리고 신성한 메넬라오스 당신의 운명은 말을 키우는 아르고스에서 죽게 정해져 있지 않다오. 신들은 그대를 금발의 라다만투스가 살고 있는 엘리시온 들판과 대지의 끝으로 보낼 것이오. 그곳은 사람들이 살기에 아주 좋은 곳이라오. 눈도 없고 긴 겨울도 없으며 비도 내리지 않는다오. 그리고 오케아노스가 사람들을 시

원하게 해 주기 위해 서풍인 제피로스의 부드러운 바람을 보내준다오. 그리고 이것이 그대의 운명이니 왜냐하면 그대는 헬레네의 남편이자 제우스의 사위이기 때문이라오.

그는 이렇게 말하고 거품이 있는 바다 속으로 사라졌다오. 그리고 나는 나의 용감한 동료들과 함께 배로 돌아갔소. 걸으면서 내 마음은 수많은 생각으로 설레고 있었지. 배와 바다에 도착한 우리들은 식사를 하고 해가 넘어가 밤이 되어 해변가에 누워 잠을 잤다오. 그리고 아침에 태어난 장밋빛 손가락을 가진 에오스가 나타났을 때 우린 배를 신성한 바다에 띄웠다오.

그리고 돛을 올리고 돛대를 높이 올린 내 동료들은 배에 질서 있게 앉아 거품이 이는 바다를 치며 힘차게 노를 젓기 시작했소. 나는 내 배를 제우스에게서 떨어져 나온 아이깁토스 강에 정박시키고 성스러운 100마리의 황소를 제물로 바쳤다오. 영원 불사의 존재들인 신들의 분노가 가라앉고 난 후 나는 아가멤논의 영광이 멀리 퍼져나갈 수 있도록 아가멤논의 무덤을 세웠다오.

이 모든 것을 다 한 후 나는 배를 돌렸고 신들은 내게 적당한 바람을 보네 주어 내 사랑하는 고향으로 무사히 돌아올 수 있게 해 주었다오. 이제 내 왕궁에서 11일 내지 12일을 머무시구려. 그러면 내가 그대에게 격식을 갖춰 돌아가게 할 것이오. 그대들에게 세 마리의 말과 아름다운 마차와 함께 값진 보물들을 줄 것이고 그대가 영원불사의 존재인 신들에게 헌주를 할 수 있고 나를 영원히 기억할 수 있도록 하기 위해 아름다운 잔을 줄 것이라오.

그러자 현명한 텔레마코스가 그에게 대답했다.

— 아트레우스의 아들이여! 나를 이곳에 그토록 오래 머물게

하지 말아주세요. 분명 나는 그대 곁에 앉아 일 년 내내 지낼 수 있을 것이고 내가 그대의 말과 대화에 매료되어 나의 왕궁이나 부모님에 대한 그 어떤 그리움도 하지 않게 되겠지요. 그러나 나는 이미 신성한 필로스에 있는 내 동료들에게 걱정이 되고 있습니다. 그대는 나를 이곳에 오랫동안 붙잡아두고 있습니다. 그러나 어쨌거나 그대가 내게 베풀고자 하는 호의만큼은 마음 속 깊이 간직하겠습니다.

나는 말들을 이타케로 가져가지 않을 것이며 풍요로운 이곳에 그대로 남겨두겠습니다. 왜냐하면 당신은 백련, 방도사니 식물과 밀, 그리고 귀리와 보리들이 풍성히 자라고 있는 광활한 평야를 소유하고 있기 때문이랍니다. 이타케에는 마차가 갈 수 있는 길도, 평야도 없답니다. 이타케에서는 말보다는 염소를 키우며 말보다 염소들을 더 선호한답니다. 바다에 접해 있는 그 어떤 섬들도 크지도 않고 평야를 가지고 있지도 않답니다. 이타케는 이 섬들 중 하나이죠.

그는 이렇게 말하자 용맹한 메넬라오스는 웃음을 지으며 그의 손을 잡고 다음과 같이 말했다.

— 사랑스런 아이여! 그렇게 말을 하는 것을 보니 정말 피는 속일 수가 없는 모양이오. 이 순간 나는 마음을 바꾸겠소. 왜냐하면 내가 그렇게 할 수 있기 때문이라오. 내 왕궁에 있는 모든 보물들 중 나는 그대에게 가장 아름답고 가장 값진 것을 줄 것이오. 나는 은으로 만들고 가장자리는 금으로 도금된 아름다운 잔을 줄 것이오. 이것은 헤파이스토스의 작품으로서시돈인들의 왕인 유명한 파이디모스가 영웅인 헤파이스토스가 내가 그의 왕궁을 방문하고 돌아오는 길에 내게 주었던 것이라오.

이들은 이렇게 서로 말하였고 손님들은 신성한 왕의 거처로 돌아왔다. 그리고 이들은 암양을 데리고 왔고 원기를 회복하게 해주는 포도주를 가져 왔다. 그리고 아름다운 머리띠를 한 이들의 아내들은 빵을 가져왔다. 그리고 왕궁에서 식사 준비를 했다.

그러나 오디세우스의 왕궁 앞에서 신랑 후보자들은 평소 그들의 무례함을 보여주면서 포장된 길 위에 염소 가죽으로 만든 원반을 던지며 즐겁게 지내고 있었다. 안티노오스와 신처럼 보이는 에우리마코스가 이 곳에 앉아 있었는데 이들은 신랑 후보자들 중 수장들이었고 가장 용맹스러운 자들이었다. 프로니오스의 아들인 노에몬은 이들에게 다가가 안티노오스에게 말했다.

— 안티노오스여! 텔레마코스가 모래가 많은 필로스에서 돌아올 지 우리가 알고 있는 것이오 아니면 모르는 것이오? 그는 내게서 재갈을 물리길 원하는 길들이지 않은 인내심 많은 노새들과 12마리의 암말들을 기르고 있는 거대한 엘리스로 돌아가기 위해 필요한 내 배를 타고 떠났소.

그가 이렇게 말하자 신랑 후보자들은 깜짝 놀랐는데 왜냐하면 이들은 텔레마코스가 넬레우스의 필로스를 향해 떠난 것이라고는 생각하지 않고 암양이나 목동이 있는 근처의 밭으로 갔을 것이라고 믿었기 때문이었다. 그러자 에우페이테스의 아들인 안티노오스가 그에게 말했다.

— 내게 진실을 말해주길 바라오. 그가 떠날 때 이타케에서 그를 따라 간 선별된 몇몇의 젊은이들이 누구인지 사실대로 말해주시오. 그들은 용병들이오 아니면 노예들이오? 그렇다면 그들은 이 항해를 할 수 있겠구려! 그가 당신의 반대에도 불구하고 무력으로 당신에게서 검은 배를 뺏어갔는지 아니면 말로서 그대를 설득하

여 그대 스스로 기꺼이 그에게 배를 내 준 것이오?

그러자 프로니오스의 아들인 노에몬이 그에게 대답했다.

— 나는 내 의지에 따라 내 배를 그에게 주었다오. 내가 달리 어떻게 할 수 있었겠소? 수많은 근심을 가지고 있는 한 남자가 요구를 해올 때 거절하기란 쉬운 일이 아니라오.

그를 따라갔던 젊은 사람들은 우리들 편이고 그들을 이끌던 사람들 중 지휘관은 신을 꼭 닮은 멘토르였다오. 나는 그를 매우 존경했소. 나는 어제 아침에 신성한 멘토르를 보았지만 그는 필로스를 향하는 배에 타고 떠났다오.

이렇게 말하고 그는 아버지의 집으로 돌아갔다. 그러자 두 남자들의 정신은 혼란해졌다. 그리고 놀이를 즐기던 신랑 후보자들은 함께 자리에 앉았다. 그러자 에우페이테스의 아들인 안티노오스는 슬픔이 깃든 마음으로 분노와 이글거리는 눈빛으로 이들을 보며 다음과 같이 말했다.

— 오 신들이시여! 여기 오만불손한 행동을 한 텔레마코스의 여행이 있습니다. 우린 이 철부지 어린이가 아무 것도 모르고 우리들의 만류에도 불구하고 무모하게 여행을 떠났다고 생각했습니다. 그런데 그런 그가 사람들 중 가장 우수한 사람들을 선발한 후 바다로 배를 띄웠습니다. 제우스신께서 그가 우리에게 불행을 가져다주기 전 그의 힘을 없애지 않는 이상 우리에게 재앙을 가져다 줄 것입니다. 내게 그가 돌아오는 길에 이타케 해협과 사모스 岬(갑)에서 우리가 함정을 팔 수 있도록 제게 빠른 배와 20명의 동료를 빨리 주시오. 그러게 되면 결국 그는 아버지로 인해 자신을 파멸시키기 위해 바다를 지나오는 것이 될 테니까요.

그가 이렇게 말하자, 모든 이들이 박수를 쳤고 그렇게 하라고 명령하며 오디세우스의 거처로 들어가기 위해 일어섰다. 페넬로페는 이들이 하는 말과 무슨 생각을 하고 있는지를 오래지 않아 알게 되었다. 마당 밖에서 이들의 말을 들었던 메돈은 왕궁를 거쳐 페넬로페에게 이러한 사실을 알리기 위해 서둘러 갔다. 그리고 이들이 내부에서 음모를 꾸미는 동안 궁문에 서 있던 페넬로페는 그가 왕궁 문에 나타나자 그에게 말했다.

— 전령이여! 왜 고결한 신랑 후보자들이 그대를 보냈나요? 신성한 오디세우스의 시녀들에게 자신들의 식사를 준비시키기 위해 일하는 것을 멈추라고 말하기 위해 왔나요? 그들이 나와 결혼을 하지 않을 것이며 어느 곳에서도 계속 머무르지 않거나 적어도 이곳에서 마지막 식사를 하는 것이라면 정말 좋겠네요! 현명한 텔레마코스의 모든 재산과 부를 탕진하기 위해 이곳에 모여 있는 그대들은 당신들이 어렸을 때 아버지들로부터 당신 부모들 중 오디세우스가 어떤 존재였다는 것을 전혀 들어보지 못했나요? 그는 비록 왕이 누구는 사랑하고 누구는 미워할 수 있는 권리가 있었음에도 불구하고 어느 누구에게도 불공평하게 대하지 않았으며 사람들 앞에서 무례하게 말하지 않았어요. 그리고 결코 누구도 강요하지 않았죠. 당신들은 사악한 마음과 비열한 행동을 보이고 있고 그로부터 받은 어떠한 선행도 전혀 알지 못하는 군요.

그러자 지혜로운 메돈이 그녀에게 대답했다.

— 신에게 맹세하노니 여왕이시여! 그대가 지금 최악의 불행을 겪고 계셨으면 하는 바람입니다! 그러나 신랑 후보자들은 더 사악한 음모를 꾀하고 있습니다. 오 제우스신께서 그들을 막아주시길!

그들은 텔레마코스가 고향인 이곳으로 돌아오는 길에 날카로운 청동으로 텔레마코스를 죽이길 원합니다. 그 이유는 그가 아버지에 대한 소식을 듣기 위해 필로스와 라케다이몬으로 떠났기 때문이랍니다.

그가 이렇게 말하자, 페넬로페의 무릎과 그의 마음은 찢겨지고 그녀는 한참을 말없이 있었다. 그녀의 눈은 눈물로 가득 찼으며 부드러운 그녀의 목소리는 가쁜 숨을 쉬면서 그에게 대답했다.

— 전령이여! 왜 내 아이가 떠난 것이죠? 도대체 거대한 바다를 항해할 사람들을 위해 바다의 말이 되어주는 빠른 배에 탈 필요가 어디에 있었던 것입니까? 내 아이는 그의 이름조차 사람들 사이에서 잊혀지길 바란 것입니까?

그러자 현명한 메돈이 그에게 대답했다.

— 나는 신이 그를 그렇게 하라고 시킨 것인지 아니면 그 스스로 그의 아버지가 돌아올 것인지 아니면 죽었는지 알아보기 위해 필로스를 향해 간 것인지 알 수가 없답니다.

그는 이렇게 말하며 오디세우스의 방에서 나왔다. 그리고 찢어지는 아픔이 페넬로페의 영혼을 감쌌다. 그녀는 방에 그렇게 많은 의자가 있었음에도 불구하고 더 이상 의자에 앉아있을 수가 없었다. 대신에 그녀는 침실 문턱에 앉아 괴롭게 신음을 흘렸고 방에 있던 젊고 시녀와 나이든 시녀들이 사방에서 몰려와 함께 신음을 터뜨렸다.

페넬로페는 울면서 이들에게 말했다.

— 친구들이여 내 말을 들으세요! 올림피아 신들은 나와 함께 태어나고 자란 모든 여인들 중 내게만 고통을 겪게 하는군요. 나는 먼저 다나오스인들 중 모든 덕행을 가지고 있던, 그래서 명성이 위대한 헬라스와 모든 아르고스에 널리 퍼졌던 사자의 심장을 가진 내 용감한 남편을 잃었어요. 그리고 이제 폭풍은 그가 떠난 것을 내가 알지도 못한 채 나의 사랑하는 아들을 그의 왕궁으로부터 멀리 데려갔답니다. 무정한 사람들이여! 당신들 중 그 누구도 내 아들이 깊고 어두운 바다로 떠나려 한다는 것을 알고 내게 알려주어 내가 침대에서 일어나도록 한 사람이 없구려!

만일 그가 떠날 준비를 한다는 것을 내가 알았다면, 그렇지 않으면 그의 바램에도 불구하고 이곳에 머물러야 했다는 것을 알았던가 아니면 그가 나를 이 방에서 죽게 내버려두려 한다는 것을 알았다면 얼마나 좋았겠어요! 누가 늙은 돌리오스를 불러주세요. 그는 내 아버지가 내가 이 세상에 왔을 때 내게 주었던 노예이자 나의 과수원을 돌보았죠. 그는 이 모든 것을 라에르테스에게 말하기 위해 서둘러 갈 것이고 마음속에 해결책을 찾아 신성한 오디세우스의 목숨과 후손을 없애려는 이 사람들 가운데에 호소를 할 것이에요.

그러자 사랑하는 유모인 에우리클레이아그녀에게 대답했다.

— 사랑스런 요정이시여! 청동으로 잔인하게 나를 죽이거나 당신의 거처에 가두어 주세요! 당신께 아무 것도 숨기지 않겠습니다. 저는 모든 것을 다 알고 있었고 빵과 포도주를 비롯하여 텔레마코스가 내게 요구한 모든 것을 그에게 가져다주었답니다. 그리고 텔레마코스님은 내가 12일이 지나기 전까지 왕비님께서 물어보지 않거나 그분의 출발을 알지 못하는 한 왕비님께 아무 것도 말하지 않을 것을 맹세하게 했답니다. 그리고 왕자님은 왕비님의

아름다운 몸이 상하실까 걱정하며 우셨답니다. 그러니 왕비시여. 목욕을 하시고 깨끗한 옷으로 가라 입으신 후 하녀들과 함께 방으로 가세요. 그곳에서 제우스의 딸이신 아테네 여신께 텔레마코스가 죽음으로부터 구해주도록 기도하세요. 노인의 말에는 전혀 걱정하실 필요가 없으세요. 저는 아르케이시오스의 후손들이 행복한 신들로부터 미움을 받고 있다고는 전혀 생각하지 않는답니다. 오히려 오디세우스님이나 텔레마코스님은 이 높은 왕궁과 비옥한 밭을 더 소유하게 되실 거예요.

그녀가 이렇게 말하자 페넬로페의 고통이 잦아들었고 눈물도 멈췄다. 그녀는 목욕을 하고 깨끗한 옷으로 갈아입고는 하녀들과 방으로 가 꽃바구니에 성스러운 보리를 붓고 아테네 여신에게 기도했다.

— 무서운 성격의 제우스신에게도 꺾이지 않는 딸이시여 제 말을 들어주소서. 제발 노련한 오디세우스가 자신의 왕궁에서 황소와 양의 기름진 넓적다리를 그대를 위해 태웠던 것을 기억해 주소서. 그리고 나의 사랑하는 아들을 돌보아주소서. 무례하기 그지없는 신랑 후보자들의 사악한 음모를 중지시켜주소서.

그녀가 신음을 흘리며 이렇게 말하자 여신이 그녀의 기도를 들었다.

한편 신랑 후보자들은 이미 어두워진 방에서 소란스럽게 떠들고 있었다. 이 오만 무례한 젊은이들은 각자 많은 신랑 후보자들이 원하는 여왕은 이미 우리의 결혼식을 준비하고 있을 것이고 자신의 아들을 죽인 살인자가 가까이에 있다는 것을 알지 못할 것이라고 말했다.

이들 모두는 이렇게 말을 했지만 그녀는 이들의 음모를 알고 있었고 안티노오스가 이들에게 말했다.

— 무례한 것들이여! 경솔한 그런 말을 그치시오. 그대들이 한 말을 사람들이 페넬로페에게 전할까 두렵소! 자리에서 일어나 조용한 가운데 우리 모두가 암암리에 동의했던 것을 시행합시다.

그는 이렇게 말하고는 20명의 용감한 남자들을 선별하여 바닷가에 정박해있는 배로 서둘러 갔다. 그리고 바다에 배를 띄운 다음 검은 배의 닻을 거둔 후 돛대 올리고 노를 가죽끈으로 연결하였다. 그리고 흰 돛을 달자 충직한 하인들이 이들에게 무기를 가져다주었다. 그리고 배를 바다에 띄우고는 헤르페로스의 바람이 일기를 기다리며 식사를 했다.

그러나 높은 곳에 위치한 방에서 현명한 페넬로페는 누운 채 먹지도 마시지고 않으며 사랑하는 아들이 과연 죽음을 피할 수 있을 지, 아니면 저 오만한 신랑 후보자들에 의해 잡히게 될지 걱정하고 있었다. 사람들 틈에 둘러싸인 사자가 위험한 우리에서 공포에 질린 채 포효를 하는 것처럼 그녀가 이 모든 생각으로 여념이 없는 동안 부드러운 잠이 그녀를 감싸왔다. 그리고 그녀는 잠이 들었고 그녀의 모든 근심이 사라졌다. 맑은 눈을 가진 여신인 아테네는 또 다른 생각을 하고는 페라이에 살고 있는 에우멜로스와 결혼한 관대한 이카리오스의 딸인 이프티메와 같은 생김새의 영상을 만들었다. 그리고 아테네는 이 존재를 눈물을 흘리며 슬퍼하는 페넬로페의 고통과 눈물을 가라앉히기 위해 오디세우스의 왕궁으로 그녀를 보냈다. 이 환영은 빗장 끈을 따라가 방 안으로 들어가서 페넬로페의 머리맡에 앉아 말했다.

— 그대의 고귀한 마음에 상처를 받은 페넬로페여 주무시나요! 영원히 사는 신들은 그대가 우는 것도, 슬퍼하는 것도 원하지 않는다오. 왜냐하면 신들을 결코 모욕하지 않는 당신의 아들이 돌아올 것이기 때문이라오.

그러자 잠 속에 빠져 있던 지혜로운 페넬로페가 그에게 대답했다.

— 오 자매여! 그대가 살고 있는 곳과는 너무도 멀리 떨어져 있는 이곳에서 내가 아직 한 번도 본 적이 없는 그대가 왜 이곳에 왔나요? 왜 그대는 내 영혼과 마음속을 휘감고 있는 아픔과 고통을 잠재우려 하는 건가요? 나는 먼저 다나오스인들 중 모든 덕행을 가지고 있던, 그래서 명성이 위대한 헬라스와 모든 아르고스에 널리 명성을 떨치던 사자의 심장을 가진 내 용감한 남편을 잃었어요. 그리고 지금은 나의 사랑하는 아들이 푹 파인 배를 타고 떠났답니다. 그는 일에 대한 경험도 담론 경험도 없답니다. 그리고 나는 그의 아버지에 대해서보다 그에 대해 더 눈물을 흘리고 떨며 그를 찾아 떠난 이들에게, 아니면 바다에서 고통을 당할까 걱정이 된답니다. 많은 적들이 그에게 함정을 파놓고 그가 고향땅으로 돌아오기 전에 죽이려고 하고 있어요.

그러자 아테네 여신이 보낸 그 환영이 그녀에게 말했다.

— 용기를 내세요! 그대 마음속에 아무 것도 의심하지 마세요. 그는 다른 사람들이 기꺼이 함께 하길 원하는 그런 존재와 함께 있으며 그녀는 모든 것을 할 수 있답니다. 그녀는 아테네 여신이며 당신의 고통에 대해 연민을 가지고 있고 그대에게 이 사실을 알리기 위해 나를 보냈어요.

그러자 현명한 페넬로페가 그녀에게 대답했다.

— 만일 그대가 여신이라면, 그리고 여신의 목소리를 들었다면 불행한 오디세우스에 대해 제게 말해주세요. 그가 아직 어딘가에 살아 있는 건가요? 그리고 헬리오스의 밝은 빛을 볼 수 있는 것인가요? 아니면 죽어서 하이데스의 거처에 있는 건가요?

그러자 환영이 그에게 대답했다.

— 나는 그에 대해서는 그대에게 아무 것도 말하지 않을 거예요. 그가 살아있을까요 아니면 죽었을까요? 쓸데없는 말에 대해 말할 필요가 전혀 없답니다.

이렇게 말한 그녀는 한 줌의 바람 속에서 빗장을 따라 사라져 버렸다. 그리고 이카리오스의 딸은 잠에서 깨어났고 그녀의 마음은 너무도 기뻤는데 그 이유는 진실된 생각이 밤의 그림자 속에 찾아들었기 때문이었다.

그리고 신랑 후보자들은 머리 속에 텔레마코스에 대한 잔인한 살인을 꿈꾸면서 습한 길을 향해하였다. 바다 한 가운데 이타케와 사모스 岬(갑) 사이에 있는 바위가 많은 섬인 아스테리스는 그다지 크지는 않았지만 이중으로 된 출구를 가지고 있는 항구가 있어 많은 배들이 정박하였는데 바로 이곳에 매복한 아카이아인들이 정박하였다.

칼립소를 찾아간 헤르메스와 포세이돈의 분노로 섬에 도착한 오디세우스

제우스는 다시 신들을 소집한다. 헤르메스가 칼립소에게 오디세우스를 풀어줘야 한다는 제우스의 메시지를 전달하고 칼립소는 그 명령에 따른다. 그러나 화가 난 포세이돈이 오디세우스의 뗏목을 파괴하고 오디세우스는 해변가에 도착한다.

에오스가 신들과 인간들에게 빛을 가져다주기 위해 위풍 당당한 티토노스의 침대에서 나왔다. 그리고 신들은 회의장에 앉아 있었는데 이들 한 가운데 가장 강력한 힘을 가지고 있는 벼락을 내리는 제우스가 높은 자리에 앉아 있었다. 아테네는 이들에게 오디세우스의 수많은 여정을 상기시켰다. 그리고 그녀는 요정의 거처에 붙잡혀 있는 오디세우스를 슬픔에 젖은 채 기억하고 있었다.

— 아버지 제우스시여. 그리고 영원히 사는 행복한 신들이여. 왕홀을 가진 그 어떤 왕도 상냥하거나 부드럽지도 않고 균형 있는 생각을 갖기는커녕 까다롭게 굴고 정당하지 않을 것을 염려하세요. 부드러움으로 가득 찬 아버지처럼 오디세우스가 통치했던 사람들 중 어느 누구도 신성한 오디세우스를 기억하지 않으니까요. 여기 섬에 요정 칼립소에 의해 강제로 억류되어 혹독한 고통을 겪으며 고국 땅으로 돌아갈 수 없는 한 남자가 있으니 그는 광활한 바다의 등을 향해 항해하도록 인도할 수 있는 배도 동료도 없기 때문이랍니다.

그리고 이제 사람들은 그의 가장 사랑하는 아들이 왕궁으로 돌아올 때 그를 죽이길 원하고 있는데 왜냐하면 그가 필로스와 라케다이몬으로 그의 아버지에 대한 소식을 듣기 위해 떠났기 때문입니다.

그러자 구름을 모으던 제우스가 그녀에게 대답했다.

— 내 자식이여! 지금 너의 입에서 나오는 소리가 도대체 무슨 말이냐? 너는 오디세우스가 돌아와 복수를 하게 하기 위해 네 스스로 마음속으로 꾸미지 않았느냐? 정성껏 텔레마코스를 인도해라, 왜냐하면 그가 고향 땅으로 무사히 돌아올 수 있게 너는

할 수 있으니까 말이다. 그리고 신랑 후보자들은 그들의 배로 돌아오게 될 것이다.

그는 이렇게 말하고는 그의 사랑하는 아들인 헤르메스에게 말했다.

— 신들의 뜻을 전달하는 헤르메스여, 아름다운 머릿결을 가진 요정에게 가서 우리가 오디세우스의 귀환을 결정했노라고 전하거라. 그녀로 하여금 오디세우스를 떠나게 두어야 한다고 말해라. 어떠한 신도 그리고 어떠한 인간도 그를 인도하지 않을 것이니, 가죽 끈을 묶어 만든 뗏목을 타고 새로운 고통들을 겪으면서 그는 신들의 후손인 파이아케스인들의 땅인 풍요로운 스케리아에 20일 째 되는 날에 도착하게 될 것이다.

그리고 파이아케스인들은 진심으로 그를 신처럼 받들 것이며 그가 그토록 그리워하는 고향의 땅으로 갈 수 있게 배에 태워 보낼 것이고 오디세이가 무사히 돌아갈 수 있었더라도 전리품으로 트로이에서조차 가져오지 못했을 정도의 많은 청동과 금, 그리고 옷들을 줄 것이다. 그리고 그의 운명은 그의 고향땅에 있는 그의 높은 왕궁으로 돌아가 친구들을 다시 볼 수 있게 정해질 것이다.

제우스가 이렇게 말하자 아르고스의 암살자이자 전령사가 그의 말에 복종하였다. 그는 바다 위 혹은 거대한 육지 위를 한 줌의 바람을 타고 달릴 수 있게 해주는 황금으로 만든 불후의 작품인 아름다운 신발을 신었다. 그리고 자신이 원할 때 사람들의 눈을 현혹하거나 이들을 깨어나게 해주는 마법 지팡이도 챙겼다. 손에 이 지팡이를 잡은 아르고스의 강격한 살해자는 삐에리아 산맥을 넘어 대기에서 바다로 내려와 거친 바다의 거대한 灣(만) 들을 마치 물고기를 사냥하며 소금기 있는 거품 속에 튼튼한 날개를 적시는 갈매기처럼 헤르메스는 셀 수도 없는 파도를 가르며 날아 갔다.

그리고 멀리 떨어져 있는 섬에 도착했을 때 그는 푸른 바다에서 나와 육지를 지나 아름다운 머릿결을 지닌 요정이 살고 있는 거대한 동굴로 가 그녀를 발견했다. 화로에는 거대한 불이 훨훨 타오르고 있었으며 잘게 쪼갠 삼나무와 측백나무가 탈 때 나는 향내가 온 섬에 풍기고 있었다. 그리고 요정은 황금 북으로 베를 짜며 아름다운 목소리로 노래를 부르고 있었다.

푸른 숲이 동굴을 에워싸고 있었는데 숲에는 오리나무, 포플러 나무 그리고 향내 나는 실편백 나무가 있어 올빼미와 새매 그리고 항상 파도가 칠 것을 걱정하는 바다오리들과 같은 새들이 이곳에다 보금자리를 마련하였다. 그리고 송이가 익어가는 어린 포도나무가 동굴을 에워싸고 있었으며 맑은 물줄기들이 사방 가까이에서 흘러와 다른 곳으로 흘러가며 야생 샐러리와 보랏빛의 평야를 더욱 초록빛으로 만들어 주었다. 영원 불사의 존재인 신조차 이곳에 가까이 오면 매료될 정도였다. 그리고 아르고스의 살인자인 강력한 힘의 전령사가 멈추어 이곳의 풍경에 감탄하고는 곧 거대한 동굴로 들어갔다.

여신 칼립소는 즉시 그가 누구인지를 알아보았는데 그 이유는 신들은 각자 멀리 떨어진 장소에 살고 있다 해도 서로를 알아볼 수 있었기 때문이었다. 헤르메스는 동굴에서 마음이 너그러운 오디세우스를 볼 수가 없었는데 왜냐하면 그는 강가에 앉아 울고 있었기 때문이었다. 오디세우스는 피로 멍든 가슴을 안고 찢어지는 듯한 아픔에 괴로워하면서 출렁대는 바다를 보며 눈물을 흘리고 있었다. 화려한 의자 위에 앉은 여신 칼립소는 헤르메스에게 물었다.

— 내가 이곳에서 한 번도 본 적이 없는 금빛의 마법 지팡이를 쥔 고귀하고 존경하는 헤르메스여 어찌하여 내게로 오셨나요? 그대가 원하는 것을 말하세요. 제가 할 수 있는 일이라면, 그리고 가능한 일이라면 당신이 만족할 수 있도록 하겠어요. 우선 제가 대접할 수 있도록 저를 따라와 주세요.

이렇게 말한 여신은 식탁에 신들이 먹는 맛있는 음식인 망브로시아와 신들이 마시는 붉은 색의 음료인 넥타르를 차렸다. 그리고 아르고스의 살인자인 전령사는 먹고 마셨다. 식사를 마친 후 매우 흡족한 그는 여신에게 말했다

— 여신이여! 당신은 왜 신이 그대에게 왔는지 내게 물었소? 그대가 원하니 내가 사실대로 말하겠소. 제우스께서 나의 의지와는 상관없이 나를 이곳으로 보냈다오. 사실 신들에게 제물을 바치거나 성스러운 황소 100마리를 바치는 인간들의 마을도 없는 거대한 소금기 나는 물만 넘실거리는 이곳에 누가 달려오고 싶어하겠소? 그러나 알다시피 무서운 제우스신의 뜻을 거역할 만한 그 어떤 신도 없지 않소?

사람들이 말하길 프리아모스 도시 주위에서 9년 동안 전투를 하고 10년 째에 이 도시를 함락시킨 후 귀환하기 위해 배를 탄 모든 사람들 중 가장 불행한 남자가 당신 곁에 있다고 하더군요. 그리고 그들이 아테네 여신의 기분을 상하게 하여 여신이 이들에게 바람을 거꾸로 불게하고 거대한 파도와 불행을 가져다주었다고 합니다. 그리하여 오디세우스의 모든 용감한 동료들이 죽었고

오디세우스 자신도 바람과 파도에 쓸려 이곳에 왔다고 하더군요. 제우스신은 아주 빠른 시간 내에 그를 되돌려 보내라고 그대에게 명령했습니다. 왜냐하면 그의 운명은 그의 친구들로부터 멀리 떨어져 죽음을 맞이하는 것이 아니라 이들을 다시 보고 그의 고향 땅에 있는 왕궁으로 돌아가는 것이니까요.

그가 이렇게 말하자 여신 칼립소는 몸을 부르르 떨며 대답했다.

— 다른 신들 중에서 가장 질투심이 강한 신들이여. 당신들은 여신들이 자신의 남편으로 선택한 남자들과 잠자리를 같이 하는 것을 질투하는군요. 아, 영원 불사하는 존재인 신들이여. 장밋빛 손가락을 가진 에오스가 오리온을 납치했을 때 당신들은 그녀에게 질투를 느꼈고 황금 보좌의 사냥 신인 아르테미스가 그의 부드러운 화살로 오르티기아에서 오리온을 죽이게 하였습니다. 그리고 아름다운 머릿결을 가진 데메테프가 자신의 마음이 원하는 대로 최근 만들어진 땅에 이아시온과 사랑으로 결합할 때 그 사실을 안 제우스는 하얀 벼락을 내려 그를 죽게 했습니다. 그리고 이제 그대들은 제우스가 어두운 바다 한 가운데서 배에 벼락을 내려 표류한 후 배에 유일하게 혼자 남은 그를 내가 구해주고 내 곁에 있게 한 인간 때문에 나를 시기하는군요.

그의 용감한 동료들은 모두 죽었고 바람과 파도는 오디세우스를 이 섬으로 데려왔어요. 그리고 나는 그를 좋아했고 그를 기꺼이 받아주었으며 그를 영원 불사의 존재로 만들어 주고 영원히 늙지 않을 수 있도록 해주겠다고 약속했습니다. 그러나 그 어떠한 신도 불같은 성격을 가진 제우스의 뜻을 감히 거역할 수는 없겠죠. 그가 오디세우스가 다시 한 번 출렁이는 바다에서 방황하길 원한다면 할 수 없죠. 나는 그를 다시는 볼 수 없겠지요. 왜냐하면 나는 거대한 바다의 등으로 그를 인도해 줄 배도 동료들도 없으니까요. 나는 기꺼이 그에게 모든 것을 밝힐 것이고 그가 무사히 고향 땅으로 돌아가기 위해 그가 해야 할 모든 것을 하나도 숨기지 않을 것입니다.

그러자 아로고스의 살인자인 전령사가 그에게 대답했다.

— 그럼 제우스의 분노를 사기 전에, 그리고 제우스가 앞으로 그대에게 화를 낼까 두려우니 그대는 지금 그를 돌려보내시오.

이렇게 말하고 아르고스의 강력한 살인자는 날아갔고 제우스의 명령을 받은 후 요정은 고결한 오디세우스를 보러 갔다. 그녀는 강가에 앉아 있는 그를 발견했는데 그의 눈에는 눈물이 마르질 않았고 그의 달콤한 삶은 되돌아가고 싶은 욕망으로 신음하며 사라져가고 있었으니 왜냐하면 요정은 그로부터 전혀 사랑을 받지 못했기 때문이었다. 밤이 되면 그는 자신의 의지와는 반대로 깊은 동굴 속에서 자신을 원하는 요정 옆에서 바라지도 않는 잠을 자야 했다. 그리고 낮이 되면 바위와 강가에 앉아 눈물로 인해 가슴이 찢어지는 듯 했다. 신음과 고통을 안고 그는 눈물을 흘리며 거친 바다를 보곤 했다.

그때 여신이 그에게 다가가 말했다.

— 불행한 이여! 이곳에서 더 이상 오래 눈물을 흘리지 말아요. 그리고 당신의 인생을 허비할 필요도 없답니다. 왜냐하면 내가 그대를 곧 되돌려 보낼테니까요. 가세요! 청동으로 잘린 거대한 나무로 큰 뗏목을 만들고 어두운 바다로 뗏목을 타고 항해할 수 있도록 하기 위해 그 위에 높은 돛을 다세요.

그리고 당신의 시장기를 해결할 수 있기 위해 내가 직접 뗏목에 빵과 물, 그리고 붉은 포도주를 옮길 것이고 옷을 주고 거대한 하늘에 살고 있는 나보다 지혜도 뛰어나고 현명한 신들이 원한다면, 당신이 무사히 당신의 고향으로 돌아갈 수 있도록 알맞은 바람을 보내주겠어요.

그녀가 이렇게 말하자 인내심 많은 오디세우스는 몸을 떨며 다음과 같이 말했다.

— 여신이여. 그대는 나의 출발 이외에 다른 생각을 하고 있는 것이 틀림없구려. 빠르고 균형잡힌 배를 가지고도 제우스의 숨결을 받아야 간신히 건널 수 있는 무섭고 어려운 바다의 거대한 파도를 뗏목을 타고 건너라고 말하니 말이오. 나는 그대가 내게 불행과 상실을 전혀 준비하고 있지 않다고 신들에게 맹세를 하기 전에는 절대 뗏목을 타지 않을 것이오.

그가 이렇게 말하자 여신 칼립소는 손으로 그를 어루만지며 말했다.

— 그대가 그렇게 생각하고 말하니 확실히 그대는 거짓말쟁이고 교활한 사람이군요. 내가 그대의 불행이나 상실을 위해 그 어떠한 것도 준비하지 않았다는 것을 거대한 하늘에 살고 있는 가이아께 맹세하고, 행복한 신들 중 가장 위대하고 가장 무서운 맹세인 스틱스의 지하 세계 물에 맹세하겠어요.

나는 내게 꼭 필요한 경우에는 나 스스로를 위해 했을 것들을 그대에게 주었고 또 충고도 해주었어요. 나는 공정하며 내 마음속에 당신을 해코지 하는 생각은 전혀 없으며 그저 당신을 동정하는 마음뿐이에요.

이렇게 말을 하고 여신은 황급히 오디세우스보다 앞에 걸어갔고 그는 여신의 뒤를 쫓아갔다. 그리고 둘은 깊은 동굴에 이르렀다. 오디세우는 헤르메스가 앉아 있었던 자리에 앉았고 요정은 그 앞에다 인간들이 먹고 마시는 음식들을 놓았다. 그리고 오디세우스 옆에 앉았으며 시녀들이 그녀 앞에 신들이 먹는 음식과 음료를 차렸다. 둘은 각자 자기 앞에 놓여있는 음식을 향해 손을 내밀었다. 그리고 배고픔과 갈증을 해소한 뒤 여신인 칼립소가 말을 하기 시작했다.

— 감수성이 예민한 라에르테스의 아들이여. 그러니까 그대는 그대의 왕궁과 사랑하는 조국의 땅으로 돌아가고 싶은 것인가요? 그렇다 해도 나의 인사를 받으세요. 만일 당신이 조국의 땅에 도착하기 전에 당신의 운명이 겪어야 하는 수많은 불행들을 안다면 아마도 그대는 여기서 나와 이 동굴에서 함께 머물 거예요. 그렇게 되면 비록 당신이 매일 그리워하는 당신의 아내를 다시 보길 원한다 할지라도 당신은 영원히 죽지 않는 존재가 될 것입니다. 그리고 나는 그대의 아내에 비해 결코 미모가 떨어지지 않는답니다. 왜냐하면 인간은 영원불사의 존재와 아름다움을 견줄 수가 없으니까요.

그러나 예민한 오디세우스가 그녀에게 대답했다.

— 존경하는 여신이여. 그 점에 대해 내게 분노를 갖지 않았으면 합니다. 사실 나는 현명한 페넬로페가 아름다움이나 우아함에 있어서 그대에게 못 미친다는 것을 알고 있습니다. 그녀는 죽는 존재인 인간이고 그대는 영원히 늙지 않는 존재입니다. 그러나 나는 매일 나의 왕궁으로 되돌아가는 귀환의 순간만을 고대해 왔습니

다. 만일 어떤 신이 나로 하여금 아직도 어두운 바다에 불행을 겪게 한다면 나는 인내심을 가지고 그 불행들을 겪을 것입니다. 나는 이미 전쟁과 파도 속에서 많은 고통을 겪었습니다. 그러니까 만일 또 다른 역경이 내게 닥친다면 나는 그것을 감수할 것입니다.

그가 이렇게 말하자 해가 떨어지고 어둠이 찾아왔다. 둘은 깊은 동굴 속에서 나와 사랑으로 서로에게 매료되어 함께 잠자리에 들었다. 그리고 아침에 태어난 장밋빛 손가락을 가진 에오스가 나타나자, 오디세우스는 옷을 무릎까지 내려오는 속옷을 입고 외투를 걸쳤으며 요정은 길고 가벼우며 우아한 흰 옷을 입었다. 그리고 허리에는 금으로 만든 아름다운 혁띠를 찼고 머리에는 천을 썼다. 마침내 오디세우스의 출발 준비가 끝나자, 그녀는 오디세우스에게 머리는 청동으로 만들고 손잡이는 올리버 나무로 만든 거대한 도끼를 주었다. 또한 가죽을 깎는 날카로운 칼을 주었다.

그리고 그녀는 오디세우스를 하늘까지 뻗어있는 포플러 나무와 소나무 오리나무 등 커다란 나무들이 서로 엉켜있는 섬 끝으로 데려갔는데 메마른 숲은 약간 물 위에 떠 있었다. 그리고 커다란 나무들이 엉켜있는 장소를 보여주고는 여신 칼립소는 자신의 거처로 돌아갔다.

오디세우스는 나무들을 자르고 서둘러 작업을 하였다. 그는 20그루의 나무를 잘라 청동으로 가지를 쳐내고 끈으로 묶었다. 이러는 동안 여신 칼립소는 도래송곳을 가져다주었다. 그리고 이것으로 나무를 뚫고 쐐기와 줄로 이 나무들을 연결했다. 이것은 오디세우스가 만든 뗏목으로서 솜씨가 뛰어난 장인이 만든 넓직한 크기의 배를 충분히 지탱해 줄 수 있는 버팀목이 되었다.

그리고 두꺼운 널빤지로 갑판을 만들고 그 위에 돛대를 세운 후 거기에 대 삼각범의 활대를 묶었다. 그리고 나서 키를 만들었는데 파도의 충격에도 견딜 수 있도록 하기 위해 버드나무 망으로 준비했다. 그리고 배의 균형을 잡기 위해 바닥짐을 깔았다. 이러는 동안 여신 칼립소는 돛을 만들기 위한 천을 가져왔고 오디세우스는 능숙한 솜씨로 천으로 돛을 만들고는 줄로 대 삼각범 활대에 연결하였다. 그리고 지렛대를 이용하여 거대한 바다로 뗏목을 띄웠다. 4일째 되던 날, 모든 작업이 끝났고 5일째가 되는 날 여신 칼립소는 오디세우스에게 목욕을 시키고 향내 나는 옷으로 갈아입힌 다음 섬에서 내보냈다. 그리고 여신은 뗏목에다가 검은 색 포도주가 담긴 가죽 부대와 물이 가득 담긴 가죽 부대를 싣고는 오디세우스에게 몸을 튼튼하게 해주는 식량이 가득 든 가죽 가방을 주고 부드럽고 순조로운 바람을 불게 했다.

너무도 기쁜 오디세우스는 항해하기에 유리한 바람을 타고 돛을 올렸다. 그리고 배 난간에 앉아 한숨도 자지 않고 뗏목을 능숙하게 조정했다. 그는 昴星(묘성.아틀라스와 플레이오네의 7딸이 별이 되었다는)과 목동좌, 그리고 오케아노스의 목욕에 전혀 참가하지 않는 오리온을 보며 돌고 있는 큰 곰 자리라 부르는 곰 자리를 지켜보았다. 여신 칼립소는 오디세우스에게 이것을 항상 왼쪽에 두고 항해를 하라고 충고했다. 그리고 17일 동안 오디세우스는 바다를 항해했고 18일째 되던 날 파이아케이스 사람들의 땅의 나무가 많은 산들이 나타났다. 그리고 이 땅은 매우 가까이 있었고 오디세우스의 눈에는 마치 어두운 바다 위에 떠 있는 방패처럼 보였다.

그리고 아이티오페스인들에게서 돌아오는 길에 솔리모이인의 높은 산을 너머 돌아오고 있던 땅을 뒤 흔들 정도로 강력한 힘을 가진 포세이돈이 멀리 바다를 건너오고 있는 오디세우스를 보았다. 그리고 그의 심장은 갑자기 심하게 요동치기 시작했고 머리를 흔들며 속으로 말했다.

— 오 신들이여! 드디어 영원 불사의 존재들이 내가 아이티오페이스인들의 나라에 있는 동안 오디세우스에 대해 다른 결정을 내렸구나. 그의 운명이 그를 괴롭히던 불행의 긴 사슬을 끊도록 예정되어 있는 파이아케이스인들이 땅으로 가까이 다가오고 있도다. 그러나 나는 그가 아직도 불행을 겪어야 한다고 생각한다.

이렇게 말한 후 그는 구름을 모으고 바다를 일으켰다. 그리고 손에 삼지창을 잡고는 모든 바람을 일으켜 폭풍을 불게 했다. 그리고 육지와 바다를 구름으로 덮자, 하늘에 밤이 깃들기 시작했다. 그리고 동풍의 유로스와 남풍의 노토스 바람이 불고 거칠은 서풍의 제피로스와 맹렬한 북풍인 보레아스가 큰 파도를 일으켰다.

그러자 오디세우스의 무릎과 그의 마음은 산산히 찢어졌고 고결한 마음을 가진 그는 슬픔에 잠긴 채 말했다.

— 오! 나는 이 얼마나 불행한가! 나에게 또 어떠한 일이 닥칠 것인가? 나는 이것이 염려되는구나. 여신은 내게 고향땅으로 돌아가기 전 바다에서 많은 불행을 겪게 될 것이라고 말했는데 그녀는 정말 내게 거짓말을 전혀 하지 않았구나. 여기에 그녀의 말대로 불행이 닥치고 있구나. 제우스가 지배하는 구름들은 정말 거대한 하늘을 덮고도 남는구나! 바다가 일어나고 모든 바람들이 폭풍을 일으키니 여기 나의 최대의 위기가 닥쳐오는도다. 옛날 아트레우스의 아들들을 기쁘게 해주기 위해 거대한 트로이아에서 죽은 다나오스인들은 정말 세배, 네배 행복한 것이구나! 트로이아인들이 펠레우스의 아들의 시체를 둘러싸고 청동으로 만든 창으로

나를 포위했던 날, 내가 나의 운명을 다했더라면 좋았을 것을! 그랬다면 사람들은 나의 장례를 치렀을 것이고 아카이아인들은 내 영광을 찬양했을 텐데. 이제 나의 운명은 어두운 죽음을 겪도록 예정되어 있구나.

그가 이렇게 말하자 거대하고 끔찍한 파도가 그에게 밀려들어 뗏목을 뒤집어 놓았다. 그리고 오디세우스는 파도에 밀려 나갔고 키가 그의 손에서 뽑혀져 나갔다. 그리고 사방으로 불어오는 무서운 바람으로 인해 생긴 폭풍이 뗏목 한 가운데 있는 돛대를 부러뜨렸다. 오디세우스는 바다의 맹렬함 때문에 수면에 떠오르지도 못한 채 물 속에 오랫동안 있었다.

그리고 그가 물 위에 떠올랐을 때 여신 칼립소가 그에게 주었던 옷들은 물을 먹어 무거웠으며 그는 짠 바닷물을 토해냈고 물거품으로 그의 머리는 흥건히 젖었다. 그러나 이런 바다에 휩쓸린 상태에도 불구하고 오디세이는 뗏목을 결코 잊지 않았고 파도를 가로질러 힘겹게 헤엄을 쳐 뗏목 위에 올라 앉아 죽음을 피했다. 그리고 맹렬한 거대한 파도는 뗏목을 이리 저리 움직이게 하였다. 또한 가을에 부는 바람인 보레아스는 들판에서 바싹 마른 건조한 낙엽들을 몰듯 뒤쫓아 왔고 바람들도 바다 위에 뗏목을 이리 저리 뒤 흔들었다. 남풍인 유로스는 북풍인 제피로스에게 뗏목을 뒤흔들게 놔두었고 동풍인 노토는 서풍인 보레아스에게 뗏목을 뒤흔들도록 양보하였다.

그리고 이전에는 인간이었던 카드모스의 딸인 아름다운 복사뼈를 가진 이노가 그를 보았는데 지금 그녀는 레우코테아라고 불리며 바다의 파도 속에서 신들과 같이 영광을 함께 받고 있었다. 그녀는 고통으로 괴롭힘을 받으며 바다에서 헤매고 있는 오디세우스를 불쌍히 여겼다. 그녀는 마치 아비처럼 깊은 바다 속에서 떠올라 뗏목위에 앉고는 오디세우스에게 말했다.

— 불행한 이여! 왜 땅을 뒤흔드는 포세이돈이 너에 대해서는 이렇게 잔인할 정도로 분노하며 그토록 많은 불행을 겪게 하는 것인가요? 그러나 그가 아무리 원한다 해도 그가 그대의 목숨을 앗아가지는 못할 거예요. 내가 그대에게 말하는 대로 하세요, 왜냐하면 그대는 지혜를 상실한 것처럼 보이지 않으니까요. 그대의 옷을 벗고 바람에 이리저리 흔들리고 있는 뗏목을 포기하고 파이아케스인들의 땅까지 팔을 저어 헤엄을 치세요. 그곳에 가면 살 수 있답니다.

이 영원히 없어지지 않는 머리띠를 당신 가슴에 묶으세요. 그리고 더 이상 고통을 느끼거나 죽을까봐 두려워할 필요는 없어요. 당신의 손이 강가에 닿게 되면 몸을 돌려 이 띠를 어두운 바다 멀리 던져 버리세요.

여신은 이렇게 말하고 머리띠를 오디세우스에게 주고 아비처럼 격동치는 바다 속으로 다시 들어갔고 검은 파도가 그녀를 덮었다. 그러나 인내심이 강한 오디세우스는 신음하며 여신이 말한 대로 하기를 주저하였다.

— 슬프도다! 영원 불사의 존재들 중 하나가 내게 뗏목 밖으로 나가도록 명령하면서 나를 함정에 빠뜨리는 것이 아닌가 염려되는구나. 그러나 나는 쉽게 그의 말에 따르지 않을 것이니 왜냐하면 그가 내게 말한 죽음을 피하기 위해 가야 하는 육지는 아직도 너무 멀리 떨어져 있기 때문이지. 그보다는 나는 다음과 같이 행동을 할 것이니, 그것이 가장 현명한 방법이라고 생각되기 때문이다. 이 나무 파편들이 서로 연결되어 묶여 있을 테니 나는 여기에

머무르며 나의 불행을 인내심을 갖고 견디어 낼 것이다. 그리고 바다가 뗏목을 부수면 그때 헤엄을 칠 것이다. 왜냐하면 더 이상 내가 할 수 있는 것이 없기 때문이지.

오디세우스가 머리와 맘속에 이런 생각을 하고 있는 동안 육지를 뒤흔드는 포세이돈이 거대하고도 무서우며 높이 치는 파도를 오디세우스에게 던졌다.

그리고 격렬하게 불던 바람이 이쪽 저쪽에서 옮겨 온 건조한 짚단 더미를 흩날리듯 뗏목 조각들을 바다에 흩어놓자 오디세우스는 마치 몰고 있는 말처럼 이들 중 하나에 올라탔다. 그리고 여신 칼립소가 주었던 옷을 벗어버리고 가슴에 머리띠를 둘렀다. 그리고 바다에 길게 몸을 뉘여 팔을 뻗고 헤엄을 치려 하였다. 그러자 땅을 뒤흔드는 포세이돈이 그를 보고 고개를 흔들며 속으로 말했다.

— 가거라! 그리고 바다를 헤매면서 네가 제우스의 가호를 받는 사람들에게 다가갈 때까지 수많은 고통을 겪어라! 그러나 나는 네가 더 이상 나의 벌을 우습게 여기질 않길 바란다.

이렇게 말을 하고 포세이돈은 아름다운 갈기를 가진 말을 몰아 자신의 거처가 있는 아이가이로 갔다. 그러나 제우스의 딸인 아테네 여신은 또 다른 생각을 가지고 있었다. 그녀는 바람의 흐름을 중단시키고 바람에게 불지 말고 잠잠해질 것을 명령했다. 그리고 행동이 재빠른 북풍인 보레아스에게 시켜 파도를 부수게 하여 오디세이가 운명과 죽음을 피해 바다 일에 능숙한 파이아케스인들에게 섞일 수 있도록 하였다. 이틀 밤과 낮 동안, 오디세우스는 어두운 바다 속에서 헤매었으며 그의 마음은 죽음을 느끼곤 했다. 그러나 아름다운 머릿결의 에오스가 세 번째 날을 밝히자 바람이 잠잠해지고 바다는 고요함이 찾아왔다. 바다에 떠있던 오디세우스는 몸을 일으켜 앞을 날카롭게 응시하니 육지가 아주 가까이 있음을 보았다. 반대하는 신에게 시달리며 오랫동안 큰 고통을 겪은 후에 신들이 마침내 그의 고통으로부터 해방시켜 줌으로써 한 아버지의 원했던 삶을 되돌려 받은 것처럼 육지와 나무들은 오디세이에게 큰 기쁨으로 다가왔다. 그는 육지를 발로 밟기 위해 열심히 헤엄쳤다. 그는 사람의 목소리가 들릴 정도의 거리만큼 육지에서 떨어졌을 때 바위에 철썩이는 파도 소리를 들었다. 그리고 거대한 파도는 비정한 연안에 끔찍한 소리를 내며 산산이 부서졌다. 모든 것이 바다의 거품 속에 덮여 있었다. 그곳에는 배가 정박할 수 있는 항구나 보호소도 없었으며 바다는 암초와 바위로 온통 채워져 있었다. 오디세우스의 마음은 갈갈이 찢겨 나갔으며, 고통에 신음하며 마음속으로 다음과 같이 말했다.

— 오 슬프도다! 제우스신은 내게 도달할 수 없는 육지를 볼 것을 허락하였구나. 나는 물길을 사방으로 헤치면서 이곳에 도착했지만 이 깊은 바다에서 어떻게 나갈 수 있는지 알 수가 없도다. 날카로운 바위들이 곳곳에 있고 격렬한 파도들이 사방에서 거품을 내며 출렁이고 연안은 깎아지른 듯 가파르구나. 깊은 바다가 가까이 있으니 내 발을 딛을 곳이 사방 어디에도 없으며 나의 불행을 피할 수 있는 곳도 없도다. 거대한 파도가 나를 저 바위들 쪽으로 내동댕이친다면 나의 모든 노력은 허사로 돌아가겠지.

설사 내가 물이 찰랑대는 해변이나 항구를 찾기 위해 헤엄을 친다 하더라도 나의 고통에도 불구하고 폭풍이 나를 또 다시 저 험악한 높은 바다로 내동댕이칠까 두렵도다. 그렇지 않다면 신이 암피트리테가 키우고 있는 그 많은 바다괴물들 중 하나를 내게 보낼지도 모르지. 사실 나는 육지를 뒤흔드는 포세이돈이 나에게 얼마나 분노하고 있는지 알고 있지.

몸과 마음속으로 이런 생각을 할 때 거대한 파도가 그를 험한 물가 쪽으로 몰고 갔는데, 밝은 눈의 아테네 여신이 그에게 영감을 주지 않았다면 아마 오디세우스의 피부와 뼈는 갈갈이 찢기어 나갔을 것이다. 물로 인해 앞으로 떠밀리면서 두 손으로 바위를 붙잡은 오디세우스는 거대한 파도가 지나갈 때까지 신음 속에서 바위를 꼭 잡고 있으면서 간신히 목숨을 건졌다. 그러나 물러났던 파도가 다시 그에게 밀려들면서 그를 또 다시 바다로 밀어냈다. 많은 조그마한 돌멩이들이 거처에서 밀려나온 문어의 구멍 마디마디에 붙어 있었고 오디세우스의 거칠어진 손은 바위에 의해 찢어졌는데 다시 거대한 파도가 그를 덮쳤다. 불행한 오디세우스는 살아서 고향으로 돌아가리라는 그의 운명에도 불구하고 만일 밝은 빛의 아테네 여신이 그에게 현명하게 영감을 주지 않았다면 이곳에서 목숨을 잃었을 것이다. 오디세우스는 다시 물에 들어가 한쪽으로 그를 밀어대는 파도를 헤치고 헤엄치면서 파도와 맞닿은 해변가나 항구가 혹시 어딘가에 있는지 찾으면서 육지를 쳐다보았다. 헤엄을 치던 오디세우스는 아름답게 흘러가는 하구에 도착했는데 이 장소가 고른 바위들로 인해 바람으로부터 몸을 피할 수 있는 좋은 은신처가 된다고 생각했다. 그리고 강물의 흐름을 살펴본 그는 다음과 같이 간청했다.

— 오 그대가 누구이건 간에 신이시여 내 말을 들어주소서! 내가 포세이돈의 분노를 피하기 위해 바다에서 벗어나 그대에게 진심으로 간청하며 다가가려 합니다. 그토록 방황하며 내가 다가가려 하는 그대는 영원불멸의 존재들인 신과 인간들에게 존경받는 분이십니다. 이제 내가 수없이 많은 고난을 겪고 난 후에 그대 곁으

로 다가가고 있사오니, 오 왕이시여! 나를 가엾이 여겨 그대의 구원을 받을 수 있는 영광을 누릴 수 있게 해 주소서.

그가 이렇게 말하자, 강물이 잠잠해지면서 물길이 잦아들었다. 오디세우스는 무사히 하구에 도착하였는데 그의 무릎과 억센 팔들은 찢기어졌고, 마음은 바다에 의해 지칠 대로 지쳐 있었다. 그의 몸 전체가 바닷물에 불어 부어 있었고 짠 바닷물이 그의 입과 코에 꽉 차 있었다. 숨을 헐떡대지도, 소리를 내지도 못할 정도로 온 몸에 힘이 빠진 오디세우스는 급격한 피곤함이 몰려옴을 느꼈다. 그러나 다시 호흡을 가다듬으며 정신을 차린 그는 여신의 머리띠를 풀러 바다 속으로 던졌고 그에게 띠를 가져다준 이노가 손으로 이 띠를 잡았다. 강으로부터 멀어진 오디세우스는 갈대밭에 몸을 뉘였다. 그리고 땅에 입을 맞추며 신음하며 다음과 같이 생각했다.

— 아 슬프도다! 내가 강가에서 위험한 밤을 보낸다면 내게 어떤 일이 닥칠 것이며 어떠한 고통을 겪어야 하는가? 찬 기운과 아침의 이슬이 내 영혼을 나약하게 할까 두렵구나. 강가에는 아침에 차가운 바람이 불 테니 만일 높은 곳으로 올라가 그늘을 이루고 있는 무성한 나무들이 있는 쪽으로 간다면, 추위와 피곤이 몰려오지 않는다면 소관목들이 우거진 속에서 부드러운 잠을 청할 수가 있을 텐데. 그러나 나는 야생동물들의 먹이가 될까 걱정되는구나.

이런 생각을 깊게 했지만, 이렇게 하는 것이 제일 좋은 생각이라고 판단한 오디세우스는 연안 근처 꼭대기에 있는 숲으로 서둘러 갔다. 그는 서로 얽혀져 있는 두 소관목들을 보았는데 하나는 야생 올리브 나무였고 다른 하나는 그냥 올리브 나무였다. 그곳은 많은 잔가지들이 서로 빽빽하게 얽혀있어서 습기 찬 바람이 불지도 않았고 햇빛이 강하게 비치지도 않았으며 비도 들어오지 않았다. 오디세우스는 나뭇잎들을 긁어모아 바닥에 깔아 잠자리를 만들었는데 나뭇잎들을 두텁게 깔아서 아무리 혹독한 겨울이 온다해도 두 세 사람이 몸을 은신할 수 있을 정도였다. 그리고 이 잠자리를 만든 후 오디세이는 기쁜 마음으로 한 가운데로 들어가 나뭇잎을 덮고 잠자리에 들었다. 주위에 아무도 없는 척박한 땅에서 자신을 찾으러 다른 데로 가지 않게 하기 위해 깜부기불을 붙여 불씨를 살리는 것과 마찬가지로 오디세우스는 나뭇잎들 밑에 몸을 숨겼고 아테네 여신은 힘든 일을 마친 오디세우스가 편안히 잠을 잘 수 있도록 하기 위해 그의 눈에 잠이 들게 하고 눈꺼풀을 감게 했다.

나우시카와의 만남

알키노스 왕의 딸인 나우시카가 꿈을 꾼다. 꿈속에서 아테네 여신이 그녀에게 여시종과 함께 빨래를 하러 갈 것을 충고한다. 젊은 여인들이 내는 소리로 인해 깨어난 오디세우스는 여인들로부터 옷과 음식을 받고 왕의 딸과 함께 마을로 들어온다.

인내심 강하고 신성한 오디세우스가 밀려오는 잠과 피곤함으로 인해 그곳에서 잠이 든 사이 아테네 여신은 파이아케이스인들의 나라와 마을로 갔는데 이들은 이전에 자신들보다 훨씬 힘이 세어 자신들을 억압했던 무자비한 키클로페스족 옆에 있는 거대한 히페레이아에 살았었다. 신과 같은 나우시토오스가 이들을 이곳으로부터 데리고 나와 다른 사람들로부터 멀리 떨어진 스케리아 섬에 정착시켰다. 그리고 도시 주변에 성벽을 세웠고 집을 만들었으며 신들의 사원을 세우고 공동으로 밭을 나누어 주었다. 그러나 운명에게 굴복당한 그는 하데스의 집으로 갔고 지금은 신들로부터 지혜를 교육받은 알키노스가 통치하고 있었다. 그 때 밝은 눈을 가진 아테네 여신은 오디세우스가 돌아오는 계획을 구상하며 그의 거처로 갔다. 그리고 은총과 아름다움으로 영원불멸의 존재들인 신들과 견줄만한 젊은 처녀인 알키노스의 딸 나우시카가 잠들어 있는 화려하게 꾸며진 그녀의 방으로 들어갔다. 카리테스 여신들처럼 아름다운 두 명의 시녀들이 방 입구 양쪽에 있었고 번쩍이는 문은 닫혀 있었다.

아테네는 바람의 숨결처럼, 젊은 처녀의 침대로 다가가 그녀의 머리 위에서 그녀와 동갑이고 그녀가 좋아하는 디마스의 딸의 모습을 하고 다음과 같이 말하였다.

— 나우시카. 왜 너의 어머니는 너를 이렇게 태만하게 낳으셨을까? 너의 아름다운 옷은 바닥에 어지럽게 흐트러져 있고 너의 결혼식 날이 다가오고 있는데 너는 물론이고 너를 안내할 사람들에게 줄 가장 아름다운 옷을 어서 준비해야 해. 남자들 사이에서 가장 평판이 좋은 여자는 아름다운 옷을 갖추어 입은 여자이고 아버지와 어머니는 딸이 좋은 평판을 받는 것을 매우 기뻐하시거

든. 그러니 날이 밝는 대로 어서 너의 옷들을 빨러 가자. 빨래를 빨리 끝낼 수 있도록 내가 너와 함께 가서 도와줄 테니까 말이야. 너는 더 이상 처녀로 있지 못할거야. 왜냐하면 이미 너의 혈통에서 나온 파이아케스인들 중 최고의 가문에 속하는 남자들이 너에게 구혼을 하려고 하니까 말이지. 자! 아침이 되면 아버지에게 부탁해서 허리띠와 웃옷, 그리고 아름다운 담요들을 실을 수 있도록 노새와 마차를 준비해달라고 해. 빨래하는 곳이 마을에서 멀리 떨어져 있으니까 최대한 빨리 서둘러서 마차에 타는 것이 좋을거야.

젊은 처녀에게 이렇게 말을 한 빛나는 눈을 가진 아테네는 바람이 전혀 불지 않고 비 한 방울 내리지 않으며 눈조차 접근하지 못하고 언제나 구름 한 점 없이 청명하며 밝은 빛이 내려 쬐어 신들이 끊임없이 즐기는 그들만의 거처인 올림피아 신전으로 돌아갔다.

그리고 빛나는 에오스가 떠오르면서 아름다운 옷을 입고 있는 나우시카를 깨웠다. 꿈이 이상하다 여긴 그녀는 사랑하는 부모님께 이 사실을 알리기 위해 부모님의 거처로 서둘러 갔다. 그녀의 어머니는 화롯가에 앉아 주홍빛 바다색의 모직을 짜며 여 시종들과 함께 있었다. 그리고 그녀의 아버지는 파이아케이스의 귀족들이 그를 불러 사람들과의 회의에 참석하기 위해 여러 군주들과 함께 방에서 나오는 중이었다. 사랑하는 아버지 곁으로 간 그녀가 말했다.

— 사랑하는 아버지. 제가 더럽혀진 나의 아름다운 옷들을 강에 가서 빨 수 있도록 넓고 높은 마차를 준비해주시지 않겠어요? 회의에서 군주들 가운데 가장 앞에 앉아 계시는 아버지께서도 깨끗하고 화려한 옷을 입으셔야 하잖아요? 왕궁에는 아버지의

5명의 아들이 있는데, 두 명은 결혼을 했고 세 명은 아직 한창인 젊은이들이고 이들은 깨끗하고 새로운 옷들을 입고 무도회에 가고 싶어할 것이며 그 일은 제가 해야 하잖아요.

이렇게 말한 그녀는 사랑하는 아버지에게 감히 그녀의 결혼식 때문이라는 말을 하지 못했다. 그러나 그는 그녀가 말하려고 하는 의도를 이해했고 그녀에게 말했다.

— 내 사랑하는 자식아. 나는 네게 노새도, 그 무엇도 거절할 생각이 없으니 가거라. 내 시종들이 빨래한 옷들을 가지고 올 수 있는 넓고 높은 마차를 준비해 줄 것이다.

이렇게 말을 하곤 왕은 시종들에게 명령을 내렸고 이들은 그 명령을 따랐다. 이들은 빠른 마차를 준비하고 노새에게 멍에를 씌운 뒤 마차에 묶었다. 그리고 나우시카는 방에서 그녀의 아름다운 옷들을 가지고 와 마차에 실었다. 그리고 그녀의 어머니는 바구니에 맛있는 음식을 넣고 염소가죽으로 만든 가죽 부대에 포도주를 부었다. 젊은 여인인 나우시카는 마차에 탔고 그녀의 어머니는 그녀와 동행하는 여시종들과 함께 바를 수 있도록 액체로 된 오일이 담긴 황금빛 유리병을 주었다. 나우시카는 채찍과 아름다운 고삐를 잡고는 노새들이 달릴 수 있도록 노새들에게 채찍질을 했다. 노새들은 커다란 울음을 내며 옷들을 실은 마차를 끌고 앞으로 나갔고 마차에는 그녀와 함께 다른 여인들과 타고 있었다.

그녀들이 아름다운 강의 흐름에 도착했을 때 그곳에는 일 년 내내 세탁장이 마련되어 있었는데 왜냐하면 이곳에는 깨끗한 물이 항상 넘쳐 나 모든 더러워진 것들을 세탁하는데 아주 적합하였기 때문이었다. 그녀들은 마차를 끌고 있던 노새들을 풀어주고 소용돌이 치고 있는 강으로 데려가 부드러운 풀을 먹게 해주었다. 그리고 나서 수레 안에 있던 옷들을 직접 꺼내 깊은 물속에 담궈 적신 후에 세탁장에서 서로 앞 다투어 신속하게 빨래를 하였다. 세탁을 하여 모든 더러운 때를 없앤 후에 그녀들은 옷들을 바다에 접해 있는 강가에 있는 바위 위에 정렬해서 널어놓았다. 그리고 목욕을 한 후에 부드러운 향유를 몸에 바르고 강 유역에서 식사를 했다. 그러는 동안 옷들은 헬리오스의 따뜻한 햇볕에 말라가고 있었다.

나오시카와 그녀의 시종들은 식사를 마친 후에 머리띠를 풀고 공을 가지고 놀았는데 아름다운 팔을 가진 나오시카가 노래를 하기 시작했다. 아르테미스는 가파른 테이게토스나 에리만토스에서, 그리고 산에서 멧돼지와 재빠른 사슴들을 사냥하며 즐겁게 놀고 있었다. 그리고 성격이 거친 제우스의 딸들인 요정들이 그녀와 함께 놀고 있었으며 레토는 진심으로 즐거워하고 있었다. 아르테미스는 일행들 중 맨 앞에서 달려가고 있었는데 그녀들 모두 아름다웠음에도 불구하고 그 누구보다 머리와 이마가 뛰어나 그녀를 쉽게 알아볼 수 있었으며 이 젊은 처녀는 일행들 중 단연 돋보였다.

아름다운 옷들을 걷고 노새들을 마차에 묶고 왕궁으로 되돌아갈 시간이 되었을 때 밝은 눈을 가진 아테네는 또 다른 계획을 꾸미고 있었다. 그녀는 오디세우스가 잠에서 깨어나 이 아름다운 눈을 가진 처녀를 보기를 원하였고 그녀가 오디세우스를 파이아케스 사람들이 사는 도시로 데려가길 원했다. 나오시카는 시종들 중 한 명에게 공을 던졌는데 그 공이 빗나가 깊은 강물에 빠졌다. 여인들은 큰 소리로 소리를 질렀고 그 소리에 잠에서 깨어난 오디세우스는 잠자리에 일어나 앉아 정신을 차렸다.

— 아 슬프도다! 내가 온 이 땅은 어떤 사람들에 속하는 것일까? 그들은 무례하고 야만적이며 부정하거나 적대적인 성격이거나 아니면 신들을 두려워하며 이방인을 환대해주는 사람들일까? 젊은 여인들의 외침소리를 들었는데 그들은 산의 꼭대기와 강 근원지, 또는 풀이 우거진 늪지대에 살고 있는 요정들의 목소리일까? 아니면 내가 사람들의 목소리를 들은 것일까? 가서 직접 확인해 봐야겠다.

이렇게 말을 한 후 오디세우스는 나무 덤불 한 가운데서 나와 알몸을 나뭇잎들로 가리기 위해 굵은 잔가지들을 강인한 손으로 뜯어냈다. 그리고 산에 사는 사자처럼 힘을 과시하면서 비와 바람을 맞으며 서둘러 걸었다. 그의 눈에는 강열한 빛이 나고 있었고 그는 황소나 염소, 그리고 야생 사슴을 향해 덤벼들었는데 왜냐하면 견고한 우리를 통과해 가축 떼를 공격하도록 그의 배가 그를 몰아 세웠기 때문이었다. 오디세우스는 아름다운 머릿결을 가진 젊은 여인들 가운데 나타났는데 그는 몸에 아무 것도 걸치지 않은 알몸 상태였다. 왜냐하면 몸을 가릴 필요성이 전혀 없었기 때문이었다. 바다의 거품으로 인해 더러워진 그의 알몸은 그녀들에게 너무도 무섭게 보였고 그녀들은 강 위쪽으로 이리 저리 도망가기 시작했다. 단지 알키노스의 딸만이 그 자리에 멈춰 서 있었는데 왜냐하면 아테네 여신이 그녀의 마음속에 대담성을 심어 주었고 사지의 두려움을 떨칠 수 있게 해주었기 때문이었다. 결국 그녀 혼자 오디세우스와 정면으로 마주하게 되었다.

오디세우스는 자신에게 옷을 주고 마을로 데려가 달라고 아름다운 눈을 가진 이 처녀의 무릎을 잡고 간청을 해야 할 지, 아니면 그녀로부터 조금 떨어져서 감미로운 말로 부탁을 해야 할지 알지 몰라 깊이 생각했다. 그리고 만약 그녀의 무릎을 잡고 간청을 하는 경우 그녀가 마음 속으로 화를 낼 수도 있다는 생각에 약간 거리를 두고 감미로운 말로 그녀에게 부탁을 하는 편이 낫다고 생각했다. 그는 감미롭고 세련된 어투로 그녀에게 말을 건넸다.

— 오 여왕이여! 그대가 여신이건 아니면 인간이건 간에 제발 부탁드립니다. 만일 그대가 거대한 광활한 하늘에 살고 있는 여신들 중 한 명이라면 그대는 아름다움과 자태, 그리고 우아한 기품으로 보아 위대한 제우스의 딸인 아르테미스처럼 보이는 구려. 만일 그대가 지상에 살고 있는 여인들 중 한 명이라면 그대의 아버지와 어머니는 세 배의 은총을 받은 것이오, 그리고 그대의 오빠들에게는 세 배의 기쁨을 주겠구려. 춤을 추고 있는 사람들 속에 있는 그대를 보게 되면 그들의 영혼은 틀림없이 그대의 우아한 자태 앞에서 기쁨으로 가득 차 있을 것입니다. 그러나 그 모든 사람들 중에 결혼의 신인 하이메네의 선물로 그대를 신부로 맞이하게 될 남자야 말로 가장 행복할 것입니다. 사실, 나는 그대처럼 아름다운 그 어떤 남자나 여자도 결코 본 적이 없으며 그대의 아름다운 모습에 진심으로 감탄하고 있답니다. 나는 아폴론의 제단이 있는 델로스에서 어린 종려나무를 보았습니다. 나는 그곳에 있었는데 많은 사람들이 내게 불행을 가져다 줄 여행에 나와 함께 했답니다.

그리고 이 종려나무를 보면서 나는 땅에서 자라는 이렇게 아름다운 나무가 있을까 하는 생각에 오랫동안 멍하니 서 있었죠. 오 여인이여! 그때처럼 나는 지금 그대를 보며 멍한 상태이며 그대의 무릎을 잡기가 두려우니 그 이유는 내가 너무도 큰 고통 속에 사로잡혀 있기 때문이랍니다. 20일 지난 어제, 나는 마침내 어두운 바다에서 벗어날 수 있었습니다. 이 기간 동안 파도와 무서운 폭풍이 오기기아 섬으로 나를 끌어들였고 어떤 신이 내게 또 다른 고통을 겪게 하기 위해 이곳으로 보냈으니 나는 이것이 고통의 끝이라고 생각하지 않으며 신들은 틀림없이 내게 또 다른 시련을 주실 것입니다.

오 여왕이여! 제발 나를 가엾이 여겨주시오. 왜냐하면 그와 같은 고통을 겪은 후에 내가 제일 먼저 그대에게 왔기 때문이라오. 나는 이 도시와 이 땅에 살고 있는 그 어떤 사람도 알지 못합니다. 내게 이 도시를 보여 주고 혹시 그대가 옷 몇 벌을 가져왔다면 내가 몸을 감쌀 수 있도록 내게 천 조각이라도 주시오. 신들이 그대가 원하는 모든 것을 들어주길 기원합니다. 남편과 가족과 함께 화목하게 살 수 있길 바랍니다. 왜냐하면 가정에서 무엇과도 비교될 수 없는 가장 좋은 것은 바로 화목하게 사는 것이기 때문입니다. 그렇게 함으로써 남편과 아내는 적들에게는 고통을, 그리고 친구들에게는 기쁨을 주며 자신들은 행복할 수 있기 때문이죠.

그러자 흰 팔을 가진 나우시카가 그에게 대답했다.

— 이방인이여! 분명 그대는 비겁자나 미친 사람 같지는 않군요. 올림피아 신전에 살고 있는 제우스신은 좋은 사람들과 나쁜 사람들에게 자신이 원하는 대로 풍요로움을 베풀죠. 그대에게 이러한 운명을 겪게 한 이가 제우스신이니 인내심을 가지고 그대의 운명을 받아들여야 합니다. 이게 그대가 우리 땅과 도시에 오게 되었으니 간청을 하러 온 불행한 그대에게 옷은 물론이고 필요한 그 무엇도 부족하지 않게 줄 것입니다. 그리고 그대에게 도시를 보여주고 우리 종족의 이름을 말해 줄 것입니다. 파이아케스 사람들이 이 도시와 땅에 살고 있으며 나는 권력과 부에 있어서 파이라케스 사람들 중 으뜸인 위대하신 알키노스의 딸입니다.

그녀는 이렇게 말을 하고 아름다운 머릿결을 가진 그녀의 시종들에게 명령했다.

— 시종들이여, 내게 가까이 오세요. 모두 이 남자를 보고 있기 위에 어디 숨어있는 것이에요? 이 남자가 적으로 생각되세요? 이 남자는 기력을 다 했고 파이아케스 사람들의 땅에 전쟁을 가져다줄 살아 있는 인간은 아무도 없으니 왜냐하면 우린 영원불멸의 신들의 은총을 받고 있으며 파도가 치는 바다의 끝에 살고 있기 때문이죠. 우린 다른 사람들과 그 어떠한 무역도 하지 않고 있어요. 만일 방황하는 불행한 누군가가 이곳으로 온다면 우린 그를 도와줘야 해요. 왜냐하면 손님과 구걸하는 사람들 모두 제우스로부터 안배된 사람들이며 우리가 그에게 베푸는 우정은 그에게 큰 도움이 되기 때문이랍니다. 그러하니 시종들이여. 우리의 손님에게 먹을 것과 마실 것을 주고 바람을 피해 강에 데려가 씻기세요.

그녀가 이렇게 말을 하자 시종들은 멈추어서 서로를 격려 하면서 위대한 알키노스의 딸인 나우시카가 명령한 대로 오디세우스를 바람을 피할 수 있는 데로 데려가 그의 곁에 옷과 외투 그리고 모자를 놔두고 금빛 유리병에 들어있는 유향을 주고 강물에 씻으라고 권했다. 그러나 오디세우스가 그들에게 말했다.

— 시종들이여. 내가 어깨에 묻어 있는 바다 거품을 씻을 수 있고 유향을 바를 수 있도록 내게서 약간 떨어지시오. 왜냐하면 내 몸에 유향을 바른 지가 너무도 오래되었다오. 나는 그대들 앞에서 씻을 수가 없으니 왜냐하면 그대들을 존경하는 마음에서 아름다운 머릿결을 가진 젊은 여인들 한 가운데서 알몸을 보여주기가 염려되기 때문이라오.

그가 이렇게 말하며 뒤로 물러서자 그녀들은 이 말을 처녀인 나우시카에게 전했다.

오디세우스는 강물에다 등과 허리, 그리고 어깨에 묻어 있는 짠 거품을 닦아 냈다. 그리고 거센 바다로 인해 헝클어진 머리를 깨끗하게 했다. 목욕을 완전히 마친 후에 유향을 바르고 젊은 처녀가 준 옷을 입었다. 그리고 제우스의 딸인 아테네는 오디세우스가 보다 더 위대하게 보이게 하고 그의 머리에다 수선화 꽃처럼 보이는 코뚜레를 낀 머리칼을 떨어뜨렸다. 또한 헤파이스토스와 아테네에게서 가르침을 받은 능숙한 솜씨의 장인이 은 위에 금을 입힌 뛰어난 작품을 완성한 후에 했던 것처럼 아테네는 오디세우스의 머리와 어깨에 은총을 내렸다. 강가에서 약간 떨어져 앉아 있는 그의 모습에 감탄한 처녀 나우시카는 아름다운 머릿결을 가진 시종들에게 말했다.

— 흰 팔을 가진 시녀들이여, 내가 무엇인가 말할 테니 모두 내 말을 들으세요. 올림푸스에 살고 있는 모든 신들의 뜻을 거스리고 이 남자가 우리 파이아케이스 사람들에게 오게 된 것이 아닙니다. 그는 처음에는 보잘 것 없어 보였지만 지금은 거대한 하늘에 살고 있는 신들과 비교될 정도입니다. 신들께 바라노니 이와 같은 남자가 나의 남편이 되어 이곳에 살게 되고 이곳에 머무는 것이 그의 마음에 흡족하기를! 자 시종들이여 우리의 손님에게 먹을 것과 마실 것을 드리세요.

그녀는 이렇게 말하자 그녀의 말을 들은 시종들은 그녀의 말에 따라서 오디세우스에게 먹을 것과 마실 것을 주었다. 그리고 신성한 오디세우스는 허겁지겁 먹고 마셨으니 왜냐하면 음식을 먹지 못한 지가 너무도 오래되었기 때문이었다. 흰 팔을 가진 나오시카는 또 다른 생각을 하고 있었다. 그녀는 마차에다 옷을 넣고 노새들에게 말굽을 채우고 난 후 마차에 타고 나서 오디세우스에게 말했다.

— 이방인이여 일어나세요. 이제 내가 그대를 도시로 데려가 나의 신중한 아버지의 거처로 인도할 것입니다. 그대는 그곳에서 파이아케스 사람들의 귀족들을 보게 될 거예요. 그러나 그대는 내가 말하는 대로 해야 된답니다. 왜냐하면 그대는 매우 지혜로운 사람으로 보이니까요. 우린 밭을 지나 사람들이 일하고 있는 곳들을 지나게 될 것이고 그대는 마차와 노새 뒤에서 시종들과 함께 따라오세요. 그리고 내가 길을 인도할거예요. 우리는 도시에 도착하게 될 텐데 마을은 높은 탑들로 둘러싸여 있고 도시 양쪽에는 아름다운 항구가 있으며 배들을 인도하는 입구는 아주 좁아요. 그리고 배들은 각 선착장에 있으며 항구 앞에, 잘 재단된 거대한 돌로 포장도로가 놓여 있는 광장에는 포세이돈의 아름다운 사원이 있답니다.

그리고 그곳에는 또한 검은 돛배의 군함들과 밧줄들 그리고 대 삼각범의 활대와 사람들이 닦아놓은 노들이 있을 텐데 왜냐하면 활과 화살통들은 파이아케스 사람들에게는 아무 소용이 없으며 오로지 범선들의 돛대와 노들만이 거품이 가득한 바다를 항해할 때 유용하기 때문이죠. 그리고 그들의 가시 돋힌 말을 피하세요. 왜냐하면 이들 중 하나가 뒤에서 나에게 비난을 할 지 모르니까요. 이들 중 매우 무례하며 가장 못된 이가 우리를 만났을 때 다음과 같이 말할 지도 모르니까요.

— 나우시카 뒤를 따라오는 키가 크고 잘 생긴 이 이방인은 누구인가? 나우시카가 이 남자를 어디서 찾아냈지? 확실히 그가 그녀

의 남편이 되겠구만. 아마도 그가 낯선 남자들이 몰고 있는 배에서 쫓겨나 헤매고 있는 것을 그녀가 정성껏 보살폈을 거야. 왜냐하면 어떤 낯선 남자들도 이곳 근처에 살고 있지 않으니까 말이야. 또 모르지, 그녀가 열심히 기도한 신이 하늘에서 내려왔고 그녀는 매일 그를 소유하는지도.

그녀가 이방인 남편을 찾으러 간 것은 매우 잘한 일이야. 왜냐하면 그녀는 자신을 원하는 많은 파이아케스 사람들을 무시하고 경멸하니까 말이야.

이들이 이렇게 말할 것이고 그들의 말은 내게는 모욕적이니까 말이에요. 나는 내 스스로 결혼식 날 전에 남자들 가운데 유일하게 사랑하는 아버지와 어머니께 남자를 데려간 여인을 비난했을 테니까요. 그러니 이방인이여, 아버지로부터 동료들을 얻고 빨리 되돌아가기 위해서는 내 말을 들으세요. 우린 길 옆에 아테네 여신을 기리는 아름다운 포플러 나무 숲을 보게 될 것입니다.

숲에는 샘이 흐르고 있고 평야가 숲을 둘러싸고 있는데 이곳이 바로 도시에서 멀리 떨어진 내 아버지의 과수원과 꽃이 만개한 정원이 있는 곳이랍니다. 그대는 우리가 도시에 도착하고 아버지의 궁전으로 갈 때까지 이곳에서 잠시 동안 기다려야 해요. 우리가 이곳에 거의 온 것 같다는 생각이 들면 파리아케스 사람들의 도시를 향해 걸어가 내 아버지인 위대한 알키노스의 왕궁을 찾으세요. 왕궁은 아이라도 쉽게 알아볼 수 있을 만큼 찾기가 쉽답니다. 왜냐하면 파이아케스 사람들의 집들 중 그 어느 것도 영웅인 알키노스의 왕국 같지는 않으니까요.

궁 안에 들어가게 되면 내 어머니의 거처에 도착할 때까지 왕국 내부를 서둘러 통과하세요. 어머니는 불이 활활 타고 있는 화롯가에서 보기에도 아름다운 자줏빛 양모를 짜고 있으실 거예요. 어머니는 기둥에 기대어 앉아 계시고 시종들이 어머니 곁에 앉아 있어요. 그리고 어머니 옆에는 아버지의 왕좌가 있는데 마치 신과 같은 외모의 아버지께서 포도주를 마시기 위해 앉아 계실 거예요. 그대가 사는 곳이 아주 멀다 할지라도 그곳으로 하루 빨리 되돌아가고 싶다면 아버지 앞을 지나쳐 어머니의 무릎에 키스를 하세요. 만일 어머니께서 마음속으로 그대를 반긴다면 그대는 그대의 친구들을 다시 볼 수 있을 것이고 그대의 조국 땅에 잘 세워진 그대의 거처로 돌아갈 수 있을 거예요.

이렇게 말을 마친 그녀는 노새를 채찍으로 때렸고 노새들은 강 유역을 재빨리 벗어나면서 땅을 차며 아주 빠른 속도로 달렸다. 그리고 나우시카는 시종들과 오디세우스가 걸어서 뒤를 쫓아올 수 있도록 채찍과 고삐를 잡고 노련한 솜씨로 노새들을 몰았다. 그리고 해가 떨어지자 그들은 아테네 여신의 성스러운 숲에 도착했고 이곳에서 오디세우스는 멈추었다. 그리고 제우스의 딸에게 간청했다.

— 무서운 제우스에게 조차 굴복하지 않는 여신이여 내 말을 들어주소서. 이제 육지를 뒤 흔드는 포세이돈이 나를 괴롭힐 때 나에게 그 어떠한 도움도 주지 않으셨으니 이제는 나를 도와주소서. 내가 파이아케스 사람들의 도시로 무사히 가게 해 주시고 그들이 나를 딱하게 여기게 해주소서.

오디세우스가 이렇게 간청하자 아테네 여신이 그의 말을 들었지만 그의 아버지의 동생인 포세이돈을 의식한 그녀는 오디세우스 앞에 모습을 드러내지 않았다. 왜냐하면 포세이돈은 오디세우스가 조국의 땅에 도착하기 전까지 오디세우스를 심하게 괴롭힐 생각이었기 때문이었다.

알키노스 왕과의 만남

오디세우스는 아레테 여왕에게 간청하고 그녀에게 자신이 입고 있는 옷을 어떻게 얻게 되었는지 얘기해준다. 왕은 그를 옆에 두고 환영한다.

인내심 강한 오디세우스가 아테네 여신에게 간청을 드리는 동안 젊은 처녀는 노새들을 몰아 마을 쪽으로 가고 있었다. 그녀는 유명한 아버지의 왕궁에 도착하자 입구에서 멈추었다. 그리고 사방에서 영원불멸의 신들과 견줄만한 외모의 오빠들이 그녀 주위로 몰려와 노새들을 마차에서 떼어놓고 거처로 옷들을 옮겼다. 그녀는 자신의 방으로 돌아갔는데 그곳에는 나이 든 여 시종인 에우리메두사가 불을 지피고 있었다. 그녀는 이전에 함대들이 아페라이아에서 그녀를 데리고 와 알키노스에게 보상으로 바쳤는데 왜냐하면 그는 모든 파이아케스인들을 지휘하고 사람들은 신처럼 그의 말을 따랐기 때문이었다. 그녀는 왕궁에서 흰 팔을 가진 나우시카의 유모가 되었고 지금은 불을 지피며 식사를 준비했다.

오디세우스가 도시로 가기 위해 자리에서 일어났을 때, 그에 대해 많은 호의를 가지고 있는 아테네는 혹시 오만불손한 파이아케스인들의 중 하나가 그를 만났을 때 건방진 말로써 그에게 무례를 범하고 그가 누구인지 물어볼 것에 대비해 두꺼운 안개로 그를 둘러쌓게 하였다. 그가 아름다운 도시로 들어서자 빛나는 눈의 아테네 여신은 항아리를 이고 가는 젊은 처녀의 모습으로 변하여 그 앞에 섰고 오디세우스는 그녀에게 물었다.

— 오 아가씨. 이 나라 사람들 중 이곳을 통치하는 영웅 알키노스의 거처를 내게 알려줄 수 있겠소? 나는 아주 멀고 낯선 땅에서 많은 어려움을 겪고 난 후 손님으로서 이곳으로 왔다오. 그리고 나는 이 도시와 이 땅에 살고 있는 그 어떤 사람도 알지 못합니다.

그러자 아테네 여신이 그에게 대답했다.

— 존경하는 손님이시여! 그대가 내게 물어본 거처를 알려드리지요. 왜냐하면 그곳은 내 아버지의 거처와 그리 멀리 떨어져 있

지 않으니까요. 그렇지만 조용히 따라오세요. 제가 길을 가르쳐 드릴께요. 사람들 중 누구와도 말을 하거나 묻지 마세요. 왜냐하면 그들은 이방인을 전혀 좋아하지 않으며 설사 멀리서 온 사람이라 하더라도 결코 반갑게 환대하지 않으니까요. 그들은 가볍고 빠른 자신들의 배를 믿고 거대한 바다를 건넜으며 땅을 뒤흔드는 포세이돈이 그들에게 새의 날개처럼 빠른 배를 그들에게 주었죠.

이렇게 말한 후 아테네는 오디세우스보다 앞장 서 서둘러 걸어갔고 오디세우스는 여신의 뒤를 따랐으며 유명한 항해사들인 파이아케스인들은 오디세우스가 자신들 한 가운데를 지나 마을로 가는 동안 그를 전혀 보지 못했는데 왜냐하면 아름다운 머릿결을 가진 여신이 그를 배려하는 마음에서 짙은 안개로 그를 에워쌓아 그들이 오디세우스를 볼 수 없게 했기 때문이었다.

오디세우스는 항구와 훌륭한 배들, 영웅들의 회의장, 그리고 높은 받침대로 길게 늘어선 성벽들을 보고 감탄했다. 왕의 거처에 도착하자 빛나는 눈을 가진 아테네 여신이 그에게 말했다.

— 손님이시여. 저 곳이 그대가 내게 보여 달라고 부탁했던 바로 왕궁입니다. 그곳에서 그대는 제우스로부터 양육된 왕자들이 식사를 하고 있는 모습을 보게 될 것입니다. 그렇지만 걱정할 것은 하나도 없답니다. 어디 출신이건 간에 용기 있는 사람이란 자신이 한 모든 것을 가장 완벽하게 처리하는 사람이니까요. 우선 왕궁에 있는 여왕께 가세요. 그녀의 이름은 아레테이고 알키노스 왕을 배출한 조상의 후손이니까요. 땅을 뒤흔드는 포세이돈은 옛날 자부심 강한 기간테스들을 지휘하던 위대한 에우르메돈의 가장 어린 딸이자 여인들 중 가장 아름다운 페리보이아를 통해 나우시토스를 낳았죠. 그러나 에우르메돈은 거만한 자신의 종족을 잃었고

그 스스로도 죽임을 당했으며 포세이돈이 페리보이아와 사랑에 빠져 파이아케스인들을 통치하는 위대한 나우시토스를 낳았답니다.

그리고 나오시토스는 렉세노르와 알키노스를 낳았죠. 아폴론이 왕궁에서 막 결혼한 장남인 렉세노르에게 은 화살을 쏘았고 그는 아들이 없이 무남독녀 딸인 아레테을 두었으며 그녀는 알키노스와 결혼하였답니다. 알키노스는 아내를 남편의 영향력 아래서 가사 일을 돌보는 모든 다른 여인들보다도 존경합니다.

그녀는 알키노스와 그녀의 자식들뿐 아니라 그녀를 여신처럼 받들며 그녀가 마을을 걸을 때 그녀의 말을 경청하는 사람들로부터 존경을 받는답니다. 그녀는 언제나 마음 속에 뛰어난 분별력만을 가지고 있어서 이들의 분쟁을 잠재우니 이들에게는 늘 환영받는 존재에요. 만일 그녀가 그대에게 진정으로 호의를 갖고 있다면, 그대는 친구들을 다시 보고 그대의 조국에 있는 집으로 돌아가는 것을 기대해도 좋답니다.

이렇게 말을 한 빛나는 눈을 가진 아테네 여신은 굴복되지 않는 파도 위로 날아갔고 상냥한 스케리아를 뒤로 한 채 마라톤과 넓은 거리의 아테나이에 이르렀고 에레크테우스의 견고한 거처로 들어갔다.

오디세우스는 알키노스의 유명한 왕궁을 향해 걸어갔고 청동으로 만들어진 문턱을 밟기 전에 멈춰 서서 깊은 생각에 잠겼다. 위대한 알키노스의 높은 왕궁은 햇빛의 헬리오스 또는 달빛의 세레네처럼 반짝이고 있었다. 입구 양쪽에 청동으로 만들어진 견고한 담 안으로는 내궁이 있었고 첨탑들은 에나멜로 만들어져 있었다. 황금으로 만들어진 대문은 안에서 견고한 이 왕궁을 잠그게 되어 있었으며 은으로 된 문설주들이 청동 문턱 위에 나란히 서 있었으며 문고리는 황금으로 만들어져 있었다. 양 쪽에는 헤파이스토스가 정성들여 만든 금과 은으로 만든 개들이 있었는데 이들은 죽지도 늙지도 않는 존재들로서 위대한 알키노스의 왕궁을 지키고 있었다.

벽으로 둘러싸인 궁 뜰 양쪽에는 안쪽 입구까지 정돈된 튼튼한 왕좌들이 늘어서 있었는데 여인들이 만든 가벼운 깔개들로 덮혀 있었다. 그리고 이 왕좌들에 앉아 파이아케스인들의 지도자들이 일 년 내내 먹고 마시곤 했다. 또한 금으로 만든 젊은 남자들의 동상이 서 있었는데 이들은 아름다운 제단 쪽을 향하고 있었고 손에는 왕궁에 있는 회식자 들을 밤새 비쳐주는 횃불을 들고 있었다. 그리고 50명의 여시종이 궁 안에 살고 있었는데 일부는 멧돌에다 익은 곡식을 빻고 있었고 나머지는 의자에 앉아 베를 짜며 높은 포플러 나무 잎사귀처럼 흔들리는 물레 토리게를 돌리고 있었는데 촘촘히 짠 아마포에서는 유액이 떨어지고 있었다. 파이아케스 사람들이 빠른 배를 타고 바다를 항해하기 위해 모든 사람들 중 가장 숙련된 사람들인 것처럼 그들의 아내들은 배 위에 자신들이 짠 천들을 실었는데 아테네는 그녀들이 매우 아름답고 훌륭한 작품을 만들 수 있게 허락해주었다. 성문 안쪽에 있는 궁전 뜰에는 사방에 울타리가 쳐져 있는 4 정보 크기의 큰 정원이 있었다. 그곳에는 커다란 나무들이 자라고 있었는데 배와 석류, 그리고 먹음직스런 오렌지와 무화과 열매, 녹색의 올리브가 달려 있었다.

이 과일들은 단 한 번도 열리지 않은 적 없이 겨울과 여름 내내 달려 있었는데 서풍의 제피로스가 불면서 한쪽 과일들을 자라게 하고 또 다른 과일들은 열매를 맺게 하였다. 배와 사과, 그리고 포도와 무화과 열매들은 꼬리에 꼬리를 물고 연이어 열매가 맺혔다. 배는 배나무 위에서 사과는 사과나무 위에서, 포도송이는 포도나무 위에서 그리고 무화과 열매는 무화과나무 위에서 익어갔다.

그곳에는 포도밭이 있었는데 포도는 양지바른 장소에서 헬리오스의 뜨거운 햇빛을 받으며 말라가고 있었고 어떤 포도들은 수확하고 다른 포도들은 짓이기고 있었다. 포도송이들 중에 어떤 것들은 꽃이 떨어지는 동안 다른 것들은 익어가고 있었다. 그리고 정원을 지나면 일 년 내내 많은 과일들이 맺히는 과수원이 있었다. 그곳에는 샘이 두 개 있었는데 하나는 정원을 가로질러 흐르고 있었고 다른 하나는 높은 왕궁 앞에 있는 궁 안뜰 입구 아래에서 솟아나고 있었다. 사람들은 이곳으로 물을 길러 오곤 했다. 그리고 이러한 것들은 알키노스의 왕궁에 신들이 준 풍요로운 선물들이었다.

인내심 강한 오디세우스는 멈추어 서서 이 모든 것에 감탄한 후 서둘러 왕국 입구를 지나쳤다. 그리고 그는 광장의 조심스러운 뛰어난 정탐꾼인 아르고스의 살해자에게 헌주를 하고 있는 파이아케스인들의 지도자들과 족장들을 발견했는데 왜냐하면 이들은 침실로 갈 생각을 하기 전 마지막으로 헌주를 하기 때문이었다. 인내심 많은 오디세우스는 아테네 여신이 그의 주위로 퍼지게 했던 짙은 안개에 둘러싸인 채 왕궁을 가로질러 아레테와 알키노스 왕에게 갔다. 그리고 오디세우스는 팔로 아레테의 무릎을 감싸 안았고 그때 그를 덮고 있던 안개가 걷혔다. 오디세우스의 모습을 본 이들은 입을 다문 채 그의 외모에 감탄했다. 그때 오디세우스가 다음과 같은 기원을 했다.

— 신성한 렉세노르의 딸인 아레테여. 많은 고통을 겪은 후에 내 그대의 무릎 앞에, 그리고 그대의 남편과 그대의 사람들 앞에 왔습니다. 신들이 그대들이 행복하게 살수있게 해주시고 그들의 자녀들이 자신들의 거처에서 시민들이 그들에게 주었던 보상과 많은 부를 누리게 해주시길 빕니다. 부디 내가 나의 조국으로 빨

리 돌아갈 수 있도록 나의 귀환을 준비해주시길 바라오니 왜냐하면 내가 내 친구들과 멀리 떨어진 채 많은 역경을 겪은 지가 오래되었기 때문입니다.

이렇게 말한 후 오디세우스는 불 앞에 있는 화덕의 재 위에 앉았고 모든 사람들은 입을 다문 채 있었다. 그때 나이 든 영웅인 에케네오스가 다음과 같이 말했다. 그는 모든 파이아케스 사람들 중 가장 나이가 많았고 과거의 많은 사실들을 알고 있었으며 웅변술에 있어서 그 누구도 그를 따라 올 자가 없었다. 지혜로 가득 찬 그는 사람들 가운데 다음과 같이 말했다.

— 알키노스여! 그대의 손님이 화덕의 재 위에 앉아 있는 것은 그대에게 있어 좋지도 않을 뿐더러 합당하지도 않나오. 그대의 회식자들 모두 그대의 결정을 기다리고 있소. 어서 서두르시오. 그대의 손님을 은못으로 장식이 되어 있는 자리에 앉게 하고 존경을 받기에 마땅한 간청자들과 함께 하는 무서운 제우스에게 헌주를 바칠 수 있도록 시종들에게 포도주를 붓게 하시오. 그러는 동안 에코노메가 그대의 손님에게 왕궁에 있는 음식들을 제공하게 하시오.

성스러운 존재인 알키노스는 이 말을 듣자마자 손을 내밀어 현명한 오디세우스를 잡고 화로에서 일어나게 한 후 그가 제일 사랑하는 아들인 용감한 라오다마스가 비워둔 자신 옆에 있는 빛이 나는 자리에 앉게 하였다. 한 여시종이 오디세우스가 손을 닦을 수 있도록 은으로 만든 대야에다 금으로 만든 물병 속에 들어 있는 물을 부었다. 그리고 오디세우스 앞에 화려한 식탁을 차려 주었다. 그리고 현명한 지혜로 가득 찬 에코노메가 그에게 빵과 많은 음식을 가져다주었다. 현명한 오디세우스는 마시고 먹었고 알키노스는 시종에게 말했다.

— 폰토노스여. 존경을 받기에 마땅한 간청자들과 함께 하는 무서운 제우스에게 헌주를 바칠 수 있도록 술섞는 동이에다 포도주를 섞어 왕궁에 있는 모든 이들에게 포도주를 붓게 하라.

그가 이렇게 말하자, 폰토노스는 부드러운 포도주를 섞어 모든 잔에 약간의 포도주를 조금 부었다. 그리고 헌주를 한 후 자신들이 원하는 만큼 포도주를 마셨다. 알키노스가 그들에게 다음과 같이 말했다.

— 파이아케스인들의 지도자들과 족장들이여 내 마음 속 깊이 진심에서 우러나오는 소리를 하려고 하니 내 말을 들어주오. 이제 식사가 끝났으니 그대들의 숙소로 잠을 자러 가길 바랍니다.

내일 아침 원로들을 소집한 후 우린 내 집에서 우리의 손님을 위한 환대 잔치를 벌일까 하는데 신들에게 합당한 제물들을 바칠 것이오. 그리고 난 후 우리의 손님이 아무런 고통도 수고도 없이 우리의 보살핌을 통해 고향으로 돌아갈 수 있는 방법에 대해 생각할 것이오. 비록 그의 조국이 멀리 떨어져 있다 하더라도 조국땅으로 기쁨 마음으로 도착할 수 있게 할 것이오. 그리고 고향땅으로 무사히 갈 때까지 그는 더 이상의 고통과 고난도 겪지 않을 것이오. 그곳에서 그는 어머니가 그를 낳은 순간부터 그에게 운명의 여신들이 정해준 운명을 겪게 될 것이오. 그가 하늘에서 내려온 영원불멸의 신들 중 하나가 아닌지 누가 알겠소? 신들은 다른 형태의 모습으로 변하곤 하니 말이오. 아마도 그들은 우리가 그들에게 소 100마리의 제물을 바칠 때 우리들 가운데 나타나 우리 곁에서 우리와 함께 우리처럼 식사를 하곤 했을 것이오. 그리고 만일 어떤 파이아케스인 여행자가 여행 중 홀로 이들을 만나게 된다면, 이들은 그에게 그 무엇도 감추지 않을 것이니 왜냐하면 우린 키클로페스족과 기간테스족의 야만스런 거인족들처럼 그들의 부모이기 때문이라오.

그러자 신중한 오디세우스가 그에게 대답했다.

— 알키노스여. 그대의 마음속에 다른 생각을 하고 있더라도 나는 외모로 보나 거동으로 보나 거대한 하늘에 살고 있는 영원불멸의 존재들과 전혀 닮지 않았답니다. 나는 곤경에 쉽게 빠지는 그대가 알고 있는 인간들을 닮았죠. 내가 겪은 고통들이 이들과 닮았다는 것을 보여준답니다. 그리고 내가 이야기할 내가 겪은 끝없는 고통들은 신들의 의지에 의해 이루어진 것입니다.

그러나 나의 슬픔에도 불구하고 내가 식사를 하도록 허락해 주십시오. 왜냐하면 배고픔에 시달리는 배보다 더 최악의 상태는 없으니까요. 나의 영혼은 커다란 슬픔에 빠져 있고 배고픔과 목마름, 그리고 내가 겪은 고통들은 내게 먹고 마실 것을 종용하고 있답니다. 그렇지만 부디 에오스가 다시 나타나기 전에 서둘러 불행한 나를 나의 조국으로 되돌려 보내 주십시오. 수없이 많은 고통을 겪은 후에도 나의 재산과 시종들, 그리고 나의 높은 왕국을 다시 보지 않고는 생이 나를 떠나지 않을 테니까요.

그가 이렇게 말하자 모든 사람들이 그에게 박수를 보냈다. 그리고 서로를 격려하며 손님을 다시 안내했는데 왜냐하면 그가 합당하게 말을 했기 때문이었다. 그들은 헌주를 한 후 마시고 싶은 만큼 술을 마시고 자신들의 거처로 잠을 자러 갔다. 그러나 오디세우스는 그 자리에 남았고 그의 곁에 아레테와 신성한 알키노스가 앉았고 여 시종들은 식사가 담긴 그릇을 치웠다. 흰 색의 팔을 가진 아페테가 자신이 시녀들과 직접 만들었던 외투와 모자, 그리고 아름다운 옷을 알아보고는 먼저 말을 꺼냈다. 그녀는 오디세우스에게 다음과 같이 말을 건넸다.

— 손님이시여. 내가 먼저 그대에게 묻노니 그대는 누구이며 어디에서 왔고 이 옷을 누가 그대에게 주었죠? 그대는 바다에서 떠돌다가 이곳에 왔다고 하지 않았나요?

— 여왕이시여. 하늘에 살고 있는 신들이 나를 괴롭히기 위해 했던 모든 불행을 즉시 이야기 하는 것은 어렵답니다. 그렇지만 우선 그대가 내게 물었던 것에 대해 말하겠습니다. 바다 한가운데 오기기아라는 섬이 있는데 그곳은 아틀라스의 딸이자 아름다운 머릿결을 가진 교활하면서도 위험한 칼립소가 살고 있습니다. 신들이나 사람들 중 그 누구도 그녀와 함께 살지 않죠. 한 신이 나 혼자만 그곳으로 데려갔답니다. 내가 얼마나 불행했는지 모르실 거예요! 왜냐하면 제우스가 흰 벼락을 내려 어두운 바다 한가운데에 나의 빠른 배를 두 동강이 냈고 나의 동료들은 모두 목숨을 잃고 말았답니다. 그리고 부서진 배 조각을 타고 노 대신 두 팔로 9일 동안 저었고 10일 째 되던 칠흙 같이 어두운 밤에 신들은 나를 아름다운 머릿결을 가진 위험한 여신인 칼립소가 살고 있는 오기기아 섬으로 몰아답니다.

그녀는 나를 기쁘게 맞아주었고 나에게 먹을 것을 주며 나를 영원히 죽지 않는 존재로 만들어줄 것이며 영원히 늙지 않게 해 주겠다고 말했습니다. 그렇지만 그녀는 내 가슴 속에 있는 내 마음을 설득하지는 못했답니다. 나는 그 곳에서 7년을 보냈고 칼립소가 내게 주었던 영원불멸의 옷은 나의 눈물로 젖었죠. 8년째 되던 해에 그녀는 제우스의 명령에 의해서인지 아니면 그녀의 마음이 바뀌어서인지는 모르지만 그녀 스스로 나를 서둘러 되돌려 보냈답니다. 그녀는 줄로 엮은 뗏목 위에 태워 나를 되돌려

보냈고 많은 빵과 포도주를 주었으며 신들의 옷으로 나를 입혀 주었고 부드럽고 적당한 바람을 보내주었답니다. 나는 17일 동안 바다에서 길을 찾아 항해했고 18일째 되던 날 그대 영토의 녹음이 우거진 산들이 나타났고 나의 마음은 뛸 뜻이 기뻤답니다.

나는 정말 얼마나 불행한 존재인지요! 나는 땅을 뒤흔드는 포세이돈이 내게 보낸 새롭고 많은 곤경들을 겪어야 했답니다. 그는 내가 항해를 계속 하지 못하도록 바람을 일게 했고 거대한 해일을 일으키는가 하면 내가 고통에 신음하는 동안 파도가 내 뗏목을 파괴하고 폭풍이 불렀습니다. 나는 물을 헤치며 바람과 파도가 나를 육지에 데려다 줄 때까지 헤엄을 쳤는데 바다에 밀려 나는 커다란 바위들이 있는 곳으로 갔습니다. 이곳은 비교적 좋은 장소였는데 왜냐하면 바위로부터 빠져나와 바람을 피할 수 있는 강가까지 다시 헤엄칠 수 있었기 때문입니다. 나는 정신을 바짝 차렸고 밤이 되었죠. 제우스에게서 떨어져 나온 강에서 나온 나는 나뭇잎들을 모아 관목 밑에서 잠을 잤고 신은 내게 깊은 잠을 보내주었답니다. 그곳에서 너무도 지친 나는 밤부터 아침까지 잠을 잤고 또 하루를 더 잤습니다. 그리고 다시 밤이 되었을 때 부드러운 잠은 나를 떠났죠. 그때 나는 강가에서 놀고 있는 그대의 딸의 시종들의 목소리를 들었고 그녀들 한 가운데 있는 영원불멸의 존재를 닮은 아름다운 그대의 딸을 보게 되었답니다. 나는 그녀에게 간청했고 그녀는 젊은 여인에게서 기대할 수 있는 그 어느 지혜보다도 뛰어난 현명함을 보여주었습니다. 왜냐하면 젊음이란 늘 조심성이 없으니까요. 그녀는 우선 내게 먹을 것과 젓 포도주를 주었고 강가에서 씻게 해 주었고 옷을 주었습니다. 나는 번뇌에도 불구하고 그대에게 모든 진실을 말했습니다.

그러자 알키노스가 그에게 대답했다.

— 나의 손님이여. 분명 내 딸이 현명하게 처신하지 못한 것 같소. 왜냐하면 그대가 내 딸에게 처음으로 간청을 하였음에도 불구하고 내 왕국으로 하녀들과 함께 그대를 데리고 오지 않았기 때문이오.

그러자 치밀한 성격의 오디세우스가 그에게 대답했다.

— 영웅이시여. 나 때문에 나무랄 때 없는 젊은 여인인 그녀를 나무라지 마세요. 그녀는 내게 하녀들과 함께 그녀 뒤를 따라오라고 했지만 만일 그대가 이것을 보게 되면 분노할까 두려웠고 나는 그것을 전혀 원하지 않았기 때문입니다. 왜냐하면 우리 인간들이란 종족들은 땅에서 일어나는 일에 대해 의심하니까요.

그러자 알키노스가 그에게 대답했다.

— 내 손님이여. 나의 소중한 마음은 아무런 이유 없이 분노하는 것에 익숙해있지 않다오. 그리고 공정한 것들은 항상 내에 있어서 가장 강력한 것이라오. 아버지 제우스와 아테네, 그리고 아폴론께 바라오니 그대 본모습으로 있길 바라며 나처럼 모든 것을 느끼길 바라오. 나의 딸과 결혼하여 나의 사위로 불릴 수 있으면 좋으련만. 그대가 이곳에 머물길 원한다면 그대에게 거처와 재산을 줄 것이오, 그러나 파이아케스 사람들 중 그 누구도 그대의 의지를 무시하고 그대를 이곳에 잡아 두지는 않을 것이니 왜냐하면 그것은 아버지 제우스신에게 전혀 좋게 보이지 않을 것이기 때문이라오. 그대가 이러한 사실을 잘 알 수 있게 하기 위해 내일 나는 그대의 귀환을 결정할 것이오.

그때까지 잠을 푹 자기 바라오. 그리고 그대가 그대의 조국과 왕국에 도착하거나 아니면 그대가 원하는 곳이 설사 우리 종족이 금발의 라바만투스가 가이아의 아들인 티투오스스를 방문하기 위해 그를 데려다 주었던 땅에서 가장 멀리 떨어진 곳이라고 말하는 에우보이아 섬를 넘어서 일지라도 데려다 줄 것이오. 이들은 이곳까지 간 후 하루 만에 되돌아왔다오. 그대는 내 배와 내 젊은 선원들이 얼마나 능숙하게 바다에서 노를 젓는지 알게 될 것이오.

그가 이렇게 말하자 너무도 기쁜 오디세우스는 다음과 같이 간청했다.

— 아버지 제우스시여! 알키노스가 그가 약속한 모든 것을 이행하는 것이 그대의 마음에 흡족하길 바라며 내가 조국으로 돌아간다면 그의 영광이 풍요로운 땅 위에 영원하기를 빕니다.

이들이 이렇게 말하고 있는 동안 흰 팔의 아레테는 시종들에게 회랑 밑에 침대를 준비하고 그 위에 자줏빛 깔개를 깔고는 그 위에 덮개와 양모로 짠 외투들을 여러 겹 씌우게 했다. 그리고 시종들은 횃불을 가지고 거처에서 나갔다. 그녀들은 신속히 아름다운 침대를 꾸미고 오디세우스에게 다가와 말했다.

— 우리들의 손님이여. 자리에서 일어나 잠을 자러 가시죠. 그대의 침대가 준비되었습니다.

시종들이 이렇게 말했고 그도 잠을 자는 것이 좋다고 생각했다. 인내심 강한 오디세우스는 소리가 울리는 회랑 밑 침대에서 깊은 잠에 빠졌다. 그리고 알키노스도 높은 성 깊숙한 곳에 위치한 자신의 거처에서 잠을 잤다. 그의 곁에서 잠자리를 준비한 여왕이 잠을 잤다.

알키노스 왕의 환대와 귀환 준비를 하는 오디세우스

다음 날 아침 왕은 회의를 열었다. 사람들은 이방인의 귀환을 위한 배를 준비했다. 왕은 유흥거리를 준비시켰는데 데모도코스가 키타라를 연주하며 아프로디테와 아레스, 그리고 목마의 이야기와 트로이아의 점령에 대해 노래를 했다. 오디세우스는 눈물을 흘리며 슬픔을 감췄다. 알키노스는 그가 눈물을 흘리는 이유와 그가 살아온 삶에 대한 이야기를 묻는다.

아침에 태어난 장밋빛 손가락을 가진 에오스가 나타나자 성스러운 알키노스는 침대에서 일어났고 트로이를 유린했던 오디세우스도 자리에서 일어났다. 그리고 성스러운 힘을 가진 알키노스는 그를 배들 가까이에 있는 파이아케스인들의 회의장으로 데려갔다. 이곳에 도착하자마자 그들은 반들반들 윤이 나는 돌 위에 나란히 앉았다. 아테네 여신은 알키노스의 사려깊은 전령으로 모습을 바꾸어 도시를 돌아다니며 사람들에게 고결한 오디세우스의 귀환을 알리면서 다음과 같이 말했다.

— 파이아케스인들의 지도자들과 족장들이여, 바다에서 오랜 방황 끝에 현명한 알키노스의 왕궁에 최근 도착한 이방인의 말을 듣기 위해 회의장으로 가시오. 그는 영원불멸의 신들과 같은 외모를 지녔다오.

아테네 여신은 이렇게 말을 하고 마을 사람들 마음속에 호기심을 불러 넣어주었고 회의장은 모여든 사람들로 인산인해를 이루었다. 그리고 이들은 라에르테스의 신중한 아들을 감탄의 눈으로 보게 되었는데 그 이유는 아테네여신이 그의 머리와 어깨에 신의 은총을 내리게 함으로써 그가 파이아케스 사람들에게 더욱 상냥하고 믿음직스럽게 보이고 그들이 입증하고자 원하는 모든 것을 해내는 존재로서 존경받을 수 있도록 그를 더욱 위대하고 위엄을 갖춘 인물로 보이게 하였기 때문이었다. 모든 사람들이 광장에 모이자 알키노스가 이들에게 말했다.

— 파이아케스의 지도자들과 족장들이여, 내 가슴 깊숙한 곳에서 우러나오는 것을 말할 테니 내 말을 들으시오. 나는 내 왕궁에 온 방황하는 이 이방인이 동쪽의 에오스 쪽에 살고 있는 사람들 중 한 명인지, 아니면 서쪽의 헤스페로스 쪽에 살고 있는 사람들

중에 한 명인지 알지 못하오. 그는 우리들에게 자신의 고향으로 빨리 돌아갈 수 있도록 도와달라고 요청을 하였습니다. 우린 다른 사람들에게 그렇게 하듯이 그를 그의 고향으로 되돌려 보낼 것입니다. 왜냐하면 내 왕궁에 들어온 그 어떤 사람도 고향으로 돌아가길 원하면서 이렇게 오랫동안 눈물을 흘린 적이 없었기 때문입니다. 자 여러분! 새로 만든 검은 배를 신성한 바다에 띄웁시다. 그리고 우리들 중에 최고로 뛰어난 사람들 52명의 젊은이들을 골라 배를 젓는 노 옆에 이들의 자리를 마련하고 내가 왕궁에서 그대들에게 제공하는 식사를 준비하도록 합시다. 젊은이들은 내 명령을 완수할 것이니 왕홀을 지닌 군주들이여. 그대들 모두 나의 아름다운 거처로 와 왕궁에 있는 우리들의 손님을 환대하도록 합시다. 누구도 내 칭을 거절하지 말 것이며 신과 같은 음유시인인 데모도코스를 부릅시다. 왜냐하면 그의 영혼이 노래를 하길 원할 때 신은 그에게 매혹적인 노래를 할 수 있는 재능을 부여했으니까 말이오.

이렇게 말을 하고 그는 앞으로 걸어 나갔고 군주들이 그의 뒤를 따랐으며 전령은 음류시인을 부르러 달려갔다. 그리고 사람들 중에 선택된 52명의 젊은이들이 알키노스가 명령했던 대로 굴복하지 않는 바닷가로 갔다. 바다와 배에 도착한 이들은 깊은 바다에 검은 배를 띄우고 돛대를 세우고 돛을 달 준비를 했으며 벨트를 노에 연결하고 모든 준비가 완벽하게 끝나자 흰 돛을 달고 배를 바다에 띄웠다. 그런 후 이들은 현명한 알키노스의 거대한 왕궁으로 갔다. 회랑과 방을 비롯하여 왕궁은 모여든 사람들로 꽉 차 있었으며 젊은이들과 노인들이 많았다. 알키노스는 이들을 위해 양 열두 마리와 반짝이는 엄니를 가진 돼지 여덟 마리, 그리고 유연한 발을 가진 황소 두 마리의 목을 따 유쾌한 식사준비를 했다.

전령이 음유시인을 데리고 왔다. 뮤즈 여신은 그 누구보다 음유시인을 좋아했는데 그녀는 그에게서 눈을 앗아가는 대신에 선과 악을 구분할 수 있는 능력을 주었고 아름다운 노래를 부를 수 있는 능력을 부여하였다. 전령인 폰토노스는 그를 사람들 한 가운에 있는 긴 기둥에 걸쳐진 은못이 박힌 의자에 앉혔다. 그리고 그의 머리 위에 있는 못에다 키타르 악기를 매달고 어떻게 그가 이 악기를 잡을 수 있는지를 알려주었다. 그런 후 그 앞에 아름다운 식탁을 준비하고 식탁 위에는 그가 원하는 만큼 마실 수 있도록 포도주잔과 바구니를 놓았다. 그리고 모든 사람들은 자신들 앞에 있는 음식으로 손을 뻗었다.

배고픔과 갈증을 해소한 후에 뮤즈 여신은 음유시인에게 인간들의 영광을 찬양하는 노래를 부르게 하였는데 거대한 하늘에까지 그 명성이 자자했던 이야기를 노래하게 했다. 이것은 예전에 신들에게 제공된 식사 도중 신랄한 논쟁으로 벌렸던 오디세우스와 아킬레스의 말다툼에 관한 내용이었다. 그리고 사람들의 왕인 아가멤논은 속으로 매우 기뻐했었는데 왜냐하면 아카이아 사람들 중 최고의 두 사람이 서로 싸우는 것이었기 때문이었다. 사실 그는 피토에서 예언을 듣기 위해 돌로 만든 입구를 지났을 때 위대한 제우스의 의지에 따라 트로이아 사람들과 다나오스 사람들이 고통을 겪게 될 것이라는 아폴론의 예언을 들었다.

유명한 음유시인이 이것에 관한 노래를 불렀는데 그러나 오디세우스는 진홍빛의 거대한 외투를 두 손으로 꽉 잡고 머리를 묻은 채 아름다운 얼굴을 가리고 있었는데 그 이유는 파이아케스 사람들 앞에서 눈물 흘리는 것이 부끄러웠기 때문이었다. 음유시인이 노래를 마쳤을 때 오디세우스는 눈물 흘리는 것을 멈추고 외투를 벌린 후 둥근 잔을 들어 신들에게 헌주를 하였다. 파이아케스의 지도자들은 음유시인이 새로운 노래를 불러줄 것을 종용하였는데 왜냐하면 이들은 음유시인의 노래 가사에 매료되었기 때문이었다. 또 다시 오디세우스는 머리를 숙인 채 눈물을 흘렸다. 그는 눈물을 흘리면서 사람들로부터 몸을 숨겼지만 그의 곁에 앉아 있던 알키노스만이 그를 보았고 오디세우스가 신음하는 소리를 듣자, 그는 노를 젓는데 능숙한 파이아케스 사람들에게 말했다.

— 파이아케스의 지도자들과 군주들이여 내 말을 들으시오. 훌륭한 식사와 더불어 식사의 즐거움을 더해준 키타르의 소리로 인해 우리 영혼의 만족감을 얻었습니다. 이제 밖으로 나가 우리의 손님이 조국으로 귀환하였을 때 그의 친구들에게 우리들이 권투와 레슬링, 달리기와 높이뛰기에서 다른 사람들보다 월등한 기량을 가지고 있는지를 말할 수 있게 우리가 가지고 있는 모든 기량을 마음껏 보여줍시다.

알키노스는 이렇게 말을 하고 맨 앞에 걸었고 사람들이 그의 뒤를 따랐다. 그리고 전령은 기둥에 키타르 악기를 매달아 두고 손으로 데모도코스를 잡고 유희를 즐기기 위해 파이아케스의 지도자들이 택한 같은 길을 통해 왕궁 밖으로 안내했다. 이들은 광장으로 갔고 수많은 군중들이 이들의 뒤를 따랐다. 건장한 많은 젊은 남자들이 자리에서 일어났다. 아크로네오스, 오키알로스, 엘라트레우스, 나우테우스, 프림네우스, 앙키알로스, 에레트메우스, 폰테우스, 프로레우스, 토온, 아나베시네오스, 텍톤의 아들인 폴리네오스의 아들인 암피알로스, 그리고 살인자 아레스와 유사한 나우볼로스의 아들인 에우리알로스기 일어났는데 그는 모든 파이라케스인들 보다 힘과 외모에서 단연 뛰어났다. 그리고 알키노스의 세 아들인 라오다마스, 할리오스 그리고 클리토네오스 역시 자리에서 일어났다.

이들은 우선 달리기 경주를 하였는데 들판의 먼지를 일으키며 재빠른 동작으로 장애물을 향해 모두 함께 달려갔다. 모든 사람들을 뒤로 제치고 일찌감치 맨 앞으로 달리는 사람은 클리토네오스였다. 그는 밭고랑을 긴 노새들이 만들어 놓은 공간만큼이나 다른 사람들을 앞서 사람들에게로 돌아왔다. 그리고 다른 사람들은 레슬링에 참가하였으며 이 시합에서 유리알로스가 단연 돋보이며 승리를 하였다. 그리고 암필아로스는 멀리뛰기에서 승리자가 되었고 엘라트레우스는 원반 던지기에서, 그리고 알키노스의 아들인 라오다마스는 권투시합에서 우승을 하였다. 이 시합들로 잔뜩 고조된 분위기 속에서 알키노스의 아들인 라오다마스가 말했다.

— 이보게 친구들. 우리의 손님에게 그도 또한 싸울지 아는지 알아보자구. 확실히 그는 용기가 없어보이지는 않거든. 그는 매우 강한 허벅지와 팔과 목을 가지고 있잖은가. 게다가 비록 많은 불행을 겪느라고 약해지기는 했지만 아직 젊고 말이야. 내 생각에는 아무리 강한 사람이라도 진을 빼는데 바다만큼 최악인 것은 없다고 생각하거든.

그러자 에우리알로스가 그에게 대답했다.

— 라오다마스. 자네 말 한번 잘했네. 자, 자네가 가서 그를 자극해 보게. 그리고 우리말을 그에게 전하게.

이 말을 들은 알키노스의 아들은 경기장 한 가운데 서서 오디세우스에게 말했다.

— 자, 내 아버지의 손님이신 그대도 경기장에서 우리와 함께 경기를 할 수 있다면 우리 경기에 참가하러 오시오. 발과 팔로 용맹을 보여주는 것처럼 남자에게 있어서 더 한 영광은 없답니다. 자 이리로 와서 그대 영혼 속에 자리 잡고 있는 슬픔을 떨쳐버리시오. 그대의 배를 바다에 띄었고 그대의 동료들이 떠날 준비를 마쳤으니 그대의 귀환은 그리 오래 걸리지 않을 것이오.

그러나 노련한 오디세우스가 그에게 대답했다.

— 라오다마스여. 그대는 왜 내게 싸우길 종용하는 것이오? 고통은 유희에 대한 바램보다 내 마음을 더 채우고 있다오. 나는 이미 많은 고통을 겪었고 많은 일들을 겪어야 했으니 그대의 광장에 앉아 왕과 모든 시민들에게 간청하며 내 귀환만을 바랄 뿐이라오.

그러자 에우리알로스가 공개적으로 그를 모욕하면서 말했다.

— 내 손님이여. 그대는 남자들이 행하는 모든 경기들을 무시하고 있으며 용사라기 보다는 배에 짐을 가득 싣고 오로지 식량과 이익만을 걱정하는 상인들의 수장 같구려.

그러자 노련한 오디세우스가 침울한 눈빛으로 그를 보며 말했다.

— 내 주인이여. 그대는 전혀 합리적으로 말을 하지 못하며 무례한 사람처럼 보이는 구려. 신들이 미모, 신중함 또는 웅변술과 같이 모든 사람들에게 그들의 능력을 동등하게 부여한 것은 아니라오. 흔히 외모를 전혀 갖추지 않은 사람에게 신은 화려한 구술 능력을 부여하여 모든 사람들이 그의 매력에 흠뻑 빠지곤 하는데 그 이유는 그가 확신과 함께 겸손한 자세로 회의장을 사로잡기

때문이라오. 그가 도시를 걸어가면 사람들은 마치 신을 보듯 그를 쳐다본다오. 또 어떤 사람은 신과 같은 외모를 가지고 있지만 신은 그 사람에게 뛰어난 웅변 능력을 부여하지 않는다오. 그대는 뛰어난 외모를 가지고 있으나 이처럼 말을 제대로 하지 못하고 내 마음의 분노를 자극하는 것을 보니 영리함이 결여되어 있는 것 같구려. 나는 그대가 말한 것처럼 이 경기들을 전혀 모르는 것이 아니라오. 나는 내 팔이 건장했던 젊었을 때는 최고의 격투사들 중에 한 명이었다오. 지금 나의 마음은 사람들과의 수많은 전투를 겪고 위험한 바다를 항해하면서 비참함과 고통으로 괴롭다오. 그렇지만 많은 고통을 겪었음에도 불구하고 내가 이 시합에 참가하겠으니 왜냐하면 그대의 말이 나를 아프게 하고 화나게 했기 때문이오.

그는 이렇게 말하고 외투를 벗지도 않고 맹렬하게 달려가 파이아케스 사람들이 시합에서 늘 사용하던 것들보다 훨씬 더 크고 부피가 나가며 무거운 돌을 잡고 공중에서 빙빙 돌리다가 건장한 손으로 던져버렸다.

그리고 돌은 굉음을 내며 날아갔고 노를 젓는데 능숙한 모든 파이아케스 사람들은 다른 사람들이 돌을 던져 떨어진 위치보다 훨씬 멀리 날아가는 돌에 놀라 고개를 숙였다. 그러자 남자의 모습으로 변한 아테네여신은 재빨리 달려 돌이 떨어진 위치를 표시하고는 말했다.

— 나의 손님이여. 장님이라 할지라도 그대가 던진 돌이 떨어진 위치를 알 수 있을 것이니 왜냐하면 그대가 던진 돌은 다른 사람들이 던진 돌들이 떨어져 있는 곳과는 확연하게 훨씬 더 멀리 떨어져 있으니까 말이오. 그러니 자신감을 가지시오. 그 어떤 파이아케

스 사람도 그대가 던진 돌보다 더 멀리 돌을 던지지는 못할 테니까요.

그녀는 이렇게 말하자 인내심 강한 오디세우스는 매우 기뻐했고 경기장에 아주 호의적인 동료를 얻었다는 것에 만족해했다. 그리고 파이아케스 사람들에게 부드럽게 말했다.

— 젊은이들이여. 이제 이 돌이 떨어진 곳까지 한번 돌을 던져보시오. 나는 또 다시 돌을 던질텐데 그 돌은 이만큼, 아니 더 멀리까지 날아갈 것이라 생각하오. 내 영혼과 마음이 다른 모든 시합에도 참가하라고 나를 부추기고 있구려. 그대들 중 누구라도 시합을 하고 싶으면 하시오. 왜냐하면 그대들이 나를 정말 화나게 했으니 말이오. 권투, 레슬링, 달리기 그 어떤 것도 라오다마스를 제외한 파이아케스인 누구와도 겨루는 것을 거절하지 않을 것이오. 그는 나를 환대해 준 사람이니 친구와 누가 싸울 수 있겠소? 무례한 자와 그 어떤 가치도 지니지 못한 사람만이 자신을 반겨준 사람과 낯선 사람들 앞에서 싸우는 것이니 그들은 그렇게 자신의 품격을 떨어뜨리는 것이라오. 그러나 나는 그 어떤 것도 거부하지도, 또 다른 사람들에게 강요하지도 않을 것이오.

나는 사람들 사이에서 벌어지는 그 어떤 시합에도 결코 무능하지 않소. 나는 특히 최근에 반짝이는 활을 쏠 줄 알고 있는데 적들 한가운데 있는 표적을 맨 먼저 활을 쏘아 맞힐 수 있다오. 설사 많은 그의 동료들이 그를 감싸고 나를 향해 활을 쏜다 할지라도 말이오. 아카이아 사람들이 화살을 수없이 쏘아댔던 트로이아 사람들 중 필록테테스 만이 활로 나를 이길 수 있을 뿐이오. 이제 나는 땅에서 빵을 먹고 사는 모든 인간들 중 가장 숙련되었다고 생각하오. 나는 헤라클레스나 오이칼리아의 에우리토스 같은 이전의 영웅들과 겨루고 싶은 생각은 추호도 없소. 왜냐하면 이들은 射手(사수)처럼 싸웠고 심지어 신들과도 싸웠으니 말이오. 위대한 에우르토스는 아주 젊었을 때 죽었고 자신의 거처에서 전혀 늙지 않는다오. 사실 화가 난 아폴론이 그를 죽였는데 왜냐하면 그가 자신에게 활 시합을 유발시켰기 때문이었소. 나는 다른 사람이 쏜 활 만큼이나 창을 멀리 던질 수 있소. 단 한 가지, 나는 파이라케스 사람들 중 한 사람이 달리기 경주에서 나를 이길까 걱정하고 있는데 그 이유는 내가 파도를 헤쳐 나오느라 너무 피곤하여 많이 약해진 상태이고 내 배에는 식량이 충분하지 않았고 무릎 또한 다쳤기 때문이라오.

그가 이렇게 말하자 모든 사람들이 침묵을 지켰고 알키노스만이 그에게 대답했다.

— 나의 귀빈이여. 그대의 말이 내 마음에 아주 흡족하구려. 그대의 힘은 그대를 모욕한 자로 인해 분노한 그대가 지니고 있는 덕행을 입증하려는 듯 하구려. 그렇지만 그 어떤 이도 그대의 용기에 대해 감히 의심하지 못할 것이오. 만일 그렇다면 그는 아마 판단력을 상실했을 것이오.

그대가 그대의 왕궁으로 돌아가 식사를 하면서 그대의 부인과 자식들에게 우리들의 영웅들에게 대해 좋게 말할 수 있고, 우리들이 베풀어준 호의를 기억하며 제우스가 우리 조상들의시대부터 우리에게 주었던 뛰어난 재능으로 한 많은 일들에 대해 기억할 수 있도록 지금부터 내가 하는 이야기를 잘 듣기 바라오. 우린 권투나 다른 경주에서 결코 제일 강하지는 않지만 우린 빨리 달리며 배를 모는데 있어 뛰어나다오. 식사와 악기와 춤, 그리고 새로 만든 옷들과 뜨거운 욕조와 잠자리 등은 우리에게 아주 소중하다오. 자! 춤을 최고로 잘 추는 파이아케스 사람들이여 춤을 춥시다. 우리 귀한 손님이 자신의 왕궁으로 돌아가 그의 친구들에게 빠른 가벼운 발걸음과 춤과 노래, 그리고 바다에 대한 지식에 있어서 우리가 모든 다른 사람들보다 얼마나 우월한지 말할 수 있도록 말이오. 누가 데모도코스에게 내 왕궁에 남겨져 있는 그의 소리를 내는 키타르를 가져다주시오.

신과 같은 외모의 알키노스가 이렇게 말하자 그의 전령이 왕궁에서 키타르를 가져오기 위해 자리에서 일어났다. 그리고 제비뽑기로 뽑은 각 시합의 아홉 명의 장들도 자리에서 일어났는데 왜냐하면 이들은 각 경기의 심판관이었기 때문이었다. 이들은 경기장을 평평하게 만들고 커다란 공간을 만들었다. 그리고 전령이 데모도코스의 키타르를 들고 돌아왔다. 데모도코스는 사람들 가운데 있었는데 그 주위에는 춤을 잘 추는 젊은 소년들이 있었다. 이들은 노래 소리에 맞추어 발을 구르기 시작했고 오디세우스는 그들의 재빠른 발놀림에 감탄했으며 마음속으로 놀랐다.

음유시인이 아레스와 아름다운 왕관을 쓴 아프로디테의 사랑을 찬양하면서 이들이 어떻게 헤파이스토스의 거처에서 동침할 수 있었는지에 대해 노래를 하기 시작하였다. 아레스는 많은 선물을 준비했고 그는 헤파이스토스의 침실에 들어감으로써 그의 명예를 실추시켰다. 이들이 함께 있는 것을 본 헬리오스가 헤파이스토스에게 가 이 사실과 함께 이들이 침실에서 나눈 대화를 그대로 전했다. 분노에 차 복수를 다짐한 헤파이스토스는 자신의 대장간으로 가 거대한 철침을 가지고 결코 깨지지도 풀 수도 없는 사슬을 만들었다. 그런 후 그의 침대가 있는 신방으로 갔다. 그리고 침대들보 사방에다 거미줄처럼 이 사슬들을 심지어 신조차도 볼 수 없도록 아무도 모르게 매달았다. 함정을 다 설치한 헤파이스토스는 침대를 다시 덮은 다음 이 땅에서 자신이 가장 좋아하는 잘 세워진 마을인 렘노스로 황급히 떠났다. 황금 소대(小帶) 를 하고 그를 감시하던 아레스는 유명한 대장장이인 헤파이스토스가 떠나는 것을 보고는 서둘러 아름다운 왕관을 쓰고 있는 아프로디테를 만나고 싶은 욕망에 서둘러 헤파이스토스의 거처로 갔다. 그리고 그곳에는 강력한 힘을 가진 아버지 제우스신을 만나고 돌아온 아프로디테가 앉아 있었다. 아레스는 거처로 들어가 그녀의 손을 잡고는 말했다.

— 자, 사랑하는 이여. 우리의 침대에서 잠을 잡시다. 헤파이스토스는 더 이상 그 곳에 없다오. 그는 야만스런 언어를 사용하는 신티에스족이 있는 레모스로 갔소.

그가 이렇게 말하자 여신은 그에게 못이기는 척 함께 잠을 자기 위해 침대에 올랐는데 헤파이스토스가 만들어놓은 사슬이 이들을 옭아매었다. 이들은 사지를 움직일 수도, 일어날 수도 없었으며 도망칠 수 없다는 것을 깨닫게 되었다. 그 때 절름발이의 헤파이스토스가 다가왔는데 그를 위해 감시를 하고 있던 헬리오스가 그에게 아레스와 아프로디테가 침대에 함께 누웠다는 사실을 알려주었기 때문에 레모스 땅으로 도착하기 전에 되돌아 온 것이었다. 그는 자신의 거처로 돌아와 현관 앞에 서서 분노에 찬 목소리로 소리를 질렀는데 모든 신들이 그의 목소리를 들을 수 있을 정도였다.

— 아버지인 제우스여. 그리고 영생을 누리는 신들이여. 부끄럽고 용서할 수 없는 일들을 보러 오시오. 제우스의 딸인 아프로디테가 절름발이인 나의 명예를 실추시켰고 그녀는 위험한 아레스를 좋아하는데 그 이유는 그가 잘 생겼고 다리를 절지 않기 때문이라오. 나의 외모는 분명 추하게 생겼지만 그것은 나의 잘못이 아

니며 나를 이렇게 낳아준 나의 아버지와 어머니에게 있는 것이오. 아레스와 아프로디테가 사랑이라는 이름으로 나의 침대에서 뒹굴고 있는 것이 보입니까. 이 침대에 있는 그들을 보면서 나는 고통으로 가득 차 있지만 이들이 아무리 사랑한다 할지라도 이 침대에서 계속 잠을 잘 수 있을 것이라고는 생각하지 않소. 이들은 더 이상 함께 있지 못할 것이니 아름다운 그의 딸 때문에 그에게 주었던 모든 지참금을 그녀의 아버지가 내게 돌려줄 때까지 나의 함정과 내가 만든 사슬이 그들을 붙잡아 둘 것이오.

그가 이렇게 말하자 모든 신들이 청동으로 만들어진 그의 거처로 모였다. 땅을 뒤흔드는 포세이돈이 왔고 매우 쓸모 있는 헤르메스 또한 왔으며 아폴론도 왔다. 여신들만이 수치심로 인해 자신들의 거처에 머물렀다. 그리고 재산을 분배하던 신들이 입구에 서 있었다. 신중한 헤파이스토스의 작품을 봤을 때 신들 중에 커다란 웃음소리가 들려왔다. 웃는 존재를 보면서 신들은 서로 말했다.

— 잘못된 행동은 덕행의 가치가 없지. 가장 느린 사람이 가장 빨리 도착하고. 비록 절름발이지만 헤파이스토스는 그의 지식을 이용하여 올림포스에 살고 있는 모든 신들 중에 가장 빠른 아레스를 잡았으니 이런 이유로 해서 아레스는 벌금을 지불해야 마땅하지.

신들은 서로 이런 이야기를 주고받았다. 그리고 제우스의 아들인 아폴론이 헤르메스에게 말했다.

— 재산을 분배하는 제우스의 아들인 전령사 헤르메스여. 그대는 틀림없이 황금으로 만든 왕관을 쓰고 있는 아프로디테와 함께 이 침대에서 잠자기 위해 이 영원히 파괴되지 않는 사슬에 포박당하고 싶겠지요?

그러자 전령사인 헤르메스가 그에게 대답했다.

— 오 고결한 사수(射手)인 아폴론이여. 그와 같은 일이 내게 발생한다면 나는 이보다 세배는 훨씬 뒤얽인 사슬에 포박이 되길 원하고 모든 신들과 여신들이 내가 황금 왕관을 쓴 아프로디테 곁에 누워있는 것을 보길 원한다오!

그가 이렇게 말하자 영원불멸의 존재인 신들은 큰 소리로 웃음을 터트렸다. 그러나 포세이돈은 웃지 않았고 그는 헤파이스토스에게 아레스를 풀어주라고 부탁하면서 다음과 같이 말했다.

— 그를 풀어주게. 그렇게 하면 그대가 원하는 대로 그가 해줄 것을 내가 약속하겠네.

그러자 뛰어난 대장장이인 헤파이스토스가 그에게 대답했다.

— 땅을 뒤흔드는 포세이돈이여. 행여 나에게 그것을 요구하지 마시오. 사악한 자들의 보증을 서는 것은 나쁜 일이라오. 만일 아레스가 빚을 갚지 않고 내 사슬에서 벗어난다면 내가 어떻게 그대를 억압할 수 있단 말이오?

그러자 땅을 뒤흔드는 포세이돈이 그에게 말했다.

— 헤파이스토스여. 만일 아레스가 빚을 갚지 않고 도망을 간다면 내 스스로 그대에게 값을 치룰 것이오.

그러자 절름발이인 헤파이스토스가 그에게 대답했다.

— 내가 그대의 말을 거절한다는 것은 부당한 일이며 그러한 일이 발생해서는 안되죠.

이렇게 말을 한 헤파이스토스는 사슬을 끊었다. 그리고 풀려날 수 없는 사슬로부터 자유로워진 두 사람은 하늘로 날아가 아레스는 트라케로, 그리고 키프로스에서 웃음을 좋아하던 아프로디테는 그의 성스러운 나무들과 향내 나는 제단이 있는 파로스로 갔다. 그곳에서 카리테스 여신들이 그녀를 목욕시켰고 신들에게 합당한 매우 향기로운 향유를 발라주었다. 그리고 그녀들은 보기에 감탄사가 나올 정도의 비싼 옷을 그녀에게 입혀주었다.

음유시인이 이렇게 노래하자, 배의 긴 노를 능숙하게 젓는 모든 파이아케스 사람들과 함께 오디세우스는 속으로 이 노래를 듣는 것에 대해 기뻐했다.

그리고 알키노스는 할리오스와 라오다마스에게 두 사람만 춤을 출 것을 명하였는데 그 이유는 그 어떤 사람도 그들보다 춤을 잘 추지 못했기 때문이었다. 두 사람은 현명한 폴리보스가 그들을 위해 만들어 준 아름다운 주홍빛 구슬을 손에 쥐었다. 그리고 한 사람이 뒤로 몸을 젖히더니 구슬을 어두운 먹구름을 향해 던졌고 다른 한 사람은 그 구슬이 땅에 떨어지기 전에 그 구슬을 받았다. 이렇게 감탄할 만할 정도로 구슬을 가지고 논 후, 그들은 풍요로운 땅에서 교대로 춤을 추었다. 그리고 광장에 서 있던 모든 젊은 남자들이 박수를 치자 요란한 소리가 울려 퍼졌다. 이때 오디세우스가 알키노스에게 말했다.

— 모든 인간들 중 가장 이름 높은 알키노스 왕이시여. 그대는 내게 가장 훌륭한 무용수들을 보여주었고 그들의 춤추는 모습을 보면서 나는 감탄하지 않을 수가 없습니다.

그가 이렇게 말하자 성스러운 알키노스는 너무도 기뻤고 배를 좋아하는 파이아케스 사람들에게 말했다.

— 파이아케스의 지도자들과 족장들은 들으시오. 내가 보기에 우리들의 손님은 지혜로 가득 찬 사람인 것 같구려. 자! 그에게 환대하는 의미로 선물을 주는 것이 좋을 듯하오. 우리 종족을 이끄는 12명의 유명한 족장들과 12명의 지도자들, 그리고 나는 13번째로서 그에게 모두 잘 세탁한 외투와 모자 그리고 값비싼 황금한 탈렌트를 줍시다. 그리고 우리 모두 우리의 손님이 식사를 하는 자리에서 그의 영혼이 기쁨으로 가득 찰 수 있도록 이 선물들을 가져오도록 합시다. 그리고 에우루알로스는 말로써 그에게 사과를 해야 할 것이니 왜냐하면 그는 전혀 적당하지 못한 말을 했기 때문이오.

그가 이렇게 말하자 모든 사람들이 박수를 치며 선물을 가져오라고 명했고 각자는 전령들을 보냈다. 그리고 에우루알로스는 알키노스에게 다음과 같이 답변했다.

— 모든 종족들 중 가장 유명한 알키노스 왕이시여. 그대가 내게 명한 것처럼 나는 우리의 손님에게 말로 사과를 하겠습니다. 그리고 그에게 손잡이는 은이며 손 보호대는 최근 제작한 상아로 된 이 청동으로 만든 칼을 주겠습니다. 이 선물은 우리들의 손님에게 아주 잘 어울릴 것입니다.

말을 마친 그는 은으로 만든 못에 걸려 있던 칼을 들어 오디세우스의 손에 건네주면서 다음과 같이 말했다.

— 친애하는 손님이시여. 만일 내가 불경스러운 말을 했다면 폭풍이 내가 한 말을 가져가길 바랍니다! 그대가 그대의 조국으로 돌아가 그대의 아내를 다시 보게 될 수 있도록 신들이 허락하길 바라오니 그대가 친구들로부터 멀리 떨어져 너무 오래 고통을

줘었기 때문입니다.

그러나 노련한 오디세우스가 그에게 대답했다.

— 그리고 친구인 그대에게 경의를 표합니다. 신들이 그대에게 모든 부를 허락하길 바랍니다. 그대가 한 말에 대한 사과의 표시로 내게 준 이 칼에 대해 전혀 후회하지 않게 되길 바랍니다.

그는 이렇게 말을 하고 칼을 어깨 주위에 있던 은으로 만든 못에 걸어 놓았다. 그리고 해가 떨어지자 훌륭한 선물들이 도착하였고 전령들은 알키노스의 거처에 이 선물들을 정리하였다. 그리고 알키노스의 나무랄 데 없는 아들들이 이 선물들을 받아 존경하는 어머니 앞에 놓았다. 성스러운 힘을 가진 알키노스는 파이아케스 사람들에게 자신의 거처로 오라고 명하였고 이들이 높은 의자에 앉자 알키노스의 성스러운 힘이 아레테에게 말했다.

— 부인이여. 그대가 가지고 있는 것 중 제일 아름다운 궤짝을 가져오시오. 그리고 그곳에 잘 세탁된 외투와 모자를 넣고 닫으시오. 불 위에 솥을 올리고 우리 손님이 목욕을 할 수 있게 뜨거운 물을 준비하고 나무랄 데 없는 파이아케스 사람들이 그에게 주려고 가져온 선물들을 감상할 수 있게 하고 음유시인의 노래를 들으며 즐겁게 식사를 할 수 있도록 하시오. 그리고 나는 그에게 금으로 만든 이 아름다운 잔을 주어 그가 그의 거처에서 제우스와 다른 신들에게 헌주를 할 때 그의 일생동안 매일 나를 기억할 수 있게 할 것이오.

그가 이렇게 말하자 아레테는 시종들에게 빨리 불 위에 거대한 솥을 준비할 것을 명했다. 시종들은 목욕을 하기 위한 거대한 솥을 활활 타오르는 불 위에 올려놓았다. 그리고 솥에 물을 붓고 밑에 장작을 땠다. 그러자 불이 삼발이 솥을 감싸더니 물이 데워졌다.

이러는 동안, 아레테는 자신의 신방에서 손님을 위해 아름다운 궤짝을 가지고 와 파이아케스 사람들이 그에게 준 훌륭한 선물들과 옷, 그리고 금을 넣었다. 그녀 스스로 이 궤짝에 외투와 아름다운 모자를 넣고 오디세우스에게 다음과 같이 말했다.

— 그대 스스로 이 뚜껑을 보고 고향으로 돌아가는 길에 그 누구도 그대에게서 무엇인가를 훔쳐갈 수 없도록 매듭을 하여 이 상자를 잠그도록 하세요. 왜냐하면 그대는 검은 배 안에서 부드러운 잠에 빠질 테니까 말이에요.

이 말을 들은 인내심 많은 오디세우스는 유명한 키르케가 그에게 예전에 가르쳐 주었던 절대 풀 수 없는 매듭으로 뚜껑을 닫았다. 그리고 목욕을 하라는 소리를 듣고 목욕탕으로 내려갔는데 그는 물이 뜨겁다는 사실에 너무도 기뻤으니 왜냐하면 그를 신처럼 대해주었던 아름다운 머릿결을 가진 칼립소의 거처를 떠난 이후 이처럼 정성어린 보살핌을 받은 지 오래되었기 때문이었다. 그를 목욕시킨 시녀들은 그에게 향유를 발라주었고 모자와 아름다운 외투를 입혀주었다. 그리고 오디세우스는 욕조에서 나와 술을 마시고 있는 사람들 틈으로 돌아왔다. 신들로부터 아름다움을 선물 받은 나우시카는 잘 만들어진 거처의 입구에 멈추어서 오디세우스를 감탄하며 보면서 다음과 같이 말했다.

— 안녕하세요, 나의 손님이여! 그대가 조국의 땅으로 돌아갈 때 그대의 목숨을 구해준 나를 기억하길 신들께 빕니다.

그러자 섬세한 오디세우스가 그녀에게 대답했다.

― 훌륭한 알키노스의 딸인 나우시카여. 만일 헤라의 남편인 벼락을 내리는 제우스가 내가 왕궁으로 되돌아갈 날을 허락한다면 여신에게 하는 것처럼 나는 내 삶 동안 매일 그대가 축복받기를 기원할 것이니 그대는 나의 목숨을 구해주었기 때문입니다.!

그는 이렇게 말하고 알키노스 왕의 옆에 있는 의자에 앉았다. 그리고 사람들은 식사를 하면서 술을 섞었다. 그리고 전령이 음유시인을 데려왔고 사람들에게 존경을 받는 데모도코스를 높은 기둥에 기댄 채 사람들 한 가운데 세웠다. 흰 엄니를 가진 돼지고기의 가장 질긴 부위이자 기름으로 덮혀 있는 등 부위를 자른 오디세우스가 전령에게 말했다.

― 전령여. 이 고기를 받아 데모도코스가 먹을 수 있게 해주시오. 내가 아무리 슬프다 하더라도 나 역시 그를 좋아한다오. 음유시인들은 지상에 있는 모든 인간들 중 명예와 존경을 받아 합당하니 왜냐하면 뮤즈 여신이 그들에게 노래를 가르쳐 주었고 음유시인들 종족을 좋아하니까 말이오.

그가 이렇게 말하자 전령은 영웅 데모도코스의 손에 접시에 담은 요리를 주었고 그는 아주 기뻐하며 이 접시를 받았다. 그리고 모든 사람들은 앞에 놓여있는 음식으로 손을 뻗었다. 이들이 실컷 먹고 마신 후 노련한 오디세우스가 데모도코스에게 말했다.

― 데모도코스여. 그대를 가르친 이가 제우스의 딸인 뮤즈이건 아폴론이건 간에 나는 모든 인간들 중 그대를 가장 존경하오. 그대는 마치 그대 자신이 현장에 있었던 것처럼, 또는 아카이아 사람들에게 모든 것을 들은 것처럼 아카이아 사람들이 겪어야 했던 모든 불행과 피곤함 등, 아카이아 사람들의 운명을 정말 훌륭하게

노래해 주었습니다.

자 이제 아테네의 도움으로 에페이오스가 만들고 오디세우스가 계략을 사용하여 수많은 사람들로 가득 찬 목마를 트로이 도시로 들인 일리오스를 쓰러뜨린 부분에 대해 노래해 주시오.

만일 그대가 내게 이에 대해 정확하게 노래해 준다면 나는 모든 사람들에게 신이 그대에게 신의 노래에 견줄만한 재능을 주었다고 선포할 것이라오.

그가 이렇게 말하자, 신으로부터 영감을 받은 음유시인이 노래하기 시작했다. 그는 우선 어떻게 아르고스 사람들이 텐트에 불을 지른 후 배에 타고 멀어졌는지에 대해 노래했다. 다른 아르고스 사람들은 트로이아의 회의장 한 가운데 놓여 있는 목마에 숨은 채 오디세우스의 곁에 앉아 있었다. 트로이아 사람들은 스스로 이 목마를 도시로 끌고 왔다. 그리고 트로이아 사람들은 목마 옆에서 시끌벅적하게 떠들고 있었다. 이 속이 빈 목마를 날카로운 청동칼로 쪼갤지, 아니면 높은 바위 위에서 아래로 떨어뜨릴 것인지, 또 그렇지 않으면 신들에게 제물로 바칠 것인지에 대한 이 세 가지 계획을 세우며 매우 즐거워했다. 결국 마지막 계획을 채택하였는데 그 이유는 트로이아 사람들에게 죽음과 운명을 가져다 준 아르고스의 장수들이 앉아 있던 이 나무로 만든 거대한 목마가 온 후 그들의 운명이 위험해 처했기 때문이었다. 그리고 데모도코스는 어떻게 빈 매복처인 목마 안에 숨어 있던 아르고스의 아들들이 트로이아를 초토화 시켰는지에 대해 노래했다. 그런 후 그는 이 난공불락의 트로이아 도시가 유린되었는지와 오디세우스와 데이포보스 거처에 앉아 있는 아레스와 비교될 수 있는 메넬라오스, 그리고 이곳에서 벌어진 매우 격렬했던 전투와 이들이 아테네 여신의 도움을 받아 어떻게 승리하게 되었는지를 노래했다.

음유시인이 이런 사실들에 대해 노래하자 오디세우스의 눈썹 밑으로 눈물이 뺨을 타고 흘러내렸다. 마치 도시와 아이들에게 예정되었던 불행을 막다가 그의 도시와 백성들 앞에 쓰러진 사랑하는 남편을 품에 안고 눈물을 흘리는 여인처럼. 아직 꿈틀거리며 죽어가는 남편을 본 그녀는 고함을 지르며 그에게 달려갔고 그러는 동안 창으로 그녀의 등과 어깨를 내려치던 적들은 일을 시키고 고통을 주기 위해 그녀를 데려갔으며 그녀의 일생은 커다란 절망으로 인해 비탄에 잠기게 되었다. 오디세우스는 다른 사람들 몰래 자신의 속눈썹 밑으로 쓴 눈물을 흘렸다. 그의 곁에 앉아 있었던 알키노스만이 그것을 보았고 그가 깊이 신음하는 소리를 들었다. 그는 바다에 대한 지식이 풍부한 파이아케스 사람들에게 말했다.

— 파이아케스 사람들의 지도자들과 족장들이여 내 말을 들으시오. 그리고 데모도코스여 잠시 연주 소리를 그쳐 주시오. 그대가 노래하는 것이 모든 사람들의 마음에 다 흡족한 것은 아니라오. 우리가 식사를 마치고 음유시인이 노래를 하기 시작하면서부터 우리들의 손님은 끊임없이 견디기 힘든 슬픔에 빠져 있고, 고통이 그의 심장을 찌른다오. 그러니 데모도코스는 우리와 우리 손님 모두 만족할 수 있도록 노래를 그만하도록 하시오. 이것이 훨씬 더 나을 듯 하구려. 우린 우리의 귀한 손님의 귀환과 그를 좋아하기 때문에 그에게 준 우정의 선물들을 준비한 것이 아니겠소.

손님인 그대는 아직 영혼 속에 동정심을 가지고 있는 모든 사람들에게 형제라오. 그러하니 이방인이여 내가 그대에게 묻는 모든 것에 대해 내게 아무 것도 숨기지 마시오. 왜냐하면 그대가 진실되게 말하는 것이 옳은 것이니 말이오. 그대의 어머니와 아버지의 이름은 어떻게 되며 고향에 살고 있는 사람들과 그대의 이웃은 누구요. 사실 사람들 가운데 비겁하거나 혹은 유명하건 간에 태어나면서 이름을 갖지 않은 사람은 없다오. 우리를 낳은 부모들은 우리 모두에게 이름을 지어 주었소. 또 우리의 배가 그대를 고향으로 데려다 줄 수 있게 내게 그대의 고향과 그대의 종족, 그리고 그대의 마을에 대해 말해주시오. 왜냐하면 우리 배는 다른 배들처럼 키잡이도 방향타도 없지만 배들은 사람들처럼 생각하며 모든 인간들의 도시와 풍요로운 지역을 알고 있으니, 두터운 안개와 구름으로 덮힌 바다에서 길을 잃거나 위험에 빠지지 않고 빠르게 바다를 항해할 수 있소.

이전에 나는 아버지인 나오시토스로부터 포세이돈이 우리가 모든 이방인들을 아무 탈 없이 안내해주었다는 이유로 인해 우리들에게 화를 냈다는 소리를 들을 적이 있다오. 그리고 파이아케스 사람들의 견고한 배는 어두운 바다를 항해하고 귀환하는 길에 파괴되고 거대한 산이 우리 도시 앞에 나타날 것이라고 말했다오. 아마도 노인네의 말대로 이러한 일들이 일어날 수도 있고 일어나지 않을 수도 있을 것이오. 그거야 신의 뜻에 맡기는 수밖에요. 그러나 그대가 방황했던 장소들과 본 나라들, 그리고 사람들이 많은 도시와 잔인하고 야만적인 사람들, 또는 적대시했거나 환대했던 사람들에 대해 말해주시오. 왜 아르고스 사람들과 다나오스 사람들, 그리고 일리오스의 운명에 대한 노래를 들으면서 울었는지 말해주시오. 사람들이 미래에 노래거리가 되도록 하기 위해 신들 스스로 이러한 일들이 발생하게 했으며 수많은 전사들의 죽음을 원했소. 그대의 부모들 중 한 사람이 일리오스 앞에서 죽임을 당한 것이오? 친 혈족 다음으로 가장 소중한 사람들인 그대의 사위 혹은 장인이 죽은 것이오? 아니면 친근한 동료였던 것이오? 그렇지 않으면 형제와도 다름없는 현명한 동료였던 것이오?

키클롭스에게서 빠져 나온 이야기를 하는 오디세우스

오디세우스는 자신의 이야기를 하기 시작한다. 트로이 함락 이후, 그는 키코네스들과 싸웠고 로토파즈의 망각의 땅에서 도망쳤으며 키클로페스인 폴리페모스를 장님으로 만들어 이로 인해 포세이돈의 분노를 샀다.

노련한 오디세이가 그에게 대답하며 다음과 같이 말했다.

— 모든 사람들 중 가장 유명한 알키노스 왕이시여. 신의 목소리와도 견줄 수 있는 음유시인의 노래를 듣는다는 것은 매우 기쁜 일입니다. 나는 그 어느 것도 이보다 더 좋을 수는 없다고 생각합니다. 모든 시민들은 기쁨에 차 있고 그대의 거처에서 지위에 따라 앉아 있는 그대의 측근들은 음유시인의 노래를 듣는군요. 그리고 식탁은 빵과 고기로 넘쳐나고, 술 따르는 자는 술을 섞는 항아리에서 술을 꺼내와 잔을 채우고 나누어줍니다. 이러한 모습을 보고 있는 나는 영혼 속에 감미로움을 느끼게 됩니다. 그러나 그대는 내가 나의 비통한 고통에 대해 말하길 원하고 있으니 그저 괴로울 뿐입니다. 내가 무엇부터 말을 해야 할까요? 어떻게 이야기를 지속하고 어떻게 끝을 내야 합니까? 왜냐하면 하늘의 신들은 내게 셀 수도 없는 많은 고통을 주었으니까요. 이제 나는 그대가 나의 고통을 알고 치명적인 죽음을 피해, 아주 멀리 떨어진 곳에 살고 있음에도 불구하고 그대의 손님이 된 나를 알 수 있게 하기 위해 나의 이름부터 말하려고 합니다.

나는 라에르테스의 아들 오디세우스이며 모든 사람들이 소문을 통해 나를 알고 있으며 나의 명성은 하늘까지 널리 알려져 있답니다. 나는 바람으로 인해 쓰러진 나무들이 있는 네리톤 산이 있는 아주 유명한 이타케에 살고 있습니다. 그리고 주위에는 둘리키온, 사메, 그리고 숲으로 덮혀 있는 자킨토스와 같은 많은 섬들이 있죠. 이타케는 육지에서 가장 멀리 떨어져 있으며 밤의 건너편에 있는 바다에서 생겨났습니다. 그러나 다른 섬들은 새벽의 에오스와 해인 헬리오스 쪽에 있습니다. 이타케는 척박하지만 젊은이들의 좋은 유모이며 나에게 있어서는 그 어느 곳 보다도 명상하기에 제일 적합한 장소입니다. 분명 고결한 여신인 칼립소는 나를 남편으로 삼길 원하면서 그의 깊은 동굴 속에 나를 잡아두었습니다. 교활하기 짝이 없는 키르케 역시 나를 남편으로 맞이하길 원하여 아이아이아 섬에 있는 자신의 거처에 잡아두었습니다. 그러나 그녀들은 아무리 이국땅의 부유하고 풍족한 왕궁에 살고 있다 해도 멀리 떨어져 있는 조국과 부모를 그 무엇보다 그리는 나의 마음을 설득하지는 못했습니다. 이제부터 나는 제우스신께서 트로이아에서 출발한 나의 앞길에 준비해두었던 험난하고 비통한 나의 귀환 길에 대해 이야기하려 합니다.

일리오스에서 바람은 나를 이스마로스에 살고 있는 키코네스인들에게 데려다 주었습니다. 그곳에서 나는 도시를 약탈하고 주민들을 죽였습니다. 빼앗은 많은 노획물과 납치한 여자들을 모두에게 나누어 주었는데 어느 누구도 나로 인해 자기 몫을 빼앗기지 않았습니다. 나는 그곳에서 빠른 발로 도망갈 것을 명령하였지만 무례하고 오만한 자들이 내 말에 복종하지 않았답니다. 그들은 술을 너무 많이 마셨고 바닷가에서 암양들과 유연한 다리를 가진 검은 소들을 죽였습니다.

그러는 동안 마을에서 도망을 친 키코네스인들이 영토 내륙에 살고 있던 이웃에 사는 다른 키코네스 사람들에게 도움을 청했습니다. 그들은 수적으로 많았고 용감했으며 필요하다면 발을 땅에 붙이고 싸우는 것만큼이나 전차를 타고 싸우는데도 능숙하였죠. 이들은 아침 경에 공격해 왔는데 마치 봄에 피고 나는 꽃들과 잎사귀처럼 그 수가 많았습니다. 제우스는 우리에게 수많은 고통을 겪게 하기 위한 불행한 운명을 내렸고 이들은 우리의 빠른 배 근처에서 우리를 공격해 왔는데 양쪽 진영은 청동 창으로 서로를 무섭게 위협했습니다. 싸움은 아침까지 계속되었고 성스러운 빛이 점차 발하기 시작하였을 때 비록 그들의 수적인 우세에도 불구하고 우리는 버티며 그들을 막았습니다. 그러나 헬리오스가 소들을 풀어줄 순간을 나타냈을 때, 키코네스 사람들은 아카이아인들을 물리쳤고 좋은 각반을 찬 나의 동료들 중 여섯 명이 돛대에 깔려 죽었고 다른 이들은 죽음과 운명에게서 빠져나왔답니다.

그리고 우린 한편으론 우리의 아끼는 동료들을 잃은 마음에 실의에 빠졌고 또 다른 한편으로는 죽음으로 벗어났다는 것에 대해 기뻐하며 그곳에서 멀리 항해를 하였습니다. 그렇지만 그렇게 멀리 떨어져 있지 않던 나의 양쪽 함대에 타고 있던 나의 동료들을 세 번이나 불렀지만 이들은 키로네스인들에 의해 해변가에서 죽임을 당했답니다. 먹구름을 부른 제우스는 북풍인 보레아스 바람과 커다란 폭풍을 불러 일으켰고 먹구름으로 육지와 바다를 덮었으며 밤이 하늘에 찾아왔습니다. 배들은 항로를 이탈하였고 바람의 힘은 돛을 세 갈래 네 갈래로 갈갈히 찢어놓았죠. 그리고 죽음을 두려워한 우리는 배안에서 돛대를 꽉 잡았습니다.

온갖 힘을 내어 해변가로 배를 몰고 간 우리는 이틀 밤 낮 동안 피곤과 고통으로 인해 신음하며 지냈습니다. 그러나 아름다운 머릿결을 가진 에오스가 돛대를 세우고 흰 돛을 펄럭이게 하며 세 번째 날을 인도하였을 때 우린 갑판에 앉아 있었고 바람과 키잡이들이 우리를 인도하였으며 나는 바다와 말레아 岬(갑)의 조류, 그리고 북풍의 보레아스가 키테라 쪽으로 분다면 조국의 땅에 무사히 도착할 줄 알았습니다. 우린 9일 동안 험난한 바다 위에서 역풍과 싸워야 했죠. 그리고 10일 째 되던 날 우린 꽃을 먹고 사는 로토파고이 사람들의 땅에 도착하였습니다. 그곳에서 해변가에 올라 물을 마신 나의 동료들은 배 근처에서 식사를 하였습니다. 그리고 나는 동료들 중 두 명과 전령을 골라 이 땅에 살고 있는 사람들이 어떤 사람들인지 알아보기 위해 이들을 보냈습니다.

나의 명령을 받고 떠났던 그들은 로토파고이 사람들을 만났고 이 사람들은 그들에게 어떠한 해도 끼치지 않았으며 오히려 먹을 수 있는 로토스를 제공해 주었습니다. 그리고 부드러운 로토스를 먹은 이들은 자신들의 임무도 또 귀환하는 것도 모두 잊어 버렸고, 망각에 쌓인 채 이들은 포토파고이 사람들과 머무르며 로토스를 먹길 원했습니다. 이들의 눈물에도 불구하고 이들을 배로 데려온 나는 속이 파인 배에 묶은 후 나의 사랑하는 동료들이 로토스를 먹음으로써 고향으로 돌아가는 것을 잊어버릴까 두려워 어서 배에 빨리 오르라고 종용했습니다.

그리고 이들은 배에 올라 자신들의 정해진 노 젓는 자리에 앉아 흰 바다를 노로 쳤고 비통한 심정으로 항해를 계속했습니다.

그리고 우리는 법도 없이 영원불멸의 존재인 신들의 보호를 믿으며 아무런 일도 하지 않는 거만한 키클로페스인들의 땅에 도착했습니다. 이곳은 씨를 뿌리지도 않고 재배하지도 않는데도 모든 식물들이 그들을 위해 스스로 자라고 있었습니다. 그리고 포도송이를 맺어 이들에게 포도주를 제공해주는 포도나무와 밀과 보리는 제우스의 비를 맞으며 무럭무럭 자라나고 있었습니다. 회의장도 이들에게는 전혀 없었으며 풍습 또한 알려지지 않았습니다. 그리고 이들은 높은 산속에 있는 깊은 동굴 속에서 살고 있었으며 이들 각자는 아내와 아이들을 거느리고 있었고 다른 이들에 대해 전혀 걱정할 것이 없이 살고 있었습니다.

키클로페스족의 땅으로부터 그리 멀지도 가깝지도 않은 항구 앞에 조그마한 섬이 있었습니다. 이 섬은 숲으로 덮혀 있었는데 야생 염소들이 매우 많이 살고 있었죠. 그리고 사람들의 존재는 이 염소들에게 전혀 공포의 대상이 되지 않았는데 그 이유는 숲에서 고통을 견디고 산 정상에서 피곤함을 견디는 사냥꾼들은 이 섬에 결코 오지 않았으니까요. 이곳에서는 가축 떼를 키울 수도 없고 아무 것도 재배할 수가 없습니다. 이 섬에는 파종도 하지 않고 경작도 하지 않았고 주민들은 없고 다만 우는 염소들만이 살았죠.

사실, 키클로페스족들은 붉은 색으로 칠한 배도 전혀 소유하고 있지 않으며 사람들이 사는 도시로 이동하기 위해 노를 젓는 배를 만드는 기술도 가지고 있지 않았습니다. 만일 그랬다면 배를 타고 바다를 건너 서로가 왕래하여 이 섬에 살러 올 수 있었을텐데 말이죠. 이 섬이 불모지는 아니며 계절에 따라 많은 것들을 생산할 수가 있었는데 흰 바닷가 근처에는 빗물에 젖은 부드러운 평야가 있어 이곳에는 포도나무가 풍성하게 자라며 이 땅에서 수확을 쉽게 할 수 있으니 그 이유는 토양이 매우 기름지기 때문이랍니다. 항구는 견고하여 줄이나 닻을 내릴 필요도 없고 밧줄을 묶을 필요가 없습니다. 그리고 선원들은 이 섬에서 바람을 기다리면서 자신이 원하는 만큼 머물 수 있습니다. 항구 안쪽에는 맑은 샘물이 동굴 밑으로 흐르고 있고 주위에는 오리나무가 자라고 있죠.

바로 이곳에 우리가 밀려 도착한 것인데 신은 우리들을 캄캄한 밤 동안 이곳으로 안내했습니다. 왜냐하면 우린 앞을 전혀 볼 수가 없었으니까요. 그리고 두꺼운 안개가 배를 둘러쌓고 달빛은 구름에 쌓인 채 하늘에서 빛을 전혀 밝히지 않았습니다. 그리고 우리들 중 그 누구도 눈으로 섬을 볼 수 없었고 우리의 노를 젓는 배가 이곳에 도달하기 전까지 강가쪽으로 흐르는 거대한 물결도 볼 수 없었답니다. 우린 모든 돛을 묶고 바다로부터 강으로 내려간 후 잠이 들었고 에오스 신을(아침을) 기다렸습니다.

아침에 태어난 장미 빛 손가락을 가진 에오스가 나타났고 우린 이 섬을 두루 돌아다녔습니다. 그리고 성격이 불같은 제우스의 딸들인 요정들이 산에 살고 있는 염소들을 일어나게 했는데 내 동료들이 식사를 할 수 있게 하기 위해서였습니다. 그리고 우리는 배에서 구부러진 활들과 청동으로 만든 긴 날카로운 창을 가져와 세 그룹으로 나눠 우리의 무기를 사용하였고 신은 우리에게 풍성한 사냥감을 주셨습니다.

12척의 배가 나를 따랐으며 각 배에는 9마리의 염소를 싣고 내 배에는 10마리를 실었습니다. 하루가 가고 헬리오스가 추락할 때까지(저녁이 될 때까지) 우린 앉아서 풍요로운 고기를 먹었고 붉은 포도주를 마셨습니다. 그렇게 하고도 키코네스인들의 성스러운 도시에서 약탈했던 많은 항아리들이 남아있었죠. 그리고 우린 가까이에 있는 키클로페스인들의 영토에서 연기가 나는 것을 보았고 그들의 목소리와 숫양과 염소들의 울음소리를 들었습니다. 해가 지고 밤이 왔을 때, 우린 바닷가 해안에서 잠이 들었죠. 그리고 아침에 태어난 장밋빛 손가락을 가진 에오스가 나타났을 때, 나는 내 모든 동료들에게 말했습니다.

— 친애하는 내 동료들이여, 이곳에 잠시 머물고 있게나. 나의 배와 선원들을 데리고 내가 저들이 어떤 사람들인지 알아보고 오겠네. 무례하고 오만한 자들인지, 야만적이고 부당한 자들인지, 아니면 친절하고 신을 두려워하는 자들인지 말일세.

이렇게 말하고 나는 배에 올라 내 동료들에게 배에 오르고 줄을 풀라고 명령했습니다. 이들은 배에 타 노 젓는 자신들의 자리로 가 앉아 흰 바다를 노를 저어갔습니다.

우리가 다음 육지에 도착했을 때, 멀리 끝 쪽, 바다 근처에 월계수들로 그늘이 우거진 높은 동굴을 보았습니다. 그리고 그곳에는 많은 숫 양떼와 염소 떼들이 휴식을 취하고 있었죠.

근처에는 재단된 돌로 된 포장도로가 있었는데 커다란 소나무와 잎이 무성한 높은 떡갈나무들로 둘러싸여 있었습니다. 그곳에는 모든 것에서부터 멀리 떨어져 혼자 살고 있는 거인이 살고 있었는데 그는 그의 가축 떼들을 키우며 다른 이들과는 전혀 어울리지 않고 사악한 짓을 하며 살고 있었습니다. 그것은 빵을 먹는 사람 같지가 않고 다른 산꼭대기들 한 가운에 홀로 서 있는 높은 산의 꼭대기에 사는 놀라운 괴물이었죠.

나는 내 친애하는 동료들에게 배 근처에 있으면서 배를 돌보고 있으라고 명령했습니다. 그리고 나는 용감한 동료들 중 12명을 골라 염소가죽으로 만든 가죽 부대에 아폴론의 제사장인 에우안테스의 아들이자 이스마로스에 살고 있던 마론이 존경심으로 인해 그의 아내와 자식들을 우리가 살려주었기 때문에 나에게 주었던 검은 부드러운 포도주를 가득 채우고 떠났습니다. 그는 포이보스 아폴론의 성스러운 숲에 살고 있었습니다.그는 내게 아름다운 선물들을 주었는데 정성들여 만든 일곱 개의 황금 탈렌트와 순은으로 만든 큰 잔과 12개의 큰 항아리 안에 순수하고 정결한 부드러운 포도주를 담았는데 이 포도주는 거처에 있는 남녀시종들도 알지 못하고 오로지 그와 그의 아내 그리고 집사만이 알고 있는 것이었습니다.

이 부드러운 붉은 포도주를 마실 때마다 꽉 채워진 잔에다가 물 20 되를 섞었고 그의 향기가 아직도 잔에 남아 있어 거절한다는 것은 정말 힘든 일이었지요. 그리고 나는 이 포도주가 가득한 가죽부대와 함께 가방에는 식량을 넣었는데 왜냐하면 나의 용맹한 영혼은 강한 힘과 야성을 지니고 정의도 법도 알지 못하는 이 거인에게 다가가도록 나를 부추였기 때문이었습니다.

우리는 거인이 알아채지 못하도록 재빨리 그가 사는 동굴로 숨어들었는데 왜냐하면 그는 기름진 목장에서 가축 떼를 돌보고 있었기 때문이었습니다. 우린 그곳으로 들어가 그곳에서 본 모든 것에 대해 경이로움을 감출 수가 없었습니다. 울타리 안에는 치즈가 가득 있었고 외양간에는 양들과 새끼염소들이 가득했는데 새끼 염소들은 가장 어린 것들이 한쪽 구석에 있었고 다른 구석에는 새로 태어난 염소들로 질서정연하게 자리를 잡고 있었으며 모든 항아리에는 젖이 가득했는데 乳脂(유지)가 우유 위에 떠다니고 있었습니다. 내 동료들은 내게 치즈와 함께 양떼와 새끼 염소들을 외양간 밖으로 몰고 가 우리의 배로 몰고 가 바다에서 벗어나자고 간청했죠. 나는 그렇게 하고 싶은 생각이 조금도 없었는데 그렇게 했더라면 가장 현명한 결정이었을 것입니다. 그러나 나는 그가 내게 호의의 선물을 줄 수 있도록 하기 위해 그 남자를 보긴 원했습니다. 물론 그의 외모는 내 동료들에게 호의적으로 보이지 않겠지만 말이죠.

우린 불을 다시 지피고 치즈를 먹으며 앉아서 그를 기다렸습니다. 그가 목장으로 돌아왔을 때, 그는 식사를 준비하기 위해 거대한 마른 나무더미를 짊어지고 와 그것을 동굴 입구에 던져놓았는데 엄청나게 큰 소리가 났습니다. 우린 동굴 깊숙한 곳으로 몸을 숨겼죠. 그는 숫양들과 숫염소들을 밖에 있는 높이 쳐진 울타리 안에 놔둔 채 자신이 기르고 있는 살찐 가축 떼 전부를 거대한 동굴 안으로 몰아넣었습니다. 그런 후 거대한 돌덩이를 번쩍 들었는데 그 돌은 네 바퀴가 달린 마차의 22대의 무게와 비슷하였죠. 도저히 옮길 수 없을 거라 생각했지만 그는 이 거대한 돌을 번쩍 들어 문 앞에 내려놓았습니다. 그리고 앉아서 암양들과 암 염소의 젖을 짜기 시작했는데, 젖꼭지 밑에다 새끼들을 물렸습니다. 그리고 엮어서 만든 바구니 안에 넣은 흰 우유의 절반을 응결시키고 식사를 하면서 마시기 위해 항아리에다 나머지 우유 반을 부었습니다. 서둘러 모든 작업을 끝낸 후, 그는 불을 지폈는데 우리를 발견하고는 다음과 같이 말했죠.

— 오 이방인들이여? 그대들은 누구인가? 바다 너머 어디에서 왔는가? 무역을 위해서인가, 아니면 위험 속으로 영혼을 내던지고 다른 사람들에게 재앙을 가져다주며 바다를 항해하는 해적들처럼 목적 없이 방황을 하는 것인가?

그가 이렇게 말하자, 우리들의 마음은 괴물의 목소리와 시선으로 인해 공포에 사로잡히게 되었습니다. 그러나 나는 그에게 이렇게 대답했죠.

— 우린 트로이아에서 온 아카이아 사람들이며 우리 모두는 바다의 거대한 파도를 몰고 온 바람으로 인해 방황하며 미지의 여정을 통해 우리의 거처를 찾고 있습니다. 왜냐하면 제우스가 그것을 원했으니까요. 그리고 우린 아가멤논의 전사들이 된 것을 영광으로 여기고 있으니 영광은 하늘 아래에서 가장 위대한 것이니까요. 사실 그는 거대한 도시를 황폐화시켰고 많은 사람들을 굴복시켰습니다. 그리고 우린 그대 앞에 무릎을 꿇고 간청하오니 그대가 우리를 환대해주고 관습처럼 손님들에게 주는 선물을 주길 바랍니다. 오 훌륭하신 분이여. 신들을 존경하시오. 왜냐하면 우린 그대의 탄원자들이며 제우스는 진정한 손님으로서 맞아 줄만한 자격이 있는 탄원자와 이방인들의 보호자이니까요.

내가 이렇게 말하자 그는 사나운 기세로 대답 했습니다.

— 이방인이여, 너는 매우 무례하구나. 멀리서 온 네가 내게

신들을 두려워하고 그들에게 복종하라고 명령하는 것인가. 키클로페스인들은 성격이 사나운 제우스나 행복한 신들 그 누구에 대해 전혀 걱정하지 않으니, 우리가 그들보다 더 강하기 때문이다. 제우스의 분노를 피하기 위해 나는 너나 네 동료들을 너그럽게 봐주지 않을 것이다. 적어도 내 영혼이 내게 그렇게 하도록 명령하기까지는 말이지. 이곳으로 오기 위해 잘 만들어진 너의 배를 어디에다 두었는지 내게 말을 하라. 이곳에서 먼가 아니면 가까운가? 나는 그것을 알아야겠어.

그는 나를 부추기며 이렇게 말했습니다. 그렇지만 그는 나를 속일 수가 없었으니 왜냐하면 나는 많은 것을 알고 있었기 때문이었습니다. 나는 그에게 다음과 같이 거짓말을 했죠.

— 땅을 뒤흔드는 포세이돈이 그대의 땅 끝에 있는 岬(갑)에 있는 바위에다 나의 배를 부딪치게 하여 파괴되었고 바람은 내 배를 바다 밖으로 내던져버렸으며 나는 간신히 죽음에서 벗어났습니다.

내가 이렇게 말하자, 그는 내게 아무런 말도 하지 않았습니다. 그리고 내게 달려들면서 내 동료들을 향해 손을 뻗었고 일행 중 두 사람을 잡고 조그만 개처럼 땅바닥에다 짓이겼습니다. 그러자 뇌가 튀어나와 땅바닥에 흘렀죠. 그리고 사지를 자르더니 식사 준비를 했습니다.

그리고 산속에 살고 있는 사자처럼 그들을 먹었는데 내장, 뼈, 수골조차도 남기지 않았습니다. 우린 신음을 하며 우리의 영혼이 파괴될 것이라는 절망감으로 이 끔찍한 괴물 앞에서 제우스를 향해 손을 들었습니다.

키클롭스는 인간의 육신을 먹고 물을 타지 않은 우유를 마시며 그의 거대한 배를 채우고 난 후, 동굴 한 가운데에 가축들 틈에서 길게 늘어져 잠을 잤습니다. 나는 고결한 마음속으로 칼집에서 날카로운 칼을 뽑아들고 그에게 달려들어 횡경막들이 간을 둘러 싸고 있는 그의 가슴을 칼로 찌르길 원하였습니다. 그러나 또 다른 생각이 나를 붙잡았죠. 그가 높은 입구 앞에 놓아두었던 무거운 바위를 우리들의 손으로 움직일 수가 없었기 때문에 내가 그렇게 한다면 우린 똑같이 끔찍한 죽음을 맞이할 수밖에 없을 것이라는 생각이었습니다. 이런 이유 때문에 우린 신음소리를 내며 아침의 여신 에오스를 기다렸습니다.

아침에 태어난 장밋빛 손가락을 가진 에오스가 나타나자, 그는 불을 지피고 그의 가축들의 젖을 짜기 시작했습니다. 그리고 새끼들을 어미 젖꼭지 밑에 두었죠. 급하게 이 일을 모두 끝내고 난 뒤, 그는 또 다시 내 동료들 중 두 명을 잡아 식사를 준비했습니다. 내 동료들을 먹고 난 후 커다란 돌을 전혀 아무렇지도 않게 치우더니 그의 살찐 가축들을 동굴 밖으로 내보냈죠. 그리고는 화살통의 뚜껑처럼 다시 바위를 제자리로 옮겼습니다. 그리고 산으로 그의 살찐 가축 떼를 시끄러운 소리를 내며 이끌고 갔습니다.

나는 괴물의 끔찍한 행동에 대해 깊이 생각하면서 어떻게 하면 복수를 할 수 있고 아테네여신이 나의 소원을 들어줄 수 있는지 그 방법을 찾으려고 했습니다. 순간 나에게 아주 좋은 생각이 떠올랐죠. 키클롭스의 거대한 몽둥이가 담장 한가운데 있었는데 그것은 말랐을 때 들고 다니기 위해 괴물이 잘라두었던 녹색의 올리브나무로 되어 있었죠. 이 몽둥이는 거대한 파도를 헤쳐 나가는 20척의 배에 장착되어 있는 돛대 같았는데 길이와 두께가 정말 엄청났습니다. 나는 이것을 두 팔을 벌린 길이만큼 잘라 내 동료들에게 주고 이것을 네모나게 자르라고 지시했죠. 동료들이 네모나게 자른 이 나무를 나는 끝이 뾰족한 창처럼 다듬었고 이를 단단하게 하기 위해 훨훨 타오르는 불 속에 달궜습니다. 그리고 이것을 모든 동굴 속에 쌓여져 있는 퇴비 속에다 감추고 키클롭스가 깊은 잠에 빠졌을 때 나와 함께 이 뾰족하게 다듬은 나무를 들어 올려 괴물의 눈을 찌를 사람을 고르기 위해 내 동료들에게 제비뽑기를 시켰습니다. 동료들은 제비뽑기를 하였고 내가 원했던 사람들이 뽑혔습니다. 그들은 네 명이었고 나는 그들이 나를 선택함으로써 5번째가 되었죠.

그날 저녁, 키클롭스가 목초지에서 가축 떼를 몰고 돌아왔습니다. 그리고 가축 떼 전부를 거대한 동굴 안으로 몰아놓고 믿지 못해서인지 아니면 신이 그것을 원해서 인지는 모르지만 울타리 안에는 아무 것도 남겨놓지 않았습니다. 그리고 그는 입구 앞에 거대한 돌을 놓고 앉아서 암양과 암염소의 젖을 짜기 시작했죠. 그런 후 새끼들을 어미 젖꼭지 밑에 두고는 이 모든 일을 서둘러 끝내고 또 다시 내 동료들 중 두 명을 잡아 식사 준비를 했습니다. 나는 손에 검은 포도주 잔을 들고 키클롭스에게 다가가 말했죠.

— 키클롭스여. 어떤 음료가 내 배에 실려 있는지 알기 위해 인간의 몸을 먹은 후에 이 포도주를 마시길 바랍니다. 그대에게 새로운 음료수를 가져다줄테니 만일 그대가 나를 가엾이 여긴다면 나를 나의 고향으로 돌려보내주시오. 더 이상 봐주지 못할 정도로 그대의 광란은 참을 수가 없구려. 무례한 자여. 수많은 인간들 중에 그 누가 그대에게 다가오겠소? 그대의 행동이 공정하지 않으니 말이오.

내가 이렇게 말하자, 그는 기뻐하며 잔을 비웠습니다. 그리고 감미로운 음료수를 마시고 난 후 그는 내게 다시 요구했죠.

— 친구여, 나에게 음료수를 더 주게. 그리고 그대가 기뻐할 수 있도록 그대에게 호의의 선물을 줄테니 너의 이름을 내게 말해 주게. 풍요로운 대지 또한 키클로페스족에게 부드러운 포도주를 제공하고 제우스의 비는 우리의 포도를 자라게 한다네. 그리고 이것은 신들의 음료와 양식으로 만든 것 같구나.

그는 이렇게 말했고 나는 다시 그에게 이 강렬한 이 포도주를 주었습니다. 나는 포도주를 그에게 세 번 주었고 그는 정신이 혼미한 상태로 세 번을 다 마셨죠. 포도주가 그의 정신을 혼미하게 하자마자 나는 달콤한 말로 그에게 말했습니다.

— 키클롭스여. 그대는 내게 나의 유명한 이름을 물었습니다. 내가 그대에게 내 이름을 말하겠으니 그대가 내게 약속한 호의적인 선물을 주길 바랍니다. 내 이름은 무인(無人)입니다. 내 아버지와 어머니 그리고 나의 모든 동료들이 나를 무인(無人)이라고 부릅니다.

내가 이렇게 말하자 사나운 그는 내게 이렇게 대답했죠.

— 나는 무인의 동료들을 모두 먹은 후에 맨 마지막으로 무인을 먹을 것이다. 이것이 내가 그대에게 주는 호의적인 선물이 될 것이야.

그는 이렇게 말하고 뒤로 자빠지더니 그의 거대한 목을 굽히고 누웠고 깊은 잠에 빠져들었는데, 그의 목으로부터 사람의 살 조각과 포도주가 쏟아져 나왔습니다. 포도주를 많이 마신 그는 그렇게 구토를 했고, 나는 뾰족한 창을 달구기 위해 잿더미 속에 넣었습니다. 나는 공포에 질린 동료들이 나를 버려둘까봐 그들을 안심시켰죠. 아직 푸른 색이었던 뾰족하게 만든 올리브 나뭇가지는 불 속에서 벌겋게 익었고 불이 훨훨 타고 있었기 때문에 나는 그것을 불 속에서 꺼냈죠. 그리고 내 동료들이 내 주위에 있었고 어떤 신이 우리에게 커다란 용기를 불어넣었습니다.

끝이 뾰족해진 올리버 나무를 잡고 동료들은 키클롭스의 눈을 깊게 찔렀고 나는 마치 배를 만드는 사람이 송곳으로 나무의 구멍을 뚫듯 나무를 돌렸습니다. 내 동료들이 올리버 나무를 가죽 끈으로 양쪽을 잡고 있는 동안 쉬지 않고 그것을 돌렸죠. 우린 그의 눈에 불이 훨훨 타고 있는 창을 찔러 돌렸습니다.

그러자 그의 눈에서 뜨거운 피가 솟구치고 활활 타고 있는 동공에서 나오는 불길로 인해 그의 눈썹과 속눈썹에 불을 붙었죠. 마치 대장장이가 거대한 도끼나 손도끼를 차가운 물에 넣었을 때처럼 그의 눈 뿌리에서 지지직 소리가 났습니다. 올리버 나무로 만든 뾰족한 창에 찔린 그의 눈에서 귀청을 찢는 듯한 소리가 났고 그는 끔찍한 소리를 질렀으며 그 소리에 바위들이 울렸습니다. 우린 너무도 무서워 도망을 쳤고 그는 많은 피가 흐르고 있는 창에 찔린 눈을 매우 고통스러워하며 뽑아 버리고는 큰 목소리로 근처 동굴에 살고 있는 다른 키클로페스들을 불렀습니다. 그의 목소리를 들은 키클로페스들이 사방에서 달려왔고 동굴 주위에 서서 왜 그가 그렇게 소리를 질렀는지를 물었습니다.

— 폴리페모스. 너는 왜 이처럼 조용한 밤에 소리를 질러 우리를 깨웠는가? 너는 고통스러워 하고 있는가? 어떤 인간이 너의 염소들을 훔쳐갔는가? 누군가가 너를 힘이나 속임수를 써서 죽이려고 하는가?

그러자 건장한 폴리페모스가 동굴 깊숙한 곳에서 그들에게 대답 했습니다.

— 오 친구들이여. 누가 힘이 아니라 속임수로 나를 죽이려 했냐구? 무인이라네.

그러자 그들이 가시 돋친 말투로 그에게 대답 했습니다.

— 물론 그렇지. 아무도 너에게 해를 끼칠 수는 없지 왜냐하면 너는 혼자이니까 말이야. 그 누구도 위대한 제우스가 가지고 오는 불행에서 벗어날 수는 없지. 너의 아버지인 포세이돈 왕에게 간청을 해보지.

그들은 내가 거인에게 거짓으로 말했던 무인이라는 소리를 〈그 누구도〉라는 뜻으로 받아들였고 그의 거만한 말투에 기분이 상해 이렇게 말하고는 가버렸습니다. 나는 나의 훌륭한 속임수와 더불어 나의 이름이 그들을 속였다는 생각에 속으로 웃었죠.

너무도 고통스러워 신음소리를 내던 키클롭스는 손으로 더듬으면서 문 앞에 있던 바위를 들어 그 위에 앉고는 양들과 함께 도망가려는 우리들 중에 아무나 잡기 위해 손을 뻗었습니다. 그는 내가 미쳤다고 생각을 했지만, 나는 내 동료들을 구하고 나 스스로를 죽음에서 벗어나기 위해 해야 할 가장 좋은 방법을 생각해 낸 것이었습니다. 내가 이런 속임수와 계획을 짠 것은 어디까지나 목숨이 달려 있는 문제였고 심각한 위험이 우리를 위협했기 때문이었습니다. 내 생각에는 이 계획이 가장 좋은 것이라 여겼습니다.

숫양들은 힘이 세고 털이 많았으며 잘 생겼고 덩치도 컸는데 제비꽃 색깔의 털을 가지고 있었습니다. 나는 무섭고 포악스런 키클롭스가 위에 잠들어 있던 비틀린 버들가지로 그것들을 세 마리씩 묶었습니다. 그리고 이들 한 가운데에 있는 숫양에게 동료한 사람씩을 싣게 하고 다른 양쪽 두 마리에는 내 동료들을 숨겼습니다. 나는 숫양들 중 제일 덩치가 큰 숫양 배 밑으로 들어가 침착하게 그의 두터운 털로 쌓인 등을 두 손으로 꽉 잡았죠. 그리고 우린 신음 소리를 내며 아침의 신인 에오스가 오기를 기다렸습니다.

아침에 태어난 장밋빛 손가락을 지닌 에오스가 나타나자, 키클롭스는 목장에 있는 가축 떼들 중 수컷들을 몰고 나타났습니다. 암컷들은 외양간에 있었는데 왜냐하면 키클롭스는 젖을 짤 수 없었고 그들의 유방이 무거웠기 때문이었죠. 키클롭스는 고통스러워하며 자기 앞으로 지나가는 모든 숫양들의 등을 더듬었습니다. 그렇지만 내 동료들이 털이 북실한 숫양들의 배 밑에 숨어 있었기 때문에 전혀 알아차릴 수가 없었죠. 나를 운반하던 덩치가 세일 큰 숫양이 미지막으로 우리에서 나왔는데 그러는 동안 내 머릿속에는 수천가지 생각이 스쳐 지나갔습니다. 끔찍스런 폴리페모스가 그 숫양을 더듬으며 이렇게 말했죠.

— 이 게으른 숫양아. 너는 왜 우리에 있던 모든 가축들 중에서 제일 마지막으로 나오는 것이냐? 이전에는 네 녀석이 다른 양들보다 뒤쳐져 있던 적이 한 번도 없었고 늘 맨 처음으로풀 속에 있는 부드러운 꽃들을 먹었고, 저녁이 되면 제일 먼저 우리로 돌아오지 않았느냐. 그런데 지금은 네 녀석이 제일 마지막이구나. 못된 인간이 미천한 동료들의 도움을 받아 포도주로 나의 정신을 잃게 한 후 너의 주인인 나의 눈을 뽑은 것에 대해 아쉬워하는 것이냐? 무인이라는 그 놈은 결코 죽음으로부터 벗어날 수 없을 것이야. 내 힘으로부터 벗어날 수 있는 곳이 어디인지 네 녀석이 내게 말하는 소리를 들을 수 있도록 신에게 간청해야 하겠구나! 이제 곧 짓이겨진 그 놈의 腦漿(뇌장)들이 동굴 이쪽 저쪽에서 흘러나오고 그렇게 되면 이 미천한 무인이라는 놈이 내게 저지른

죄로부터 나의 마음이 위로 받을 수 있을 것이야!

이렇게 말을 한 키클롭스는 숫양이 나가도록 놔두었습니다. 동굴과 울타리 공간으로부터 멀어지자마자, 나는 첫 번째로 숫양에서 떨어져 나와 내 동료들을 풀어주었습니다. 그리고 우린 지방이 많은 가축 떼들을 길에서 벗어나게 한 후에, 우리 배가 있는 곳까지 몰고 갔습니다. 우리의 사랑하는 동료들이 우리에게 돌아왔고 우린 적어도 죽음으로부터 벗어날 수 있었습니다. 동료들은 신음소리를 냈고 그 소리를 들은 다른 동료들을 울렸죠. 그러나 눈살을 찌푸린 나는 그들에게 울음을 그치라고 말했고 서둘러 양떼들을 배에 싣고 바다로 배를 띄우라고 명령했습니다. 동료들은 배에 올라 자신들의 자리에 앉고 파도를 헤치며 바다를 향해 힘껏 노를 저었죠. 우리가 목소리가 들릴 정도의 먼 거리를 둔 후, 나는 키클롭스에게 다음과 같은 모욕적인 말을 했습니다.

— 키클롭스여, 너는 너의 깊은 동굴 안에서 난폭하게도 용기가 없는 한 남자의 동료들을 먹지 않았느냐! 너에게 벌이 내린 것이다, 너의 거처에 든 손님들을 먹는 것을 조금도 꺼려하지 않는 이 불행한 자여! 그렇기 때문에 제우스와 다른 신들이 네게 벌을 내린 것이다.

내가 이렇게 말하자 키클롭스는 더욱 더 화를 내며 거대한 산봉우리를 뽑아들더니 그것을 던졌습니다. 산봉우리는 뱃머리 바로 앞에 떨어졌고 배 끝이 부서질 뻔 했으며 이 바위덩어리가 떨어지면서 일으킨 바닷물이 우리를 덮쳤습니다. 그리고 그로 인해 파도가 치면서 우리의 배를 강가로 다시 밀어냈고 배는 해안에 이르렀죠.

그렇지만 나는 긴 장대를 잡고 강가에서 배를 밀어내며 머리

짓으로 내 동료들에게 죽음을 벗어나기 위해 배를 흔들라고 명령했습니다. 동료들은 뱃머리를 돌렸고 우리가 두 번째로 첫 번째와 같은 거리만큼 멀어졌을 때 나는 키클롭스에게 또 말을 하려 했으나 내 동료들이 다음과 같이 간청하며 나를 말렸습니다.

— 이 무심한 자여! 왜 그대는 저 야만족의 분노를 자극하길 원하는가? 바다로 이 바위를 던져 우리 배를 육지 쪽으로 가게 했으니 하마터면 우린 큰 위험에 빠질 뻔 했지 않았은가. 그리고 그가 그대의 목소리와 소리를 듣게 된다면 그는 막강한 그의 힘을 이용해 또 다른 바위를 던져 우리의 배와 머리를 부셔버릴 걸세.

그들이 이렇게 말을 했지만 그렇다고 그들은 나의 고결한 마음을 전혀 설득하지 못했고 나는 또 다시 그에게 무례한 말을 했습니다.

— 키클롭스여! 만일 사람들 중 누군가가 네게 너의 눈을 수치스럽게 잃은 것에 대해 묻는다면, 너의 눈이 이타케에 살고 있는 라에르테스의 아들인 도시의 약탈자 오디세우스에 의해 뽑혀져 나갔다고 말을 하거라!

내가 이렇게 말하자 그는 신음하며 내게 대답했습니다.

— 오 신이시여! 사람들이 내게 했던 이전의 예언들이 이제야 일어났습니다. 예언에 있어서 모든 다른 예언자들보다 뛰어났던 키클롭스들 중 훌륭하고도 위대한 예언가였던 늙은 에우루모스의 아들인 텔레모스가 이 모든 일들이 내게 일어날 것이며 오디세우스에 의해 시력을 잃게 될 것이라고 말했죠. 그래서 나는 그가 막강한 힘을 가지고 이곳에 올 덩치가 크고 잘생긴 사람으로만 생각했습니다. 그런데 포도주로 나를 잠재운 후에 나의 눈을 앗아

간 자가 알고 보니 덩치도 작고 용기도 없는 아무 것도 아닌 인간이군요! 오디세우스여, 그대에게 호의의 선물을 줄 수 있게 여기로 오라! 내가 그대를 다시 바다로 나갈 수 있도록 땅을 뒤흔드는 절대 신에게 부탁하겠노라. 나는 그의 아들이내 아버지가 된 것을 영광되게 하며 그가 원한다면 나를 치유할 수 있을 것이니 이는 그 어떤 영원불멸의 신이나 인간도 할 수 없는 일이라오.

그가 이렇게 말하였고 나는 다음과 같이 그에게 대답했습니다.

— 내가 너에게서 영혼과 생명을 앗아가도록 신들에게 기도하며, 땅을 뒤흔들 만큼이나 강력한 힘을 가진 하데스의 거처로 간다 해도 너의 눈을 치유하지는 못할 것이다.

내가 이렇게 말을 하자 그는 별이 빛나고 있는 하늘을 향해 손을 뻗으며 포세이돈 왕에게 간청했습니다.

— 푸른빛 머릿결을 가지고 육지를 지탱하는 포세이돈이여 내 말을 들으소서! 만일 내가 그대의 아들이라면, 그리고 나의 아버지가 된 것을 그대가 자랑스럽게 생각한다면 도시의 약탈자이자 이타케에 살고 있는 라에르테스의 아들인 오디세우스가 결코 그의 조국으로 돌아가지 못하게 하소서. 그러나 만일 그의 운명이 그의 친구들과 그의 고향 땅에 잘 세워진 그의 왕국으로 돌아갈 운명이라면, 모든 그의 동료들을 잃고 난 후 그리고 낯선 배에서 고국에 도착할 때까지 고통을 받을 수 있도록 최대한 늦게 돌아갈 수 있도록 하소서!

그가 이렇게 말하자 푸른색의 머릿결을 가진 포세이돈이 그의 말을 들었습니다. 그리고 나서 그는 아주 무거운 바위를 들고 돌아서더니 막강한 힘으로 그 바위를 던졌죠. 바위가 푸른색의 뱃머리 뒤로 떨어져 방향키 끝을 살짝 비껴났고 그 충격으로 바다가 출렁거렸습니다. 그러나 이번에는 파도로 인해 배가 섬 쪽으로 밀려갔습니다. 그리고 우린 다른 배들이 있던 곳에 도착하였는데 그곳에는 우리들의 동료들이 앉아 울면서 여전히 우리들을 기다리고 있었습니다. 그곳에 도착하자마자, 우린 모래 위로 배를 끌어 올리고 바다의 해안가를 향해 내려갔습니다.

우리는 배에서 키클롭스의 가축 떼들을 몰고 나와 공평하게 나누어 가졌는데 그 누구도 자기 몫을 공평하게 갖지 않은 사람이 없었습니다. 내 동료들은 내 몫으로 가장 큰 숫 양을 주었습니다.

강가에서 모든 이들에게 명령을 내리고 검은 구름을 모으는 제우스에게 제물을 받치면서 그 양의 넓적다리를 태웠습니다. 그렇지만 제우스는 나의 제물을 전혀 받지 않았죠. 오히려 제우스는 나의 모든 선박들과 나의 사랑하는 동료들을 잃게 할 생각을 하고 있었습니다.

우린 이곳에서 해가 지고 어둠이 찾아올 때까지 휴식을 취하고 아침에 태어난 장밋빛 손가락을 지닌 에오스가 나타나자, 나는 내 동료들에게 배를 바다에 띄우고 줄을 풀라고 명령했습니다. 배를 띄우고 제자리에 앉은 후 내 동료들은 바다를 헤치며 배를 힘차게 저었습니다.

그때부터 우린 죽음을 피했다는 기쁨에도 불구하고 슬픈 마음으로 항해를 했는데 왜냐하면 우린 소중한 동료들을 잃었기 때문이었죠.

키르케와의 만남과 하데스에게로 가는 방법을 설명 듣는 오디세우스

오디세우스의 이야기가 계속된다. 아이올로스는 오디세우스와 그의 동료들을 그의 집으로 되돌려 보낸다. 그러나 일행은 아이올로스가 준비한 또 다른 모험을 하게 된다. 그리고 그들을 내쫓은 아이올로스의 집으로 되돌아가게 된다. 라이스트리고네스들은 오디세우스의 배를 제외한 모든 선박을 파괴한다. 그의 배는 키르케의 영토에 들어간다. 그녀는 오디세우스의 동료들을 돼지로 변하게 한다. 헤르메스가 준 식물 덕분에 오디세우스는 돼지로 변하지 않는다. 그는 키르케에게 그의 동료들을 다시 인간의 몸으로 되돌려달라고 부탁을 하는 상황에 처한다. 그녀는 그에게 하데스에 있는 테이레시아에게 물으러 갈 것을 충고한다.

우리는 영원불멸의 존재들인 신들에게 사랑을 받고 있는 히포타스의 아들 아이올로스가 살고 있는 아이올리아 섬에 도착했습니다. 우리가 깨뜨릴 수 없는 청동으로 된 벽이 섬 전체에 둘러쳐져 있었고 가파른 바위들이 모든 지역을 따라 경계를 이루고 있었습니다. 12명의 아이들이 아이올로스의 왕궁에서 태어났는데 6명의 딸과 6명의 아들이었죠. 그리고 그는 딸들과 아들들을 서로 결혼시켜 딸들이 아들들의 아내가 되기 했고 이들 모두는 그들의 사랑하는 아버지와 존경하는 어머니 곁에서 식사를 했는데 많은 음식들이 그들 앞에 차려졌습니다. 하루 내내, 궁과 뜰은 떠들썩했고 향기로 가득 찼으며 밤에는 모든 사람들이 아름다운 조각이 새겨진 침대와 깔개 위에서 사랑하는 아내 곁에서 잠이 들었습니다.

우리는 아름다운 집들이 있는 도시로 들어갔습니다. 한 달 동안 아이올로스는 나를 환대해 주었고 나에게 일리오스, 아르고스인들의 배 그리고 아카이아들의 귀환에 대해 물어보았습니다. 그리고 나는 그가 원하는 대로 모든 사실을 이야기해주었죠. 내가 그에게 고향으로 되돌아가기 위해 나를 떠나게 해달라고 부탁하자, 그는 전혀 거절하지 않았고 나의 귀환을 준비해 주었습니다. 그리고 그는 내게 9살이 된 황소의 가죽으로 만든 가죽 부대를 주었는데 그 안에 성질이 불같은 바람의 숨결을 넣어두었습니다. 이는 크로노스의 아들이 그가 원하는 것에 따라 바람을 불게 하기도 하고 잠재우기도 할 수 있는 능력을 주면서 그가 바람의 주인이 되도록 하였기 때문이었죠. 그리고 바람이 새어나가지 않도록 하기 위해 은으로 만든 화려한 줄로 내 배에 단단히 묶었습니다. 그런 후 배와 우리 일행들을 바다로 보내기 위해 서풍인 제피로스만을 보냈습니다. 그러나 이러한 일이 생기지 못했으니 그 이유는 우리의 광기로 인해 파멸하고 말았기 때문이었습니다.

쉬지 않고 우린 9일 밤낮을 항해했고 10일 째 되던 날 조국 땅이 나타나기 시작했으며 우린 주민들의 불을 볼 수 있었습니다. 너무도 피곤했던 나는 잠에 빠져들었죠. 나는 여전히 배의 방향키를 잡고 있었으며 고국 땅으로 최대한 신속하게 도착하기 위해 내 동료들 중 그 어느 누구에게도 방향키를 넘기지 않았습니다. 내 동료들은 내 거처로 내가 고결한 히포타스의 아들 아이롤로스가 선물로 준 황금과 은을 가져갈 것이라고 의심하며 다음과 같이 서로 수근 댔습니다.

— 신이시여! 오디세우스는 자신이 갔던 도시와 땅에 있던 모든 사람들로부터 얼마나 많은 사랑을 받고 존경을 받았는가! 그는 트로이아에서 아름답고 가치 있는 많은 물건들과 전리품들을 챙겼고 우리들은 그가 한 모든 것을 같이 했음에도 불구하고 빈손으로 우리의 집으로 돌아가게 생겼구나. 우정의 표시로 아이올로스는 그에게 선물을 잔뜩 주었지! 이 가죽 부대를 보게, 얼마나 많은 금과 은이 저 안에 들어 있겠는가 말이다.

그들은 이렇게 말을 하고는 결국 사악한 계획을 짜게 되었습니다. 그들이 가죽부대를 열자 모든 바람들이 가죽 부대에서 빠져나왔습니다. 그리고는 엄청난 폭풍이 우리를 바다로 내몰며 고국 땅으로부터 멀리 떨어지게 하였죠. 잠에서 깬 나는 나무랄 때 없는 마음속으로 배에서 바다로 뛰어내려 죽을 것인가, 아니면 생존자들 틈에 남아 침묵 속에서 고통스러워할 것인가를 생각했습니다. 나는 머물렀고 나의 모든 고통을 견뎠습니다. 그리고 내가 배 깊숙한 곳으로 몸을 숨기는 동안, 모든 것들은 바람의 소용돌이로 인해 또 다시 아이올리아 섬 쪽으로 이동했습니다. 내 동료들은 신음 소리를 냈죠.

해안으로 내려가 우린 물을 마시고 빠른 배 옆에서 식사를 했습니다. 먹고 마신 후 나는 전령과 또 다른 동료를 골라 함께 아이올로스의 유명한 왕궁으로 갔습니다. 나는 그의 아내와 자식들과 함께 식사를 하고 있는 그를 발견했죠. 그곳에 도착하면서 우린 문 입구에 앉았습니다. 모든 사람들이 깜짝 놀라면서 우리에게 물었습니다.

— 오디세우스여, 그대는 왜 다시 돌아왔는가? 어떤 악마가 그대에게 불행을 가져다주었는가? 우린 그대의 조국 땅, 그리고 그렇게도 그대가 도착하길 바라던 그대의 거처로 그대가 갈 수 있도록 하기 위해 그대의 귀환을 준비하지 않았는가?

그들은 이렇게 말했고 나는 서글픈 마음으로 다음과 같이 대답했죠.

— 나의 사악한 동료들이 나를 깊은 잠에 빠지게 하였답니다. 친구들이여 나를 도와주시오 왜냐하면 그대들에게는 그럴 만한 힘이 있으니까요.

나는 듣기 좋은 말로 그들의 분노를 잠재우기 위해 이렇게 말을 했지만 그들을 아무 말 없이 서 있었고 그들의 아버지가 내게 대답 했습니다.

— 이 인간들 중 제일 사악한 자여 이 섬에서 어서 나가시오. 행복한 신들에게 가증스러운 인간을 다시 받아들이거나 집에 갈 수 있도록 인도해주는 것은 내게 결코 허락되지 않는 일이오. 가시오. 그대가 되돌아 온 것은 행복한 신들에 미움을 받고 있다는 뜻이오.

그는 이렇게 말하고 내가 깊은 한숨을 쉬는 동안 나를 그의 왕궁으로부터 내쫓았습니다. 우린 그곳으로부터 서글픈 심정으로 항해를 했고 내 동료들의 영혼은 항해로부터 오는 엄청난 피곤으로 인해 황폐해질 대로 황폐해 졌으니 왜냐하면 조국으로의 귀환이 우리들의 광기로 인해 더 이상 가능해보이지 않았기 때문이었죠.

우린 그렇게 6일 밤낮을 항해했습니다. 그리고 7일째 되던 날 우린 라모스왕의 높은 도시인 라이스트루고네스 사람들의 텔레플로스에 도착했습니다. 그곳에서 집으로 귀가하는 목동이 그 소리를 들으며 나오고 있는 목동을 불렀습니다. 그곳에서는 잠을 자지 않는 목동이 두 배의 월급을 받았는데 그는 우선 황소들을 방목하러 데리고 간 다음 흰 양모를 가진 가축 떼들을 방목하러 갔습니다. 그만큼 밤의 길과 낮의 길이 가깝기 때문이었죠. 우린 높은 바위들로 둘러 쌓여져 있는 유명한 항구에 도착했습니다.

양쪽에는 가파른 해안이 만나면서 아주 좁은 입구를 형성하고 있었습니다. 내 동료들은 그 곳으로 모든 배들을 몰아서 차례차례 순서대로 항구 안쪽으로 정박시켰는데 그곳은 파도가 적당히 치는 조용한 곳이었습니다. 나는 혼자 배들에서 떨어져 바위의 뾰족한 부분에 내 검은 배를 정박시켰습니다. 그리고 암초 꼭대기에 올라갔는데 황소들의 일하는 모습도, 사람들의 일하는 모습도 볼 수가 없었고 다만 땅에서 피어오르는 연기만을 볼 수 있었습니다. 나는 내 동료들 중 고른 두 사람과 전령을 이 땅에 살고 있는 빵을 먹고 사는 사람들이 어떤 사람들인지 알아보기 위해 보냈습니다.

이들은 높은 산 속에 있는 숲에서 수레들이 나무를 싣고 마을로 가는 넓은 길을 택했습니다. 그리고 이들은 마을 앞에서 물을 찾으러 가는 젊은 처녀를 만났는데 그녀는 유명한 라이스트루고네스족의 한 명인 안티파테스의 딸이었습니다. 그녀는 아르타키에의 맑은 샘에서 내려오는 길이었죠.

바로 그 곳이 마을 사람들이 물을 길었던 곳이었습니다. 그녀에게 다가간 그들은 그녀에게 이 사람들을 통치하는 왕이 누구인지를 물었죠. 그녀는 곧 그들에게 그녀 아버지의 왕궁을 가리켰습니다. 유명한 왕궁으로 들어선 이들은 이곳에서 산처럼 매우 큰 여인을 만났는데 너무도 무서운 나머지 도망을 쳤습니다. 그녀는 광장에서 남편인 유명한 안티파테스를 불렀고 그는 이들에게 비참한 운명을 준비하고 있었으니, 내 동료들 중 한 명을 잡아 삼킬려고 했기 때문이었죠. 다른 두 명은 도망을 쳐 배 있는 곳으로 돌아왔습니다. 안티파테스는 시끄러운 소리를 냈고 이 소리를 들은 흉폭한 라이스트루고네스 사람들이 사방에서 셀 수도 없이 많이 몰려 나왔는데 이들은 사람이 아닌 기간테스들이었습니다.

이들은 바위에서 떼어낸 무거운 돌들을 던졌고 끔찍한 소리들이 죽어가는 사람들의 입과 부서진 배에서 났습니다. 라이스트루고네스인들은 사람들을 고기처럼 꿰어 이 불쌍한 음식들을 들고 갔죠. 이들이 항구 내부에서 이렇게 사람들을 죽이는 동안, 나는 칼집에서 날카로운 칼을 꺼내 내 검은 배의 줄을 끊고 도망을 가기 위해 내 동료들에게 배를 돌리라고 명령했습니다. 우리 모두는 죽음을 두려워하며 배를 돌렸죠. 그렇게 해서 내 배는 무거운 돌들을 피해 망망대해로 다시 나오게 되었지만 다른 모든 사람들은 이 장소에서 죽음을 당했습니다.

우린 죽음을 피했다는 것에 대한 즐거운 마음에도 불구하고 소중한 동료들을 잃었다는 것에 슬퍼하며 이곳으로부터 멀리 떨어져 항해를 했습니다. 우리는 아이아이아 섬에 도착했는데 이곳에는 아름다운 머릿결과 존경받으며 웅변에 능한 신중한 아이에테스의 누이인 여신 키르케가 살고 있었죠. 둘은 인간들을 환히 비추는 헬리오스에게서 태어났고 그들의 어머니는 오케아노스가 낳은 딸인 페르세였습니다. 우린 배를 거대한 정박지로 몰고 갔는데 신이 우리를 그곳으로 인도했습니다. 우린 이곳에서 피곤과 고통으로 얼룩진 영혼을 지닌 채 이틀을 지냈습니다.

그러나 아름다운 머릿결의 에오스가 세 번째 되는 날을 이끌었을 때, 나는 창과 날카로운 칼을 잡고 배를 떠나 사람들을 보고 그들의 목소리를 들을 수 있는 높은 곳에 올라갔습니다. 내가 올라 간 가파른 정상에서 나는 무성한 떡갈나무 숲을 지나 키르케의 거처에서 나오는 연기가 광활한 대지에서 피어오르는 것을 보았습니다. 나는 내가 보았던 연기가 무엇인지를 알아보기 위해 떠나야할 지 말지에 대해 심사숙고 했죠. 내 배로 돌아가 해변가에서 내 동료들에게 식사 준비를 시키고 이 지역을 조사하기 위해 동료들을 보내는 것이 더 현명하다는 생각이 들었죠.

그러나 내가 내 배에 이미 가까이 있었기 때문에 틀림없이 신은 나 홀로 강에서 물을 마시기 위해 숲의 방목장에서 내려오는 무성한 숲에 있는 커다란 숫사슴을 내가 가는 길로 보내 나로 하여금 볼 수 있도록 하고 싶어 했을 것입니다. 왜냐하면 헬리오스의 힘이 숫사슴을 밀어 붙였을테니까요. 숫사슴이 앞으로 다가오고 있었기 때문에 나는 척추 뼈의 한 가운데를 내리쳤고 청동으로 만든 창으로 그를 꿰뚫었습니다. 숫사슴이 울부짖으며 먼지를 내며 쓰러졌고 그의 영혼은 날아갔죠. 나는 달려가 사슴 몸을 꿰뚫은 청동으로 만든 창을 빼냈습니다. 창을 바닥에 놓고 내장을 다 꺼낸 후 이를 꼬아서 한 발 길이의 줄로 만들었고 거대한 동물의 발에 이것을 연결했습니다. 그리고 내 목에 사슴을 감고 창을 짚고 배

있는 쪽으로 내려갔는데 왜냐하면 사슴이 너무도 커서 내 어깨에 걸쳐 한 손으로 지탱할 수가 없었기 때문이었죠. 나는 배 앞에 사슴을 놓고 동료들 각자에게 듣기 좋은 말로 말하며 내 동료들의 활기를 북돋아주었습니다.

— 오 친구들이여, 우리가 비록 불행하기는 하지만 치명적인 운명의 날 이전에 하데스의 왕국으로 결코 내려가지는 않을 것이네. 자, 배 밖으로 나와 먹고 마실 생각을 하고 배고픔으로 고통을 겪지 마세나.

내가 이렇게 말하자 그들은 내 말을 따랐고 숫사슴이 얼마나 큰지 보고 감탄하며 바다 해안가로 내려갔습니다. 숫사슴의 크기를 보고 즐거워한 후 손을 씻고는 훌륭한 식사 준비를 했죠. 낮부터 해가 넘어갈 때까지 우린 앉아서 풍성한 고기를 먹고 부드러운 포도주를 마셨습니다.

그리고 저녁이 되어 그림자가 생길 때 즈음, 우린 해변가에서 잠을 잤습니다. 아침에 태어난 장밋빛 손가락을 지닌 에오스가 나타나자, 나는 사람들을 모이게 하고 이렇게 말 했습니다.

— 내 말을 듣고 동료인 그대들의 아픔을 인내심을 갖고 견디기 바랍니다. 오 친구들이여! 사실 우린 출몰이 어디고 일몰이 어딘지 모르며 어느 쪽에서 헬리오스가 인간들에게 빛을 비추기 위해 땅에서 솟는지도 알 수 없으며 그가 어디로 지는지 조차 알 지 못합니다. 그러니 필요하다면 우린 토의를 합시다. 그러나 나는 그렇게 생각하지 않습니다. 내가 올라간 높은 꼭대기에서 나는 이 땅이 섬이고 주위로는 바다가 끝도 없이 펼쳐져 있는 것을 보았습니다. 섬은 작고 깊이 우거진 떡갈나무 숲 너머로 연기가 피어오르는 것을 보았습니다.

내가 이렇게 말하자 라이트루고네스 족의 한 명인 안티파테스가 죄악과 인간을 잡아먹는 잔인한 키클롭스의 난폭함을 떠올린 그들의 마음은 찢어졌습니다. 그리고 그들은 눈물을 펑펑 쏟으며 울었죠. 그러나 이러는 것은 아무 소용도 없었습니다. 나는 내 용감한 동료들을 나누어 각 일행에 대장을 선별했죠. 나는 그 중 하나를 지휘했고 신과 같은 외모의 에우릴로코스가 또 다른 일행을 맡았습니다. 그리고 청동으로 만든 투구 속에 종이를 넣고 제비뽑기를 했습니다. 에우릴로코스가 제비뽑기에 뽑혔고 그는 22명의 동료들과 함께 울면서 서둘러 떠났으며 남은 우리는 괴로워했습니다.

이들은 계곡에서 은신처를 발견하였는데 그곳은 반들반들 윤이 나는 돌로 만들어진 키르케의 거처였죠. 사방에는 늑대와 사자들이 돌아다니고 있었고요. 키르케는 해로운 약으로 이들을 길들였습니다. 이 짐승들은 사람에게 전혀 달려들지는 않고 오히려 주인이 항상 무엇인가 맛있는 음식조각을 그들에게 주기 때문에 마치 식사를 마친 주인이 쓰다듬어주는 개처럼 그들의 긴 꼬리를 흔들며 사람들에게 다가왔습니다. 날카로운 발톱을 가진 늑대들과 사자들이 내 동료들의 주위로 몰려들어 몸을 비벼댔습니다. 이 무서운 짐승들을 보고 겁에 질려 도망가던 내 동료들은 아름다운 머릿결을 가진 여신의 집 문 앞에 멈춰 섰습니다. 그리고 이들은 거처에서 여신들의 수공예품이 그러하듯 거대한 베틀 앞에서 곱고 우아한 베를 짜며 아름다운 목소리로 노래하는 키르케의 목소리를 듣게 되었죠. 이는 신들의 은총어린 놀라운 작품이었고 내 동료들 중 가장 소중하고 내가 가장 존경했던 대장인 폴리테스가 제일 먼저 말을 했습니다.

— 오 친구들이여, 어떤 여인이 커다란 천을 짜며 저 거처에서 아름다운 목소리로 노래하고 모든 벽이 공명하게 하는 것인가? 여신인가 아니면 인간인가? 빨리 소리를 냅시다.

그는 동료들을 설득하였고 그들은 소리를 냈습니다. 이윽고 키르케가 나왔고 아름다운 문을 열면서 그들을 초대하였으며 이들은 조심성 없이 그녀를 따라갔죠. 에우릴로코스 혼자 밖에 서 있었는데 그는 함정일지 모른다는 의심을 했습니다. 내 동료들을 집으로 들어오게 한 키프케는 그들에게 높은 자리를 내주며 앉기를 권하였습니다.

그녀는 프람네 산의 포도주와 함께 치즈, 밀가루 그리고 부드러운 꿀을 섞었습니다. 그러나 그녀는 동료들로 하여금 조국 땅을 잊어버리게 하기 위해 빵 속에 독을 넣었죠. 그녀는 이것을 그들에게 권했고 그들이 술을 마시자마자, 그녀는 지팡이로 이들을 때린 후 돼지 외양간에 가두었죠. 이들은 돼지 머리와 목소리 그리고 돼지털을 가지고 있었지만 여전히 정신은 이전 사람일 때의 그것이었습니다. 이들은 감금된 채 울었고 키르케는 이들에게 먹을 것으로 너도밤나무 열매와 산수유열매를 주었는데 이것들은 땅에서 잠을 자는 돼지들이 늘 먹는 먹이였죠.

에우룰로코스는 서둘러 배로 되돌아와 우리에게 우리 동료들의 힘든 운명을 알려주었습니다. 의지에도 불구하고 말을 할 수 없자, 그의 마음은 큰 고통으로 괴로웠으며 그의 눈에는 눈물이 잔뜩 고였습니다. 그리고 그의 영혼은 슬픔으로 가득 찼죠. 우리 모두가 급하게 어찌된 일인지 묻자 그는 동료들의 위험에 대해 말했습니다.

— 우린 유명한 오디세우스 자네가 명령한 대로 숲을 가로 질러

걷고 있었고 계곡에서 매끈한 돌로 잘 세워진 아름다운 은신처를 발견했다네. 그곳에서 여신인지 사람인지 모를 한 여인이 커다란 천을 짜며 노래를 하고 있었네. 내 동료들은 소리를 지르며 그녀를 불렀지. 곧 그녀는 집에서 나와 아름다운 문을 열어 그들을 초대했고 모두는 조심성 없이 그녀를 따라 들어갔고, 함정일지도 모른다고 의심하는 나만이 홀로 남았다네. 다른 모든 사람들이 동시에 사라졌고 내가 오랫동안 찾고 기다림에도 불구하고 아무도 다시 나타나지 않았다네.

그가 이렇게 말하자 나는 어깨에서 은못이 박힌 청동으로 만든 커다란 칼과 활을 꺼냈고 에우릴로코스에게 길을 가르쳐 달라고 명령했습니다. 그러나 내 무릎과 손을 잡고 울며 그는 내게 다음과 같이 말했습니다.

— 내 의지와 상관없이 나를 그곳으로 다시 데려가지 말게, 오. 신이시여 나를 여기에 남게 해주게. 나는 자네가 돌아오지 않을 것과 우리 동료들 중 그 누구도 데려오지 못할 것이라는 것을 아네. 어서 서둘러 저들과 함께 도망을 가세. 왜냐하면 틀림없이 우린 아직 험난한 운명을 피할 수 있기 때문일세.

그가 이렇게 말을 하자 나는 그에게 대답했죠.

— 에우릴로코스여. 자네는 검고 속이 파인 배 옆에서 먹고 마시며 여기에 남아 있게. 내가 가겠네. 왜냐하면 냉혹한 필요성이 나를 강요하기 때문이라네.

이렇게 말을 하고 나는 바다와 배에서 멀어져 성스러운 계곡을 지나 독을 넣은 키르케의 거대한 거처에 도착했습니다. 거처로 가던 내게 황금 지팡이를 든 아주 젊은 청년의 모습을 한 헤르메스를 만나게 되었는데 그가 내 손을 잡으며 말했습니다.

— 오 불행한 이여. 그대는 혼자 이 언덕들 사이에서 이곳이 어디인지도 모르고 어디로 가려는가? 그대의 동료들은 키르케의 거처에 감금되었고 울타리가 튼튼한 우리에서 돼지처럼 살고 있다네. 그들을 풀어주기 위해 가는 것인가? 나는 그대 스스로 돌아올 것이라고 생각하지 않으며 그대는 그들이 이미 있던 곳에 머물게 될 것이네. 그러나 내가 이 재앙으로부터 그대를 해방시켜주고 구해줄 것이네. 이 훌륭한 치료제를 받게. 이것을 지니고 키르케의 집을 방문하게. 왜냐하면 이 약은 그대가 결정적인 순간을 피할 수 있게 해 줄 걸세. 나는 그대에게 키르케의 사악한 모든 음모에 대해 말해주겠네. 그녀는 자네에게 음료수를 줄 것이고 빵 속에 독을 넣을 것이네. 그렇지만 그녀는 자네를 유혹하지 못할 것이나 왜냐하면 내가 그대에게 준 이 훌륭한 치료제가 그것을 허용하지 않기 때문일세. 나머지에 대해서도 그대에게 말해주지. 키르케가 긴 지팡이로 그대를 내리칠 때 마치 그녀를 죽이길 원하는 것처럼 그녀에게 달려들게. 그러면 그녀는 두려움에 사로잡혀 자네를 같이 잠자리에 들자고 초대할 것이네. 자네의 동료들을 구하기 위해서는 여신의 침대를 절대 거절해서는 안 되네. 그러면 그녀는 자네를 아주 정성껏 대해줄 걸세. 그때 그녀가 자네에게 또 다른 어떠한 음모도 꾸밀 수 없도록 하기 위해 그녀에게 행복한 여신들의 위대한 서약으로 맹세를 하도록 시키게. 그리고 자네는 알몸이니, 그녀는 자네에게서 생식력을 없애지 못할 것이네.

이렇게 말을 한 아르고스의 살해자는 내게 땅에서 뽑은 약초를 주었고 나에게 약초의 성분을 설명해 주었죠. 약초의 뿌리는 검은 색이었고 꽃은 우유의 그것과 비슷했습니다. 신들은 그 약초를 몰리라고 불렀죠. 인간이 그 약초를 뽑는다는 것은 어려운 일이었지만 신들은 모든 것을 할 수 있으니까요. 헤르메스가 숲으로 우거진 섬에서 위대한 올림푸스 산으로 날아가고 나는 키르케의 거처를 향해 걸어갔는데 걷고 있는 동안 수천가지의 생각이 머리를 스쳐갔습니다.

나는 아름다운 머릿결의 여신의 집 문 앞에 멈추어 서서 그녀를 불렀고 그녀는 나의 목소리를 듣고 집에서 나와 반짝이는 문을 열어 나를 초대했습니다. 나는 마음속으로는 불안한 상태로 그녀를 따라갔고 그녀는 나를 들어오게 하고 은못이 박힌 아주 잘 만들어진 의자에 앉게 했습니다. 발밑에는 발판이 있었고 그녀는 내가 마셔야 하는 음료수가 들어있는 금으로 만든 잔을 준비했고 사악한 생각을 갖고 그것에다 독을 섞었죠. 그것을 내게 건네주고 내가 마시자 그녀는 다음과 같이 말하며 지팡이로 나를 내려쳤습니다.

— 이제 돼지우리로 가서 내 동료들과 함께 잠을 자거라.

그녀는 이렇게 말했지만 나는 칼집에서 날카로운 칼을 꺼내 마치 그녀를 죽이길 원하는 것처럼 그녀에게 달려들었습니다. 그러자 큰 비명소리를 지르며 그녀는 무릎을 꿇고는 내 무릎을 잡고 울면서 다음과 같이 말을 했습니다.

— 인간들 중에 그대는 누구인가요? 그대의 고향은 어디인가요? 그대의 부모님은 어디에 있죠? 나는 이 독을 마시고도 변하지 않는 그대를 보고 깜짝 놀랐답니다. 그 어떠한 인간도 이 독이 이빨 사이로 흘러들어 가기만 해도 견디질 못했어요. 그대는 가슴속에 굴복당하지 않는 영혼을 가지고 있거나 아니면 황금지팡이를 지닌 헤르메스가 항상 내게 그것을 예언했던 트로이아로부터

귀환하면서 검고 빠른 배를 타고 이곳에 도착하게 되어 있던 오디세우스일 겁니다. 칼집에다 칼을 도로 넣고 우리가 하나가 될 수 있도록, 그리고 우리가 서로에 대해 신뢰를 가질 수 있도록 내 침대에서 우리 둘 다 누워요.

그녀가 이렇게 말하자 나는 그녀에게 대답했습니다.

— 오 키르케여! 그대는 어떻게 그대의 거처에서 내 동료들을 돼지로 만들고 나의 생식력을 없애려고 나를 알몸으로 만들기 위해 그대의 침대로 나를 끌어들여 나 스스로를 이곳에 붙잡아 놓으려 하면서 나에게 부드러워지라고 요구할 수 있단 말이오? 적어도 그대가 나에게 또 다른 어떠한 계략도 꾸미지 않겠다고 위대한 서약으로 맹세를 하지 않기 전에는 나는 그대의 침대에 오를 생각이 추호도 없소.

내가 이렇게 말하자, 그녀는 내가 그녀에게 요구한 대로 맹세를 했습니다. 그녀가 맹세를 하고 맹세의 모든 말들을 한 후, 나는 그녀의 아름다운 침대에 들었습니다. 그리고 여 시종들이 거처에 나타났는데 모두 네 명이었고 모든 것을 아주 정성껏 돌보았죠. 그녀들은 숲속에 있는 샘과 바다로 흘러가는 성스러운 강물에서 태어났습니다.

그녀들 중 한 명이 자주 빛의 아름다운 이불덮개를 깔고 아마로 만든 가벼운 천을 그 위에 덮었습니다. 또 다른 여인은 은으로 만든 탁자 위에 황금으로 만든 바구니를 놓았습니다. 세 번째 여인은 부드러운 포도주를 은으로 만든 술동이에 넣고 섞은 다음 황금 잔들에다 부었습니다. 네 번째 여인은 물을 가져와 삼발이 솥 밑에 큰 불을 지펴 물을 데웠죠. 물이 반짝이는 청동대야에서 데워질 때, 그녀는 나를 욕조로 데려가 커다란 삼발이에서 꺼낸

따스한 물로 어깨와 머리를 씻겨주었습니다. 나를 씻기고 난후 오일 기름을 발라주고 아름다운 외투와 속옷을 입혀주었습니다. 그런 후 나를 아주 잘 만들어진 은으로 된 의자 위에 앉게 하였습니다. 발밑에는 발을 올려놓는 발판이 있었죠. 한 여시종이 손을 씻을 물을 은으로 만든 대야에 황금으로 만든 아름다운 물병 속에서 부었고 내 앞에는 풍성한 음식들이 차려졌습니다. 그리고 모든 것을 세심하게 관리하는 집사가 빵을 가져와 많은 음식들과 함께 식탁위에 놓았습니다. 키르케는 식사에 나를 초대했지만 이것은 내 마음에 전혀 들지 않았죠.

나는 다른 생각들과 함께 또 다른 흉계를 예측하며 자리에 앉아 있었습니다. 먹지도 않고 슬픔에 차 앉아 있는 나를 본 키르케는 내게 다가와 다음과 같이 말했죠.

— 오디세우스여, 그대는 왜 말도 하지 않고 마시지도 먹지도 않으면서 마음을 괴롭히고 있는 거죠? 또 다른 흉계가 있을까 걱정하시는 건가요? 아무 것도 걱정할 것 없어요, 왜냐하면 내가 위대한 서약 앞에 맹세를 했으니까요.

그녀가 이렇게 말하자 나는 그녀에게 대답했습니다.

— 오 키르케여. 어떤 정의롭고 공정한 남자가 동료들이 풀려나 눈앞에서 그들을 보기 전에 감히 마시고 먹을 수가 있겠소? 내가 마시고 먹기를 그대가 원한다면 내 동료들을 풀어주고 내가 그들을 볼 수 있도록 해주시오.

내가 이렇게 말하자, 키르케는 손에 지팡이를 들고 집 밖으로 나가더니 돼지우리의 문을 열었습니다. 그녀는 9살이 된 돼지와 비슷하게 생긴 내 동료들을 우리에서 내몰았습니다. 그들이 우리 앞에 서자 그녀는 또 다른 향유로 그들을 문지르자 그들의 사지에 키르케가 그들에게 주었던 독으로 인해 자라났던 털들이 떨어져 나갔습니다. 그들은 그 이전보다 훨씬 더 젊고 잘 생겼으며 키가 커진 모습으로 되돌아왔죠. 그들은 나를 알아보고 내 손을 잡고 기쁨의 눈물을 흘렸고 집은 그들의 흐느낌으로 가득 찼습니다. 여신 그 스스로도 동정심에 사로 잡혔고 여신은 나에게 다가오면 말했죠.

— 성스러운 오디세우스여. 이제 바다 해변에 있는 그대의 빠른 배로 돌아가세요. 무엇보다도 모래에서 그대의 배를 빼내야 해요. 그리고 동굴에다 그대의 재물과 무기를 숨기고 그대와 그대의 소중한 동료들과 함께 이곳으로 빨리 되돌아오세요.

그녀가 이렇게 말하자 나는 그녀가 진심으로 말하는 것이라는 것을 깨닫고 서둘러 바다 해안가에 있는 나의 빠른 배로 돌아갔고 내 배 곁에서 슬프게 신음하며 눈물을 흘리고 있는 내 소중한 동료들을 발견했습니다. 마치 들판 멀리에서 새끼를 낳지 않은 암소들이 목초지에서 풀을 실컷 뜯어 먹고 난 뒤 외양간으로 돌아오는 암소들 주위로 몰려들어 어미 소들 옆에서 음매 거리듯이 내게 몰려들었습니다. 내 동료들은 눈으로 나를 보고는 울면서 내 주위로 몰려들었고 그들의 마음은 그들의 조국과 그들이 태어나고 자랐던 이타케의 마을을 다시 본 것처럼 감동을 받았습니다. 울면서 그들은 내게 이렇게 말했죠.

— 오! 신과 같은 존재인 자네가 돌아왔군! 우린 우리가 이타케와 조국의 땅을 본 것만큼이나 몹시 기쁘다네. 도대체 우리 동료들이 어떻게 죽었는지 우리에게 말을 해주게.

그들이 이렇게 말을 했고 나는 부드러운 어조로 그들에게 대답했죠.

— 무엇보다도 먼저 해변에서 배를 끌어내서 우리의 재물과 무기를 동굴 안에 감추세. 그런 후 키르케의 성스러운 거처에서 우리들의 동료들이 풍요로운 양식을 마음껏 먹고 마시며 즐기는 것을 다시 보기 위해 모든 서둘러 나를 따라오게.

내가 이렇게 말하자 그들은 신속하게 나의 말에 따랐습니다. 그러나 에우룰로코스만이 그들을 붙잡으려 하며 이렇게 말을 했습니다.

— 오! 불행한 자들이여, 어디로 가려 하는가? 그대들은 키르케의 거처에서 그대들을 기다리고 있는 재앙을 겪길 원하는가? 그녀는 우리를 돼지, 늑대 그리고 사자로 변하게 할 것이고 우리를 힘으로 그녀의 거처에 잡아두려 할 것이네. 그녀는 오만한 오디세우스에 이끌려 우리 동료들이 키클롭스의 동굴에 갔을 때 키클롭스가 했던 것처럼 할 것이네. 그리고 그곳에 있던 이들은 그의 광기로 인해 죽임을 당했지.

그가 이렇게 말하자 나는 넓적다리까지 내려오는 긴 칼집에서 나의 커다란 칼을 꺼내 우리의 혈족관계에도 불구하고 그의 머리를 베고 그것을 모래에 던져 버릴까 하는 깊은 생각을 하게 되었죠. 그러나 모든 내 다른 동료들이 듣기 좋은 말로 나를 말렸습니다.

— 오 신과 같은 존재여! 자네가 좋다고만 한다면, 그를 배 옆에 남아 배를 지키도록 놔두도록 하세. 우리가 키르케의 성스러운 거처로 자네를 따라가겠네.

이렇게 말을 하고 그들은 배와 바다에서 멀어졌는데 에우룰로코스는 속이 움푹한 배 옆에 전혀 남아 있지 않고 나의 무서운 협박을 두려워하면서 우리를 쫓아왔죠. 이러는 동안 키르케는 자신의 거처에서 나의 나머지 동료들을 목욕시키고 향유를 발라주며 아름다운 외투와 속옷으로 갈아 입혔는데 우린 거처에서 식사를 하고 있는 그들을 발견했습니다. 이들은 모이자, 잇달아서 자신들이 겪었던 모든 고통에 대해 이야기하고 울음을 터뜨렸으며 집은 그들의 오열로 가득 찼습니다. 고귀한 여신이 다가와 내게 말했죠.

— 성스러운 라에르테스의 아들이여. 그대는 더 이상 고통 속에 시달리지 않아도 될 거예요. 나는 그대가 물고기가 많은 바다에서 얼마나 많은 고통을 겪었으며 얼마나 부정한 인간들이 그대를 육지에서 고통스럽게 하였는지 알고 있답니다. 먹고 마시며 당신 가슴 속에 있는 마음에 생기를 다시 북돋으세요. 그리하여 그대의 마음이 그대의 조국인 이타케의 땅을 떠났을 때처럼 되길 바랍니다. 그러나 그대의 불행을 잊지 못한다면, 그대의 영혼은 결코 기쁨 속에 있지 못하게 될 것이니 왜냐하면 그대는 셀 수도 없는 고난을 겪었으니까요.

그녀가 이렇게 말하자 우리의 관대한 마음이 그녀의 말을 따랐습니다. 그리고 우리는 일 년 동안 그곳에서 풍요로운 음식을 먹고 부드러운 포도주를 마시며 지냈습니다. 그러나 , 시간이 가고 달이 지나가고 긴 나날들이 흘러간 한 해의 끝 무렵, 나의 소중한 동료들은 나를 불러 이렇게 말했습니다.

— 불행한 자여. 자네의 조국을 기억하게. 만일 자네가 살아남

아 자네의 거처와 조국의 땅으로 돌아가는 것이 자네에게 주어진 운명이라면 말일세.

그들이 이렇게 말을 하자 나의 관대한 마음이 공감을 하였죠. 그리하여 낮부터 해가 떨어질 때까지 우린 앉아 풍요로운 음식을 먹고 부드러운 포도주를 마셨습니다. 그리고 밤이 되었을 때 내 동료들은 어두운 숙소에서 잠이 들었죠. 내가 키르케의 화려한 침대에 올라 그녀의 무릎을 잡고 간청하자 그녀는 나의 말을 들어 주었죠. 나는 그녀에게 다음과 같이 말했습니다.

— 오 키르케여. 그대가 나를 나의 거처로 돌려보내주겠다고 했던 약속을 지키시오. 왜냐하면 나의 마음이 나를 그렇게 하라고 종용하고 있으며 그대가 없을 때면 내 동료들이 나의 소중한 마음을 괴롭히며 내 주위에서 슬퍼한다오.

내가 이렇게 말하자 고귀한 여신이 내게 이렇게 대답 했습니다.

— 신과 같이 고귀한 라에르테스의 아들인 오디세우스여. 그대와는 상관없이 그대는 더 이상 오래 내 거처에 머물지 않을 거예요. 그러나 또 다른 여행을 해야 하고 영혼이 항상 살아 있는 장님 예언자 테바이의 테이레시아스의 조언을 얻기 위해 하데스와 냉혹한 페르세포네의 거처로 가야 한답니다. 페르세포네는 오로지 죽은 자에게만 지혜와 생각을 부여한답니다. 다른 것들은 그대 주위를 떠도는 그림자일 뿐이죠.

그녀가 이렇게 말하자 나의 소중한 마음이 무너지면서 나는 침대위에 앉아 울었고 내 영혼은 더 이상 살기를 바라지도, 헬리오스의 빛을 보길 원하지도 않았습니다. 그러나 울면서 고통을 겪은 후, 나는 그녀에게 이렇게 대답 했죠.

— 오 키르케여 누가 내게 길을 알려주겠소? 그 누구도 검은 배를 타고 하데스의 거처로 결코 이르지 못할 것이오.

내가 이렇게 말하자 고귀한 여신이 내게 이렇게 대답 했습니다.

— 성스러운 라에르테스의 아들인 오디세우스여. 그대의 배에 대해서는 아무 걱정 마세요. 돛대를 달고 하얀 돛을 편 후에 앉아 있으세요. 그러면 북풍인 보레아스의 바람이 그대의 배를 인도할 거예요. 큰 포플러 나무들과 버드나무들이 자라고 있는 페르세포네의 성스러운 숲과 좁은 해안까지 가기 위해 오케아노스를 지나가게 되면 깊은 소용돌이가 치고 있는 오케아노스에서 배를 멈추고 하데스의 어두운 거처로 내려가세요. 그곳은 스틱스의 물줄기인 코키토스 강과 아케론의 줄기인 피리플레게톤 강 흐르고 있답니다. 이 두 강이 만나는 지점에 바위가 하나 있어요.

내가 말한 대로 영웅인 그대는 그곳으로 접근하여 사방으로 약 50센티 되는 도랑을 파세요. 그리고 거기에다 모든 죽은 자들을 위한 헌주를 하되 우선 달콤한 우유를 넣고 그 다음에 부드러운 포도주를, 그리고 마지막에는 물을 부우세요. 그리고 그 위에 흰색의 보릿가루를 뿌리세요. 그런 다음 죽은 자들의 공허한 머리 앞에 간청하고 그대가 이타케로 되돌아가자마자 그대의 거처에 그대가 소유하고 있는 가장 좋은 암소를 재물로 바치고 값비싼 물건들로 만들어진 장작더미에 불을 지피겠으며, 그대의 가축들 중 가장 아름다운 완전히 검은 숫양을 테이레시아스에게만 제물로 바치겠다고 약속을 하세요.

죽은 자들의 이름 높은 영혼들에게 간청을 한 후, 숫양과 검은 색의 암양을 제물로 바치고 에레보스 쪽으로 돌아 몸을 숙여 강물속의 죽은 자들의 수많은 영혼을 쳐다보세요. 그리고 그대의 동료들에게 날카로운 창으로 목이 잘린 동물들의 껍질을 벗기고 그것을 불태우며 이것을 신들과 유명한 하데스 그리고 잔혹한 페르세포네에게 받치라고 명령하세요. 넓적다리까지 오는 그대의 긴 칼집에서 날카로운 칼을 꺼내 그대가 테이레시아스의 말을 듣기 전까지 죽은 자들의 그림자들이 피를 마시는 것을 허락하지 마세요. 곧 사람들의 지도자인 예언자가 도착하여, 그대에게 길과 어떻게 귀환할 수 있으며 물고기들이 많은 바다를 어떻게 건널 것인지에 대해 알려 줄 거예요.

그녀가 이렇게 말하자 에오스가 그녀의 황금 왕좌에 내려앉았습니다. 그리고 키르케는 내게 다시 속옷과 망토를 입혀주었죠. 그녀 자신은 흰 색의 가볍고 우아한 긴 옷을 입고 허리에는 아름다운 허리띠를 하고 있었으며 머리에는 불의 색깔의 천을 둘렀습니다. 그리고 나는 거처에서 흥분해 있는 내 동료들에게 달려가 그들 각자에게 부드러운 어조로 말했습니다.

— 우리가 떠나기 위해 더 이상 오랫동안 잠들지 말고 감미로운 잠을 쫓게. 왜냐하면 자비로운 키르케가 내게 그것을 허락했으니까 말일세.

내가 이렇게 말하자 그들의 관대한 마음들이 납득했습니다. 그러나 나는 나의 동료들 모두를 안전하게 데려가지는 못했습니다. 그들 중 한 명인 엘페노르는 젊지만 그다지 용맹스럽지도 않고 현명하지도 않아 그의 동료들로부터 떨어져 술을 많이 마시고 정신을 차리기 위해 키르케의 성스러운 거처의 꼭대기에서 잠을 자고 있었습니다. 그의 동료들이 내는 소리를 듣고 그는 긴 사다리를 통해 내려오는 것을 잊어버리고 갑자기 일어섰죠. 그리고 지붕 꼭대기에서 떨어져 그의 목이 부러졌고 그의 영혼은 하데스의 거처로 갔답니다. 나는 모인 내 동료들에게 이렇게 말했죠.

— 그대들은 아마도 우리가 우리의 거처와 사랑하는 조국의 땅을 향해 떠날 것이라고 생각하는가? 그러나 키르케는 우리에게 테바이의 테이레시아스의 영혼에게 조언을 구하기 위해 하데스의 거처를 향한 또 다른 여정을 명령했다네.

내가 이렇게 말하자, 그들의 소중한 마음이 낙심하여 그들은 앉아 울고 머리카락을 쥐어뜯었습니다. 그러나 신음을 한 들 아무 소용이 없었죠. 우린 하염없이 눈물을 흘리며 해변에 있는 빠른 우리의 배로 갔습니다. 그러는 동안 키르케가 배에 실을 숫양과 검은 암양을 데리고 왔습니다. 그녀는 손쉽게 우리의 눈에 보이지 않게 했으니 신이 원하지 않는다면 누가 신을 볼 수 있을 것이며 눈으로 신의 뒤를 좇을 수 있겠습니까?

오디세이 신화 문헌

•
•
•

오디세우스(율리시즈)

<인어들의 노래 소리에 현혹되지 않기 위해 배의 돛에 몸을 묶은 오디세우스>
아테네 고고학 국제 박물관

그리스의 유명한 영웅이자 이타케의 전설적인 왕인 율리시즈 또는 오디세우스는 라에르테스와 안티클레의 아들이었다. 그러나 후대에 내려오는 전설에 따르면 이타케를 방문한 시시포스가 이미 라에르테르와 약혼한 안티클레와 사랑에 빠져 오디세우스를 낳았다고 전해진다. 그의 외할아버지인 유명한 도둑이자 헤르메스의 아들인 아우톨리코스와 함께 오디세우스는 파르나스 산에서 멧돼지 사냥을 하다가 부상을 당한다. 다리에 입은 이 상처 자국을 통해 유모인 에우리클레이아는 율리시즈의 정체를 알게 된다. 또한 그의 외할아버지가 "신경을 돋우는 사람"이라는 뜻의 오디세우스라는 이름을 지어주었고 자신만큼이나 그가 교활하게 될 것이라고 예언했다고도 전해진다.

율리시즈는 여행 도중 메세네에 도착하였는데 망아지들을 찾던 에우리토스의 아들인 이피토스를 알게 된다. 이들은 친구가 되고 이피토스는 율리시즈에게 헤라클레스에 의해 죽임을 당하기 바로 직전 아버지의 활을 그에게 준다. 율리시즈는 화살에 묻힐 독을 얻을 방법을 찾지만 메데이아의 손자인 이로스가 이를 거절한다. 이 활은 이타케 왕궁의 접견실에서 벌어지는 사건에서 결정적 역할을 한다.

성년의 나이가 된 율리시즈는 아버지의 뒤를 이어 이타케의 왕이 된다. 그는 헬렌의 후손들 중 현명하고 부유한 이카리오스의 딸인 페넬로페와 결혼하여 텔레마코스라는 아들을 낳는다.

늑대로 변장한 돌론은 율리시즈와 디오메데스에 의해 죽임을 당한다. 호메루스의 일리아드에서 트로이와 전쟁을 하기 위해 원정대를 조직했을 때 율리시즈는 도망갈 방법을 찾으면서 바다의 모래를 파 경작하고 거기에 소금을 뿌리면서 미친 척 한다. 그러나 그를 설득시키기 위해 온 팔라메데스가 그를 발견하고 율리시즈의 쟁기 앞에 그의 어린 아들인 텔레마코스를 놔두자, 율리시즈는 재빨리 쟁기를 끄는 소들을 다른 방향으로 돌리고 이로서 그가 미치지 않았다는 것을 입증한다. 율리시즈는 자기를 속임수에 빠뜨렸다는 이유로 팔라메데스를 평생 적대시한다.

율리시즈는 또한 그리스 신화의 영웅 중 하나인 아킬레우스와도 인연을 맺는데, 예언자인 테티스가 아킬레우스가 불행한 죽음을 맞이할 것이라는 예언을 함에 따라 그는 스키로스 섬의 왕인 리코메데스의 궁전으로 보내진다. 아킬레우스가 트로이 전쟁에 참가하는 경우 트로이는 정복당할 것이라는 칼라스의 예언에 따라 트로이를 지키기 위해 리코메데스는 아킬레스에게 여장을 시킨 후 여인들만 묵는 방에 있게 한다. 그러나 아킬레우스를 전쟁에 참여시키기 위해 그를 찾으라는 임무를 맡은 율리시즈는 스키로스로 와서 여자로 변장하고 있는 아킬레우스를 묘책을 통해 찾아낸다. 그를 찾아내는 방법에서 율리시즈의 현명함이 돋보이는데 그는 여자들 앞에 아름다운 치장 품들을 늘어놓고 그 중에 무기를 섞어놓는다. 그리고 전쟁 나팔을 불게 하자 여자로 변장하고 있던 아킬레우스는 여자들이 좋아하는 보석들을 놔두고 섞여 있던 무기를 든다. 결국, 아킬레우스는 트로이 전쟁에 참여하여 죽음을 맞게 된다.

율리시즈는 트로이 전쟁 동안 많은 협상을 통해 그의 용맹을 떨친다.

— 율리시즈는 메넬라오스와 함께 헬렌의 평화로운 귀환을 보장하기 위한 사절단에 참여하고 트로인인 안테노르의 중재 덕분에 무사히 살아남는다.

— 그는 부상당한 디오메데스를 보호하고 염탐을 하러 온 돌론을 죽이며 트라키아의 왕인 레소스의 말들을 뺏는다.

— 그는 안테노르의 도움을 받아 헬레네를 구하기 위해 거지로 변장하여 포위당한 트로이로 잠입한다.

— 그는 파트로클로스를 기리는 장례 경기에서 두 명의 아옉스들에게 승리를 거둔다.

— 그는 아킬레우스와 아가메논을 화해시킨다.

— 그는 아옉스와의 싸움 후 아킬레우스의 무기를 쟁취한다.

— 그는 파라디온을 훔치는데 이는 일로스의 천막 가까이에 하늘에서 떨어진 팔라스의 나무로 만든 조각상으로서 트로이를 보호하는 조각상이었다. 이 조각상을 율리시즈와 디오메데스가 훔친다.

그러나 다르다노스가 이 조각상의 복사본을 만들었다고 전해지기도 하는데 진본은 에네에 의해 이탈리아로 옮겨갔으며 대주교와 베스타 여신을 섬기는 무녀에 의해서만 문을 열 수 있는 성전에 안장되어 있었다고 한다.

— 율리시즈는 목마 속에 숨어있던 전사들 중 하나였고 트로이를 점령하는데 공헌한다.

그러나 그의 행동이 항상 명예로운 것은 아니었다.

— 제물로 바쳐질 계획을 세우고 이피게네이아로 하여금 아킬레스와 결혼하기 위해 아루리스로로 오라고 믿게 하라고 아가메논에게 충

고한 사람이 율리시즈였다.

— 율리시즈는 곪은 상처를 입은 필로크테테스를 포기하라고 렘노스에게 충고한 후 10년 후에 다시 그를 찾아와 그가 그리스로 돌아갈 것이라고 믿게 한다.

— 그는 돈을 대가로 받고 트로이 사람들과 몰래 내통하였다는 이유를 내세워 팔라메데스가 배반하였다고 비난한다. 그러나 사실 율리시즈는 팔라메데스의 배신을 믿게 하기 위해 그의 천막 안에 막대한 양의 돈을 몰래 넣어두었고 그로 인해 팔라메데스는 분노한 그리스인들에 의해 돌에 맞아 죽는다.

— 트로이를 점령했을 때 율리시즈는 대학살을 명령하고 어린 아스티아낙스를 죽인다.

— 도시를 점령한 후 율리시즈는 프리아무스의 과부인 헤카베를 취하고 이 불행한 여인이 폴리메스토르왕을 죽였다는 이유로 돌에 맞아 죽을 때 제일 먼저 돌을 던졌다.

그리스인들의 승리 이후 율리시즈는 이타케로 돌아가길 원했지만 10년 동안 바다를 헤매고 수많은 모험을 하게 된다. 일리아드가 아킬레스의 분노에 대한 이야기라면 오디세이는 율리시즈에 대한 포세이돈의 끔찍한 복수에 관한 이야기이다. 쉴 새 없이 몰아치는 폭풍과 파도 속에서 율리시즈는 미지의 대륙에 도착하여 키클로프스인 폴리페모스와 인어들을 만나게 된다.

또한 율리시즈는 나우시카나 마법사인 키르케와 같은 매력적이고 사랑스러운 여인들을 만나게 되지만 이 모든 관계들도 결코 그로 하여금 고향으로 돌아가길 원하는 바람을 잊게 하지는 못한다. 그리고 마침내 그는 자신이 죽었다고 확신하면서 페넬로페로 하여금 새로운 남편을 자신들 중에 고르라고 강요하는 신랑 후보자들이 가득 차 있는 자신의 궁전으로 돌아온다. 그는 신랑 후보자들에게 아첨하는 거지인 이루스와 싸워 그를 물리친다. 그러고 나서

페넬로페를 찾아가는데 거지로 변장한 율리시즈를 알아보지 못하고

그녀는 율리시즈의 활을 당길 수 있는 능력이 있는 사람을 남편으로 받아들이라는 그의 제안에 몹시 기뻐한다.

그 누구도 활을 당길 수 없었고 오직 율리시즈만이 아들인 텔레마코스의 도움을 받아 활을 당기고 신랑 후보자들과 그들에게 몸을 바친 하녀들을 모두 죽인다.

아테네 여신의 도움으로 무기를 들고 학살을 당한 신랑 후보자들의 복수를 하려고 하던 그들의 부모들의 분노를 잠재우고 이타케 왕국은 마침내 평화를 되찾는다.

다른 번역에 따르면 율리시즈는 얼마 후 텔레고노스에 의해 죽임을 당하는데 그는 율리시즈가 자신의 아버지라는 것을 알지 못한 채 가오리 비늘로 만들어진 날카로운 투창을 던져 율리시즈의 몸을 꿰뚫는다.

이리하여 영웅 율리시즈가 자신의 아들과 바다에 의해 죽게 된다는 예언이 이루어진다.

또 다른 버전에 따르면 율리시즈는 얼마 후 테스프로티아로 여행을 가는데 그곳에서 페넬로페와 재결합하는 것을 잊게 된다. 이타케로 돌아와 그는 키르케 사이에서 낳은 자신의 자식인 텔네고노스에 의해 죽임을 당한다. 텔레고노스는 페넬로페와 결혼을 하고 텔레마코스는 키르케와 결혼한다. 율리시즈는 권모술수에 능하기는 했지만 신중하고 용기가 있으며 자신에 차 있던 인물로 트로이 전쟁을 둘러싼 영웅들 중 가장 유명한 영웅 중에 한 명이다.

칼립소

<헤르메스를 통해 율리시즈를 놓아주라는 제우스의 명을 받는 칼립소>

요정이며 오기기아 섬의 여왕인 칼립소는 아틀라스의 딸이었으며 난파되어 섬에 도착한 율리시즈를 받아준다. 율리시즈에게 사랑을 느낀 칼립소는 7년 동안 포플러나무와 실편백가 가득한 숲으로 둘러싸여 있고 포도로 장식된 마법의 동굴 안에서 율리시즈가 자신의 조국을 잊어버리게 하기 위해 애를 쓴다.

그녀는 율리시즈에게 불사의 삶과 영원한 젊음을 유지할 수 있게 해준다. 그러나 그 어느 것도 소용이 없었으니 이타케와 페넬로페에 대한 사랑은 율리시즈의 마음속에 강하게 자리 잡고 있었고 눈에 눈물이 가득 고인 채 율리시즈는 해변에 나아가 바다를 보며 하루하루를 보냈다. 이에 감동을 받은 제우스가 칼립소에게 헤르메스를 보내 율리시즈가 그녀의 섬을 떠날 수 있게 놔두라는 명령을 내린다.

고통과 함께 그의 아이를 낳았지만 칼립소는 제우스의 명령에 복종한다. 그녀는 심지어 율리시즈가 뗏목을 만드는데 도움을 주고 그에게 여행 동안 필요한 식량을 제공해준다. 칼립소는 얼마 후 고통에 못 이겨 죽게 된다.

또 다른 버전에 따르면 율리시즈를 찾아 떠난 텔레마코스와 멘토르를 맞이한 사람이 칼립소라고 전해진다.

페넬로페

페넬로페는 이카리오스와 요정인 페리보이아 사이에 태어난 딸로서 그녀의 이름은 "야생 오리"를 뜻하는 그리스어에서 유래되었는데 그 이유는 율리시즈에 의해 죽임을 당한 아들인 팔라메데스의 복수를 하기 위해 나우플리오스가 페넬로페로 하여금 남편인 율리시즈가 죽었다고

믿게 하였고 절망에 빠진 페넬로페가 물에 빠져 죽게 하려 했는데 오리들의 도움으로 살아났기 때문이었다.

스파르타의 왕인 틴다레오스는 그의 동생인 이카리오스에게 페넬로페와 아름다운 젊은 여인에게 사랑에 빠진 많은 경쟁자들이 벌이는 시합에서 승리를 한 율리시즈와 결혼을 시키라고 설득한다. 그러나 그 아버지는 자신의 딸이 떠나는 것을 보고 싶어 하지 않았고 심지어 그녀에게 되돌아오라고 간청하면서 혼례 마차를 쫓아간다. 화가 난 율리시즈는 아내인 페넬로페에게 선택을 하라고 요구하고 그녀는 천으로 머리를 조용히 덮으며 남편의 말에 순종하겠다는 표시를 한다. 그리고 이카리오스는 그 자리에 신전을 세운다.

트로이 전쟁과 율리시즈의 귀환 기간인 율리시즈의 부재 20년 동안 페넬로페는 율리시즈가 죽었고 자신들 중 한 명을 새로운 남편으로 맞아들이라는 신랑 후보자들이 모든 간계와 압력을 물리쳐야 했다.

이 시간 동안 신랑 후보자들을 기다리게 하기 위해 그녀는 수를 놓고 집안을 정리하며 그녀가 시아버지인 라에르테스의 수의(또는 죽었다고 알려진 남편의 수의)를 다 짠 후에 이들 중 한 명과 결혼하겠다고 약속을 한다.

시간을 벌기 위해 그녀는 낮에 짠 수를 밤에는 다시 다 푼다. 이런 그녀의 속임수는 시녀들 중 한 명의 고발로 인해 드러나게 되고 신랑 후보자들 중 한 명과 결혼을 해야만 하는 위기에 처하는 순간 거지로 변장한 율리시즈가 등장한다. 그녀는 이 이방인을 조심스럽게 환대하였고 그가 남편과 함께 쓰는 침대에 대해 상세히 묘사한 후에야 그가 율리시즈라는 것을 인정한다.

율리시즈는 모든 신랑 후보자들을 죽이고 다시 결합한 부부는 프톨리포르테스라는 다른 아들을 낳는다. 호메우스 이후에 나온 전설은 이와는 약간 다른데 어떤 이들은 페넬로페가 신랑 후보자들에게 결국 굴복하였다고 말하며 또 다른 이들은 율리시즈가 돌아와 그녀를 버렸고 그녀는 만티네에서 일생을 마쳤다고도 한다.

또 율리시즈가 죽은 후 페넬로페가 남편인 율리시즈가 트로이에서 되돌아오던 중 만난 마법사 키르케 사이에서 태어난 아들인 텔레고노스와 결혼했으며 이들 사이에 이탈로스라는 아들이 태어났다고도 한다.

포세이돈

고대 그리스 신화에서 포세이돈은 바다, 항해, 폭풍과 지진의 신이었다. 그는 크로노스와 레아의 아들이었는데 성미가 무뚝뚝하고 싸움을 좋아하는 성격으로서 깊은 바다 속에 왕궁을 세웠다. 그는 12명의 올림푸스 주신들 중 하나이며 로마 신화에서는 넵투누스와 동일하다.

세 명의 형제가 세상을 나눌 때 포세이돈은 물의 왕국을 차지했으며 그를 나타내는 상징으로는 삼지창이 있으며 황소, 돌고래 그리고 말, 키플로프스를 데리고 있었다. 거대한 마구간에는 마차, 황금색 갈기의 흰 말들, 그리고 폭풍을 순식간에 잠재울 수 있는 황금 마차와 더불어 청동으로 된 신발이 있었다.

데메테르가 자신의 딸인 페르세포네를 찾기 위해 헤매면서 너무도 지치고 낙담하여 거인족이나 그 어떠한 신과도 사랑에 빠질 수 없는 상태가 되었을 때, 그녀는 암말로 변하여 아르카디아를 통치하고 있던 아폴론의 아들인 온키오스의 가축 떼와 함께 풀을 먹고 있었다. 그러나 그녀는 포세이돈의 눈을 속일 수 없었으며 포세이돈은 숫말로 변해 그녀에게 접근하고 이 둘 사이에서 요정인 데스포이나와 야생마인 알레이온이 태어난다.

포세이돈은 암피트리테와 결혼하였고 거인족들과의 싸움에 참가했으며 트로이의 성벽을 세웠고 크레타의 황소와 마라톤의 황소, 그리고 헤시오네를 삼켜버린 괴물과 히폴리토스의 말들을 공포에 떨게 했던 괴물들을 풀어주었다.

그는 많은 정부가 있었고 수많은 아이들의 아버지로서 아미모네는 그의 아버지인 다나오스로부터 백성들에게 제공할 샘물을 찾으라는 명령을 받았고 특히 포세이돈의 심기를 거슬리지 않게 행동하라는 명령을 받았다.

그런데 길을 가는 도중, 그녀를 강간하려던 사피로스를 만나게 되자 그녀는 포세이돈에게 도움을 청했고 포세이돈은 삼지창을 던져 이 색한을 쫓아버린다. 삼지창은 바위에 박혔는데 그곳에서 즉시 신선하고 깨끗한 샘물이 솟아 나왔으며 아미모네는 포세이돈에게 샘물이 흐르도록 간청한다. 그녀에게 사랑에 빠진 포세이돈은 이 젊은 여인이 자신과 결혼한다는 조건으로 이 부탁을 들어준다. 그녀는 포세이돈의 심기를 거슬리지 말라는 그녀의 아버지의 명령에 따르면서 한순간도 망설이지 않고 그의 조건을 받아들였고 둘 사이에는 나우플리오스가 태어난다.

육지에 왕국을 세우고 싶은 욕심을 가지고 있던 포세이돈은 어느 날 아테네의 광장에 자신의 삼지창을 꽂음으로써 아티카를 요구했는데 삼지창이 꽂힌 장소에 소금기가 있는 우물이 생겨났다. 얼마 후 케크로프스가 통치하는 동안 아테네가 와서 우물 근처에 첫 번째 올리브 나무를

심으면서 보다 더 온유한 방법으로 그곳에 자리를 잡았다. 화가 난 포세이돈은 아테네에게 싸움을 걸었고 만일 제우스가 개입하지 않았다면 아테네는 포세이돈과 대결을 벌이려 했다. 제우스는 이들에게 가장 유용한 선물을 제공한 사람이 누구인지를 정하기 위한 판정에 복종할 것을 명령했다.

제우스는 아무런 의견도 피력하지 않았지만 모든 다른 남자 신들은 포세이돈을 지지했고 여신들은 아테네를 지지했다. 다수결의 원칙에 따라 아테네가 가장 유용한 선물을 주었기 때문에 이 영토에 대해 포세이돈보다 더 많은 권리를 가지고 있다는 판정이 났다.

이를 계기로 제우스는 이 도시를 서로 좋지 않은 감정을 가지고 있는 아테네와 포세이돈 둘이 나누어 가지라는 명령을 내렸다. 포세이돈은 코린토스를 놓고 헬리오스와 다투었는데 그는 地峽(지협)만을 얻은 반면 헬리오스는 광장을 차지하게 되자 화가 난 포세이돈은 헤라여신에게서 아르고스를 뺏으려 하였고 자신에게 적대적인 다른 주신들 앞에 출두하라는 명령을 거부하면서 또 다시 전쟁까지 불사할 준비를 하였다. 결과적으로 제우스는 이 문제를 강의 신들인 이나코스, 케피소스와 아스테리온에게 판결을 맡겼는데 이들은 헤라여신의 손을 들어주었다.

포세이돈이 말을 창조했다고 알려졌지만 전설에 따르면 포세이돈이 아직 어린애였을 때 레아가 크로노스에게 먹으라고 말을 주었다고 한다. 또한 포세이돈은 아테네 여신이 자신보다 앞서 고삐를 만들었음에도 불구하고 자신이 고삐를 만들었다고 주장한다. 그러나 포세이돈이 경주대회를 시작했다는 점에 대해서는 인정을 하는 편이다. 어쨌든 말은 데메테르에게 사랑에 빠져 그녀를 추적했던 이유로 인해 포세이돈과 밀접한 관계가 있는 것은 사실이다.

폴리페모스

<율리시즈와 그의 동료들이 폴리페모스를 장님으로 만든 장면 (기원전 650년)>

포세이돈과 요정 토오사 사이에 태어난 아들인 이 키클로프스는 이마 한 가운데에 눈이 하나만 있었고 사람을 먹고 사는 거대한 괴물이었다. 그는 산에서 그리 멀지 않은 동굴 속에서 살았으며 산에다 많은 양떼들을 키우고 있었다. 그는 아키스의 정부인 갈라테이아와 불행한 사랑에 빠졌으며 이로 인해 두 명의 젊은이들로부터 처절한 복수를 당하게 된다.

그러나 그는 특히 율리시즈와의 싸움으로 잘 알려져 있다. 율리시즈는 몇 몇의 동료들과 함께 폴리페모스의 땅에 도착하여 그에게 호의를 베풀어줄 것을 부탁하였다. 이에 대한 대답으로 폴리페모스는 율리시즈의 두 명의 동료를 잡아 죽인 후에 그의 거대한 턱뼈로 이들의 뼈를 아작내어 먹어버린다. 그러고 나서 다른 이들을 동굴에 가두어 버리고는 입구를 거대한 돌로 막아버린다. 다음날 아침에 그는 다른 두 명의 포로들을 먹고 저녁에 또 다른 두 명의 포로를 먹는다.

율리시즈가 그에게 준 포도주를 마시고 취해 잠이 들자 율리시즈는 거대한 나무뿌리 끝에 불을 붙여 그의 나머지 동료들의 도움을 받아 키클로프스의 눈에 꽂는다. 폴리페모스는 끔찍한 소리를 질렀고 장님이 되어버린다.

동굴로부터 빠져나오기 위해 율리시즈와 그의 동료들은 암양의 배 밑에 딱 달라붙어 사람들이 암양들의 등을 타고 도망가지 못하도록 손으로 암양들의 등을 더듬는 폴리페모스의 손아귀에서 무사히 벗어난다.

바다를 향해 배의 돛을 올린 후 율리시즈와 그의 동료들은 폴리페모스에게 심한 폭언을 퍼부었고 화가 머리끝까지 난 폴리페모스는 배를 향해 거대한 바위를 던진다. 키클로프스가 율리시즈가 신중하게 말한 자신의 이름이라고 말한 <아무도>를 잡을 수 있게 그의 동료들에게 도움을 청하지만 그가 미쳤다고 생각한 그의 동료들은 그를 내버려두었고 불행한 폴리페모스는 아버지인 포세이돈에게 자신의 복수를 해달라고 간청한다. 포세이돈은 율리시즈로 하여금 수많은 폭풍과 고난을 겪게 한다.

아테네

아테네 또는 아테나로 불리는 그녀는 그리스 신화에 나오는 여신으로서 제우스와 그의 첫 번째 아내이자 티탄의 여신인 메티스의 딸이다.

우라노스가 제우스에게 메티스에게서 태어날 아들이 그의 왕좌를 뺏을 것이라고 말하였고 제우스는 메티스가 임신한 것을 알자, 그 태아를 먹어버린다. 그러나 몇 개월 뒤, 그는 트리토니스 호수 근처에서 머리가 너무도 아팠고 이 아픔으로부터 벗어나기 위해 대장장이 신인 헤파이스토스에게 도끼로 자기의 머리를 쪼개 머리를 열라고 명령한다. 제우스의 머리를 열자, 아테네가 튀어 나와 힘차게 소리 지르며 창과 방패로 제우스의 머리에 들이댔다. 그 후 아테네는 어머니가 없이 제우스 혼자 낳은 딸로 여겨졌다.

아주 빨리 그녀는 올림피아 신전의 신으로서 중요한 자리를 차지하게 된다. 일리아드 오디세이에 따르면 그녀는 제우스가 가장 좋아하는 여신으로 표현되며 그녀가 요구하는 것을 다 들어주었다고 한다. 제우스와 마찬가지로 그녀는 방패를 손에 쥐고 벼락과 천둥을 내리치는 능력을 가지고 있다. 인간들은 의식의 맹세에서 제우스와 아폴론의 이름과 함께 그녀의 이름을 거론한다. 그녀는 또한 종달새와 올리브 나무로 상징되는 지혜의 여신이기도 했으며 오늘날 까지도 그리스 문명을 상징하는 존재로 남아 있다. 헤스티아와 아르테미스와 마찬가지로 아테네는 사냥의 여신이었는데 그녀에 대한 모험담은 전해지지 않고 있다.

아테네 여신

케크롭스 신화에 따르면 아테네와 포세이돈은 아티카의 소유권을 놓고 서로 다투었다. 이들은 지상의 첫 번째 왕이었던 케크롭스에게 심판을 봐달라고 하였고 포세이돈은 자신의 삼지창으로 아크로폴리스를 내리쳤고 그곳에서 소금기 있는 샘물이 생겨나게 했다. 아테네 여신은 올리브를 선물했다. 케크롭스는 자신의 국민들에게 좀 더 유익한 존재는 아테네 여신이라고 생각했고 결국 그녀가 아테네의 수호여신이 된다.

바론에 따르면, 케크롭스가 아테네 시민들에게 그들 스스로 수호신을 선택하라고 하였다고 한다. 남자들은 전쟁에서 승리를 가져오게 하는데 도움이 되는 말을 선호했다. 반면, 여인들은 올리브 나무를 더 선호했다. 결국 한 표 차이로 아테네 여신의 손을 들어주었고, 이에 화가 난 포세이돈은 아티끄를 물속에 잠기게 만들었다. 그의 분노를 가라앉히기 위해 아테네 사람들은 여인들에게 세 가지 벌을 내려야 했는데, 여성들은 더 이상 투표권을 가질 수 없었다. 그리고 어떤 아이도 어머니의 이름을 따를 수 없으며 마지막으로 여인들은 더 이상 아테네 사람이라고 불릴 수 없었다.

<아테네와 함께 올림피아 신전으로 들어가는 헤라클레스>

그의 배다른 남매인 헤르메스처럼 그녀는 영웅들을 보호하는 역할을 하곤 했다. 트로이 전쟁에서 그녀는 그리스인들의 편을 들었는데, 그중에서도 특히 디오메데스를 보호했다. 전쟁이 끝난 후, 그녀는 율리시즈와 텔레마코스를 보호하였다. 그리고 헤라클레스가 12가지 임무를 수행할

수 있도록 도와주었으며 페르세우스가 메두사를 죽이는 것을 도와 자신의 방패에 잘려진 메두사의 머리를 장식했다. 그리고 테베의 창시자인 카드모스에게 용을 죽이고 용의 이빨을 심어 강력한 군대를 양성할 것을 충고하였다. 그리고 벨레로폰에게 페가수스를 어떻게 길들이는지를 알려주기도 했다.

지혜의 여신인 아테네가 무기를 들고 싸움을 하는 전쟁의 여신이라는 것은 어찌 보면 이상하게 생각될 지도 모르지만 그녀는 전쟁터에서 맨 앞에 있었으며 승리의 화신이었다. 거인족들과의 싸움이 일어났을 때 신들을 이끈 이가 아테네 여신이었으며 그녀 스스로 거인인 파라스를 죽여 ≪파라스 아테네≫라는 이름을 얻기도 했다.

난폭한 성격의 전쟁의 신인 아레스와는 반대로, 아테네는 특정 지역에서 특정한 시기에 시민들 사이에서 행해지는 좀 더 정돈된 측면의 싸움을 유도한다.

그리고 아테네는 문명의 여신으로서 아테네 사람들에게 농사짓는 법을 가르쳐주었다. 에릭토니오스에게 수레 만드는 법을 알려주었고 다나오스와 로데스에게는 50개의 뗏목으로서 어떻게 함대를 만들 수 있는지를 가르쳐 주었다.

실로 짜는 모든 것은 아테네 여신의 영역이었는데, 아라크네 이야기에서 아라크네가 아테네 여신보다 실을 더 잘 짤 수 있다고 주장하는 바람에 그녀를 거미로 변하게 만들었다는 것을 보면 이를 잘 알 수 있다.

제우스/주피터

<왕좌에 앉아 있는 제우스를 나타내는 최초의 작품들 중 하나인 라코니아 잔(기원전 560년, 루브르 박물관)>

크로노스와 레아의 아들이자 헤라 여신의 남편인 신들 중의 왕인 제우스는 올림푸스 12명의 주신들 중 하나로서 로마신화에서는 주피터로 알려져 있다.

레아는 크로노스가 자신의 자식들을 먹었다는 사실에 대해 분노하는데 바로 이러한 이유로 인해 그녀는 아르카디에 있는 리케산에서 한밤중에 세 번째 아이인 제우스를 낳는다.

네다강에서 제우스를 씻긴 후 가이아에게 맡기는데 가장 잘 알려진 이야기에 따르면 가이아는 제우스를 크레타에 있는 릭토스에게 맡겼고 릭토스는 제우스를 아에제온산에 있는 딕테의 동굴 속에 감춘다. 그녀는 제우스를 멜리아스의 두 딸인 요정 아드라스테이아와 이오, 그리고 염소 요정인 아말테이아에게 돌보게 한다. 제우스는 이다 산에 있는 벌들이 만든 꿀을 먹으며 자란다.

크로노스가 하늘에서나 땅 또는 바다에서 제우스를 발견하지 못하도록 하기 위해 나무에 걸린 황금 요람 속에 있는 제우스를 레아의 아들인 쿠레스들이 무기를 들고 지켰다. 그들은 아기인 제우스가 우는 소리를 크로노스가 들을까봐 창으로 방패를 두드려 소리를 냈다.

아드라스테이아는 이아소스와 멜리아스의 딸이며 이오와 포로네우스의 자매였다. 제우스의 무료함을 달래는 임무를 맡았던 그녀는 제우스가 울 때 세공된 돌이 들어 있는 황금으로 만든 원 모양의 구멍이 뚫린 구슬을 가지고 공중에 이 구슬을 던지면 마치 유성처럼 하늘에 금빛의 긴 줄을 그어져 이에 빠진 제우스는 무료함을 잊곤 했다. 이 구슬은 나중에 아프로디테에게 전해졌고 또 메데이아의 심장에 꽂혀 있던 화살과 교환하는 조건으로 에로스에게 전해진다.

아르카디에 있는 타우마시온 산에서 레아는 커다란 돌을 배내옷에 쌓아 크로노스에게 주었고 크로노스는 그것이 어린 제우스라고 믿고 먹어버린다.

이다 산에서의 제우스와 헤라

아들인 제우스가 훗날 사랑의 욕구로 인해 겪게 되는 많은 어려움을 예견한 어머니 레아가 제우스에게 결혼하는 것을 금지시키자 화가 난 제우스는 어머니를 강간하겠다고 협박한다. 그녀가 그 자리에서 위협적인 뱀으로 변했음에도 불구하고 제우스는 무서워하기는 커녕 숫 뱀으로 변해 그녀와 똬리를 틀어 계속 협박한다.

아버지인 크로노스를 내쫓은 제우스는 메티스와 결혼하지만 가이아가 크로노스처럼 메티스를 삼켜버리는 똑같은 운명을 겪을 것이라고 예언하면서 그에게 현명한 충고를 해준다.

그리고 제우스는 아르고스 부근의 숲에서 자신의 쌍둥이 누이인 헤라를 찾아 그녀를 유혹하지만 실패한다. 그러나 제우스가 물에 젖은 뻐꾸기로 변하자 뻐꾸기를 가엾이 여긴 헤라는 가슴에 부드럽게 뻐꾸기를 품는다. 그 때 제우스가 원래의 모습으로 돌아오고 둘은 결혼한다. 모든 신들이 결혼을 축하하기 위해 선물을 가져오고 이들은 사모스에서 신혼 첫날밤을 보냈는데 300년 동안 지속된다.

그러나 제우스의 긴 사랑 행각은 계속된다. 하늘에서는 여신들과 땅에서는 요정이나 인간 여인들과 사랑 행각을 벌리는데 그는 많은 신들과 여신들 반신과 요정, 영웅들과 왕들의 아버지가 된다.

때때로 그의 계획과는 반대로 일이 틀어지기도 했는데 예를 들어 그가 테티스를 자신의 여인으로 삼으려고 하자, 테미스는 둘 사이에 태어나는 아들이 가장 위대하고 아버지인 제우스보다 더 힘이 강력할 것이라고 예언한다. 포세이돈 역시 그녀를 좋아했지만 인간인 펠레우스에게 양보하고 펠레우스는 마침내 아름다운 테티스와 결혼하게 된다.

여인을 정복하고 법적 아내인 헤라여신의 질투를 피하기 위해 제우스는 여러 가지 형태의 모습으로 변한다.

제우스는 많은 신화에 등장하는데 그의 탄생과 권력 쟁취에 관한 이야기를 제외하고는 수많은 사랑에 관련된 이야기를 남긴다.

권력 쟁취

성인이 된 제우스는 아버지인 크로노스를 왕위에서 물러나게 하고 자신이 그 자리를 차지하리라 결심한다. 그는 지혜의 상징인 메티스에게 조언을 구하고 제우스에게 토하는 약을 준다. 이를 마신 크로노스는 자신이 삼킨 자식들과 제우스인지 알고 삼켰던 돌을 토해낸다.

그의 권력을 알리기 위해 제우스는 이 돌을 세상 중심에 놓기로 결심한다. 그는 두 마리의 독수리를 세상 양 끝으로 보낸다. 이 독수리들은 델프스에서 만났고 이곳이 세상의 중심이 된다. 제우스는 이곳에 돌을 놓고 성스러운 뱀을 통해 천으로 둘러싸인 배꼽을 지키게 하는데 이것이 델프스의 피톤(파이톤)이다.

— 거인족들과의 전쟁

형제와 누이들과 함께 제우스는 키클로프스들괴 헤카톤케이레스의 도움을 받아 10년 동안 크로노스와 거인족들과 전쟁을 벌인다. 키클로프스들은 자신들이 만든 도구들을 제공하는데 제우스에게는 벼락을, 포세이돈에게는 삼지창을 그리고 하데스에게는 보이지 않게 해주는 투구를 준다. 결국 이들은 타르타르에 갇혀있던 거인족들을 설득하는데 성공한다.

그러나 이것은 그들의 어머니인 가이아의 비위를 거슬리게 되고 이로 인해 거인족들은 올림푸스 신들과 전쟁을 한다.

제우스가 승리한 마지막 전쟁은 티폰과의 전쟁으로서 그는 포로로 잡혀 있다가 판과 헤르메스에 의해 풀려난다.

제우스는 티폰을 시칠리아 밑에 매장하는데 성공하고 형제인 하데스와 포세이돈과 함께 세상을 나누어 지배한다.

힘의 과시

제우스의 권력이 도를 지나치자 헤스티아를 제외한 헤라, 포세이돈, 아폴론 그리고 올림프스에 사는 다른 모든 신들이 참을 수 없는 지경에 이르렀다. 제우스가 침대에서 잠을 자고 있을 때 다른 신들이 그를 에워싸고 그를 가죽으로 만든 줄로 묶고 그가 움직일 수 없도록 100개의 매듭을 지었다.

제우스는 그 자리에서 모든 신들을 죽이겠다고 위협했지만 신들은 벼락을 그의 손이 닿지 않는 곳에 두고 그를 비웃었다. 이들이 자신들의 승리를 축하하고 그의 후계자가 누가 될지 서로 다투고 있는 동안 네레이스의 하나로 미인이었던 테티스가 올림피아 안에서 내전을 일으키고 100개의 손을 가지고 이 손들을 동시에 사용할 수 있는 브리아레오스를 찾아가 도움을 청해 그의 주인을 풀어준다. 헤라여신이 제우스에 대한 음모를 꾸민 장본인이었기 때문에 제우스는 그녀의 손목에 금으로 만든 사슬로 묶고 발목에는 족쇄를 채워 하늘에다 가둔다. 다른 신들은 화가 났지만 감히 그녀를 구할 엄두를 내지 못한다. 결국 제우스는 신들이 더 이상 자신에 대항하지 않겠다는 맹세를 받는 조건으로 그녀를 풀어주기로 결정한다. 제우스는 아폴론과 포세이돈에게 땅으로 내려가 트로이의 성벽을 쌓으라는 벌을 내리고 다른 신들은 용서해준다.

다양한 형벌

— 시지프스를 엄하게 벌한다.
— 인간들을 벌하기 위해 대홍수를 일으킨다.
— 불을 훔쳤다는 이유로 프로메테우스를 벌한다.
— 인간의 모습으로 호의를 베풀기를 청한 제우스가 잠을 자는 동안 암살하려고 했던 리카온을 벌한다.
— 어머니인 헤라를 하늘에 매달아놓았다는 이유로 제우스를 비난한 헤파이스토스를 올림푸스 밑으로 떨어뜨린다.
— 벼락과 천둥을 위조한 죄로 살모네우스를 벌한다.
— 신들을 모욕했다는 이유를 들어 인간인 탄탈로스와 익시온을 벌한다.

제우스는 신들과 인간들의 아버지이며 왕이었고 올림푸스의 왕궁에서 다른 천상의 신들 가운데 최고의 신이었다. 그는 모든 대기 현상을 지배하며 수확과 과일의 수호신이자 풍요의 신이었고 최상의 힘을 가진 신이었다.

헤르메스

헤르메스는 신들의 메신저로서 신화에 자주 등장한다. 아르카디아 전설에 따르면 헤르메스는 키레네 산의 동굴에서 4번째 되는 날에 아르카디아에서 태어났는데 이곳은 제우스가 헤라 여신 몰래 감추어둔 아틀라스의 딸인 마이아를 만나기 위해 자주 왔던 곳이다. 태어나자마자 헤르메스는 말을 하고 걸을 줄 알았으며 요람에서 벗어난 후 동굴에서 나와 의식적으로 거북이를 잡아 속을 비웠는데 왜냐하면 칠현금을 만들려고 하였기 때문이었다. 그리고 줄을 구하기 위해 마케도니아의 피에리아로

갔는데 그곳은 아폴론이 가축 떼를 돌보고 있었다. 헤르메스는 아폴론이 가축 떼를 돌보는 것을 잊고 히메나이오스에게 구애하는 사이에 그에게서 가축 떼의 일부 (작가에 따라 50마리에서 100마리의 가축 떼)를 훔쳤다. 아무도 자신의 도둑질을 알아채지 못하도록 하기 위해 헤르메스는 잎이 우거진 나뭇잎으로 발을 감싼 뒤에 나무 가지로 동물들의 꼬리를 묶었다. 그리고 동굴 속에 가축 떼를 숨기기 위해 그리스를 지나 필로스까지 가축 떼를 데려갔다. 그러나 메날레 근처에서 바토스라고 불리는 노인으로 인해 붙잡히고 그는 침묵을 지킨다는 약속을 받고 보상으로 황소 한 마리를 준다. 그런 후 헤르메스는 올림프스의 12신에게 제물로 2마리 짐승을 받친 후에 나머지 가축 떼를 불태운 후 키레네 산의 동굴로 돌아간다. 그는 제물로 바친 황소들의 창자들로 만든 줄을 거북이의 딱딱한 껍질에 팽팽하게 묶었다(또 다른 해석에 따르면 양의 창자를 줄로 사용했다고도 한다). 이렇게 해서 최초의 칠현금이 만들어졌다. 그런 후 헤르메스는 얌전히 요람으로 돌아갔다. 가축 떼가 도둑맞은 것을 안 아폴론은 짐승들을 찾아 떠났고 길을 가던 도중 바토스를 만나게 되는데 그는 처음에는 아무런 말도 하지 않길 원했다. 그러나 아폴론이 그에게 도둑의 위치를 알려주는 정보의 대가로 두 마리의 황소를 약속한다.

바토스는 헤르메스와 한 약속을 지키지 않았고 헤르메스는 나중에 그를 돌로 만들어버린다.

모든 동굴을 뒤졌지만 허사로 끝나자, 아폴론은 아기인 헤르메스에게 물어봤지만 아기는 암소가 무엇인지 조차 모른다고 말한다. 아폴론은 아기를 자신의 아버지에게로 데려가기로 결심한다. 아기가 말하는 설명들은 뒤죽박죽이었고 제우스는 헤르메스가 아폴론의 활과 화살을 훔쳤다는 것을 안다. 이렇게 해서 도둑의 신이 태어나게 되었다.

제우스는 아들에 대해 흡족했지만 도둑질 한 것을 되돌려주라고 명령한다. 아폴론은 아름다운 소리를 내는 칠현금에 흠뻑 빠졌고 헤르메스는 그에게 자신이 훔친 가축 떼와 칠현금을 바꾸자고 제안한다. 이렇게 해서 무역의 신이 태어나게 되었다.

아레스로 변장을 한 후 헤르메스는 헤라여신에게 갔고 속은 헤라는 헤르메스를 무릎 위에 앉히고는 젖을 먹인다.

얼마 후에 이전에 도둑질한 가축 떼를 돌보던 헤르메스는 플룻을 만든다. 아폴론은 이 새로운 악기를 원하였고 이를 위해 그에게 소를 몰 때 사용하는 황금 지팡이인 케리케이온을 준다(이 지팡이는 나중에 헤르메스의 지팡이가 되는데 지팡이를 둘로 나누려고 하면 뱀들이 나타난다). 헤르메스는 조그만 조약돌을 가지고 하는 예언에 대한 방법을 알려주는 조건으로 교환에 합의한다.

제우스는 이렇게 재치 있는 아들을 얻는 것을 매우 기뻐하여 그를 자신의 메신저로 삼는데 다른 신들 역시 그의 도움을 청하게 된다.

또 다른 모험들

— 쓰면 보이지 않게 해주는 하데스의 투구를 쓰고 거인 히폴리토스를 죽인다.

— 알로아다이에 의해 청동 항아리 안에 갇혀 있던 아레스를 구해준다.

— 티폰이 제우스의 힘줄을 훔쳐 킬리키아의 코리키온 동굴 안에 곰의 가죽 밑에 숨어 놓았을 때, 헤르메스가 뱀인 델피네에게서 이것을 찾아온다.

— 헤라, 아테네 그리고 아프로디테 사이에 미인 대회를 개최한다.

— 헤라클레스를 지옥으로 인도하여 케릅로스를 사냥하는 것을 도왔고 오르페우스가 아내인 에우리디케를 구하려다 실패하고 에우리디케를 다시 지옥으로 데려간다.

— 헥토르의 시신을 요구하기 위해 아킬레스의 천막으로 프리아모스와 함께 동행한다.

— 율리시즈에게 키르케의 마법을 보호하는 마법 식물인 마늘을 준다.

— 어린 디오니소스를 이오에게 맡기고 헤라의 분노를 없애기 위해 딸처럼 키울 것을 설득한다.

— 제우스의 여행에 동참하여 리카온, 필레몬과 바우키스를 방문한다.

— 아버지가 이오를 유혹하도록 도와주고 100개의 눈을 가진 아르고스를 죽이는 것을 돕는다.

텔레마코스

<오디세우스와 텔레마코스에 의한 신랑 후보자들의 학살> 기원전 330년 루브르 박물관

텔레마코스는 오디세우스와 페넬로페의 아들이며 오디세이 신화 중 4장까지에 등장한다.

그는 청소년 시절을 이타케에서 보냈는데 이곳에서 자신의 거처로 신랑후보자들이 도착하는 것을 무력하게 지켜본다. 그러나 아테네가 그의 유년 시절을 돌봐주고 멘테스와 나중에 텔레마코스의 교육을 맡게 되는 멘토르의 모습으로 변장하여 그에게 충고를 해준다.

좀 더 나이가 들자, 텔레마코스는 신랑 후보자들로부터 이타케와 어머니를 구해내려 한다.

그는 필로스에 있는 네스토르를 방문해 그의 아버지의 흔적을 찾기 위한 여행을 하는데 이곳에서 그의 딸인 폴리카스테를 알게 되고 그녀의 보살핌을 받는데 후에 그녀를 아내로 맞이한다.

그는 메넬라오스를 만나게 되는 게 그로부터 아버지가 요정인 칼립소에 의해 붙잡혀 있다는 사실을 알게 된다. 돌아오는 길에 그는 아테네의 충고 덕분으로 신랑 후보자들이 파놓은 함정에 빠지지 않는다.

텔레마코스가 이타케로 돌아왔을 때 오디세우스는 이미 이타케에 있었고 충직한 돼지치기인 에우마이오스가 서로를 알아보게 하여 둘은 함께 복수의 계획을 세운다.

전설에 따르면 오디세우스는 나중에 텔레마코스를 귀향 보내는데 그 이유는 자신이 아들의 손에 죽임을 당할 것이라는 예언 때문이었다. 그가 과연 나우시카와 결혼을 했는지는 명확하게 밝혀지지 않았다.

그의 아버지가 자신의 아들인 텔레고노스의 손에 죽임을 당한 후 텔레마코스는 아테네의 충고에 따라 어머니와 함께 아버지를 화장하기 위해 아이아이에 섬으로 간다.

아테네는 텔레마코스와 키르케, 그리고 텔레고노스와 페넬로페의 이중 결혼식을 하게 하고 키르케를 불사의 존재로 만든다. 텔레마코스는 키르케와의 사이에서 라티누스라는 아들을 낳았다고 전해진다.

메넬라오스

아가멤논의 동생인 메넬라오스는 아투레우스와 아에로페의 아들이었는데 형인 아가멤논과 함께 시키온과 아이톨리아에서 젊은 시절을 보낸다. 스파르타의 틴다레오스가 나라를 다스릴 만큼 성장하자 그는 티에스테스를 쫓아낸다. 상황이 아버지에게 아트레우스의 왕좌가 넘어가는 쪽으로 흐르자, 스파르타의 틴다레오스 왕의 궁전으로 피신하는데 그에게는 헬레나라는 아름다운 딸이 있었고 메넬라오스는 그녀와 결혼한다. 아마멤논이 아르고스의 왕위를 재탈환하는 동안 메넬라오스는 그의 장인이 죽으면서 그에게 스파르타의 왕좌를 넘겨주어 그곳에 머문다. 그는 헬레나와 행복하게 살았는데 헬레나는 그에게 3명의 아들을 낳아주었고(어떤 학자들은 헬레나에게 한 명의 자식만이 있었다고 주장한다), 트로이아의 왕인 프리아모스의 아들인 파리스가 스파르타를 지나가다가 그를 만나게 되는데 메넬로우스는 그를 환대하지만 제물을 바치기 위해 자리를 비워야 했다. 그가 없는 동안 파리스는 헬레나를 유혹하고 그녀를 납치하여 트로이아로 향한다. 자신의 아내가 납치되었다는 것을 안 메넬라오스는 이 치욕을 복수하고자 헬레나의 이전 신랑 후보자들을 소집한다.

메넬라오스와 율리시즈는 헬레나를 돌려줄 것을 평화적으로 요구하는 사절단의 일원으로 트로이아에 간다. 그러나 유괴자들의 거부로 인해 대부분의 그리스 도시국가들이 공동 군대를 조직한다. 10년 동안 지속된 트로이 전쟁 동안, 메넬라오스는 수많은 트로이 사람들을 죽였고 파리스는 아프로디테가 보호하지 않았다면 메넬라오스의 발아래에서 죽음을 맞을 뻔 한다.

파리스가 죽은 후 헬레나는 데이포보스와 결혼하는데 데이포보스는 메넬라오스가 도시로 입성할 때 자신의 집을 향해 가고 있었고 결국 메넬라스의 손에 죽임을 당한다. 수년 동안의 헤어짐 끝에 헬레나와 메넬라오스의 극적으로 만나게 된다. 그러나 여전히 그녀의 아름다움에 매료된 메넬라오스는 그녀를 용서한다. 메넬라오스가 너무나 기쁜 나머지 신들에게 제물을 바치는 것을 잊어버린 까닭에 8년 지난 후에야 걸쳐 귀환하였는데, 그는 스파르타에서 다시 찾은 아내와 살게 된다. 그는 죽어서 헬레나와 함께 에리시온으로 들어가도록 허용된다.

헬레나(헬레네)

스파르타의 왕인 메넬라오스의 아내인 레다는 그에게 네 명의 자식을 주었는데 둘은 쌍둥이 형제인 카스토르와 폴리데우케스, 그리고 자매인 클리타임네스트라와 헬레나가 그들이다. 그러나 헬레나과 폴리데우케스는 사실 제우스의 자식들이었다. 전설에 따르면 제우스로부터 구애를 받은 네메시스가 모습을 바꿔가면서 도망가지만 제우스에게 잡혀 관계를 맺고 스파르타의 숲에서 알을 낳았는데 (그러나 제우스와 관계를 맺은 여인이 레다라고 알려져 있다) 그 안에서 두 아이가 나왔다고 전해지며 하나는 틴다레오스가 아버지로 둔 불사의 존재가 아닌 인간의 아들이, 그리고 다른 알에서는 제우스가 아버지인 불사의 아들이 태어났다고 한다.

헬레나는 매우 아름다웠으며 이미 테세우스는 그녀가 아르테미스의 사원에서 춤을 추고 있을 때 그녀를 납치했다. 그는 그녀를 아티크로

<메넬라스와 헬레나>

데려가 지옥으로 가기 전에 그녀와 결혼했으며 이로 인해 이피게네이아라 불리는 딸이 태어난다. 헬레나는 그의 오빠인 카스토르와 폴리데우케스에 의해 풀려나며 이들은 그녀를 스파르타로 데려간다. 이피게네이아는 영원히 처녀로 남기 위해 그녀의 숙모인 클리타임네스트라에게 맡겨진다.

그녀가 결혼할 나이가 되었을 때 그리스의 모든 지도자들은 그녀에게 결혼신청을 하였다. 전설에 따르면 헬레나는 스스로 내면적인 면은 고려하지 않고 가장 잘생긴 왕자를 신랑으로 택했다고 전해지기도 하고 틴타레오스가 자신의 딸이 가장 좋아하는 사람이 아닌 가장 부유한 왕자를 신랑으로 정했다고도 한다. 이들의 경쟁으로 인해 그리스가 분열될 위기에 처하자, 율리시즈의 제안에 따라 틴타레오스는 말을 제물로 바치고 말의 가죽위에 신랑 후보자들을 올라가게 한 후 맹세를 하게 했다. 맹세의 내용은 헬레나가 남편으로 누구를 선택하던 간에 신랑 후보자들은 누구라도 신랑에게서 헬레나를 뺐어가는 일이 발생했을 때 모두 함께 그를 도와준다는 것이었다.

그녀를 차지하기 위해 싸움을 했던 수많은 신랑 후보자들 중 그녀와 결혼한 사람은 메넬라오스였다. 그녀는 이 결혼 후 헤르미오네라는 딸을 낳는다.

그녀는 트로이의 왕자인 파리스의 마음을 사로잡았고 그는 그녀를 납치하여 트로이로 데려간다. 이들이 했던 맹세에 따라, 모든 신랑 후보자들이 그리스인들을 상대로 트로이 사람들이 했던 치욕을 복수하리라 결심한다. 이로서 트로이의 긴 전쟁이 시작된다.

메넬라오스가 죽은 후 헬레나는 로도스로 피신하는데 그녀를 폴릭소가 환대하지만 트로이 앞에서 자신의 남편인 틀레폴레모스의 죽음으로 절망하던 그녀는 헬레나를 비난하고 결국 자살로 몰아간다.

헬리오스

그리스 신화에서 헬리오스는 거인족인 히페리온과 그의 누이인 테이아의 아들이며 셀레네와 에오스의 형제이다. 태양의 신이자 달빛과 예술

의 신인 아폴론과는 반대로 그는 태양 그 자체를 의인화한 존재이다.

그의 주된 역할은 대지에서 일어나는 모든 것을 밝혀주는 것이다. 오디세우스에서 아레스와 아프로디테의 불륜을 헤파이스토스에게 알려주었던 것이 바로 헬리오스이다. 또한 하데스가 여신에게 자신의 딸인 페르세포네를 납치한 것을 알려주기도 했다. 신들과 인간들의 관찰자로서 호메로스는 그를 <모든 것을 보고 듣는 존재>라고 특징지었다. 그는 페르세포네와 로데스에서 숭배 받는 신이다.

<오디세우스>에서 그는 트리나크리섬에서 소떼와 양떼들을 소유하고 있는 것으로 알려져 있는데 오디세우스는 이타케로 돌아올 때 이 섬을 지나가게 된다. 오디세우스는 동료들에게 성스러운 가축 떼를 손대지 말 것을 명령하지만 그가 잠든 사이에 배고픔을 견디지 못한 그의 동료들이 암소를 죽인다. 헬리오스는 오디세우스의 배에 벼락을 내리는 제우스 곁에서 복수를 다짐하고 오디세우스는 혼자만이 살아남아 여행을 하게 된다.

헬리오스는 머리에 번쩍이는 광빛을 통해 쉽게 알아볼 수 있으며 네 마리의 말이 끄는 이륜 전차를 타고 다닌다. 그리스 사람들은 헬리오스를 제대로 받들지 못하면 떠오르지 않을까 두려워했다. 게다가 태양은 대지에서 일어나는 모든 일을 볼 수 있으므로 태양에 대한 맹세에서 자주 언급된다.

<나는 그것을 헬리오스에게 맹세하오니>라는 말은 <이것은 사실이며 태양이 이를 입증할 수 있다>라는 의미로 해석된다.

시간이 흐름에 따라 헬리오스는 아폴론으로 불리는 또 다른 태양의 신과 달빛의 신인 포이보스와 혼동되기도 한다. 헬리오스를 숭배하는 주된 지역은 로데스인 반면 아폴론은 델프스에서 숭배된다. 헬리오스는 또 헤라클레스와 관계된 신화에도 등장하는데, 헤라클레스가 에리테이아 섬으로 게리온을 사냥하기 위해 리비아 사막을 건널 때였다. 너무도 찌는 더위에 지친 헤라클레스가 태양신인 아폴론에게 활을 쏘며 비난했다. 이 때 헬리오스가 황금 술잔을 이용할 수 있도록 허용해 주어 오케아노스 강을 건너 목적지에 도달할 수 있게 해준다.

아이기스토스

<오레스테스와 아트레우스에 의해 살해되는 아이기스토스>

그리스 신화에서 아이기스토스는 티에스테스와 그의 딸인 펠로피아 사이에서 태어난 아들로 묘사된다. 티에스테스는 자신의 형제인 아트레우스에 의해 왕좌를 뺏기게 된다. 게다가 티에스테스는 아트레우스의 아내인 아에로페와 부적절한 관계를 맺는다. 이에 대한 복수로 아트레우스는 티에스테스의 아들을 죽이고 그에게 그 육체를 밀가루라고 속여 먹인다. 그가 아들의 육신을 먹은 후에 아트레우스는 그가 방금 먹은

것이 그의 아들의 육신이라는 것을 알려준다. 아버지로부터 강간을 당한 펠로피아는 테스프로티아에 살고 있었고 아트레우스가 그녀에게 구혼을 한다. 테스프로테스는 그녀가 아버지의 아이를 임신하고 있다는 사실을 밝히지 않은 채 두 사람의 결혼을 승낙한다. 아트레우스의 궁전에서 태어난 아이기스토스는 염소의 젖을 먹고 자라는데 후에 아트레우스는 아이기스토스가 펠로피아의 아들이라는 사실을 알고 자신의 아들로 착각하여 기른다.

아이기스토스는 티에스테의 복수와 함께 잘 알려진 인물이다. 아가멤논과 메넬라오스는 아버지인 아트레우스의 명을 받고 델포이에서 티에스테스를 잡는다. 미케네로 압송된 티에스테스를 아트레우스가 아이기스토스를 시켜 죽이도록 명령한다. 그러나 죽음 직전에 자신의 딸인 펠로피아를 강간했을 때 자신의 칼을 딸이 지니고 있었는데 그 칼을 아이기스토스가 지니고 있는 것을 본 티에스테스는 자신이 아버지임을 밝힌다. 자신의 딸인 펠로피아는 아버지를 감옥에서 만난 후 자신을 범한 사람이 다름 아닌 아버지라는 사실에 충격을 받고 자살한다. 아이기스토스는 아버지를 죽이지 않고 대신 어머니의 피가 묻은 칼을 아트레우스에게 보여주며 속이는데 그가 신들에게 감사의 제물을 바치는 사이 그를 죽인다. 아가멤논이 트로이 전쟁에 참가한 사이 아이기스토스는 헤르메스의 경고를 무시한 채 그의 아내인 클리타임네스트라를 유혹한다. 딸 이피게네이아가 남편으로 인해 죽었다고 생각한 아가멤논의 아내는 아이기스토스와 결탁하여 아가멤논을 죽음으로 몰아간다. 그러나 이기스토스는 아가멤논의 아들인 오레스테스에 의해 결국 죽임을 당한다.

아가멤논

<왕좌에 앉아 있는
아가멤논>

아가멤논은 트로이 전쟁에서 등장하는 영우들 중 한 명으로서 아르고스의 아트레우스 왕과 에로페 여왕의 아들이며 메넬라오스의 형이다. 다른 전설에 따르면 그는 플레이스테네스의 아들로서 에로페의 첫 번째 남편을 죽였다고도 한다.

아가멤논은 흔히 제우스에 비유되는데 역사학자들은 아가멤논을 제우스가 인간의 모습으로 변할 때의 모습으로 생각한다.

아트레우스가 아이기스토스와 그의 아버지인 티에스테스에 의해 살해된 후 아르고스의 왕위를 찬탈하자 아가멤논과 메넬라오스는 추방당한다. 이들은 스파르타의 왕인 틴다레오스에게 몸을 의탁하는데 그의 딸들인 클리타임네스트와 헬레나와 결혼한다. 클리타임네스트 와의 사이에서 아가멤논은 세 명의 딸인 이피게네이아, 엑렉트라, 크리소테미스 그리고 오레스테스라는 아들을 낳는다. 틴다레오스를 이어 왕위를 물려받은 메넬라오스는 아가멤논을 도와 그가 아버지의 왕국을 되찾는데 도움을 주며 그리스에서 가장 강력한 군주가 되게 한다.

파리스가 헬레나를 납치하자 아가멤논은 트로이와의 전쟁을 하기 위한 원정대를 이끌게 되지만 아가멤논의 배가 출항하기 전 바람이 갑자기 멈추어 배들이 꼼짝 못하게 된다. 아가멤논은 아르테미스 여신이 아끼는 사슴을 죽였다는 이유로 여신의 기분을 상하게 하였다(혹자는 아가멤논이 사냥의 여신인 아르테미스보다 사냥을 더 잘한다고 주장했기 때문에 여신의 기분이 상했다고도 한다). 칼카스 여신은 아가멤논 자신이 딸인 이피게네이아를 제물로 바치지 않은 이상 여신의 분노가 가라앉지 않을 것이라고 알려준다. 아가멤논은 딸을 제물로 바칠 것에 동의하지만 다행히 제물로 바치기 직전 아르테미스의 화가 가라 앉아 이피게네이아를 암사슴으로 변하게 한다. 이로서 배가 출항할 수 있게 된다.

이기멤논의 이야기 중에 아킬레스와의 싸움은 빼놓을 수가 없는데 아가멤논은 아폴론 신전의 사제인 크리세스의 딸인 크리세이스를 포로로 잡아 노획품으로 자신이 차지한다.

그는 그녀의 아버지가 몸값을 지불하였음에도 불구하고 그녀를 아버지에게 돌려줄 것을 거부하고 사제의 명예에 대한 복수를 하기 위해 아폴론은 그리스인들에게 끔찍한 전염병을 돌게 한다. 칼카스로부터 신의 분노를 설명 받고 아가멤논은 크리세이스를 돌려주어야 하며 보상 차원에서 아킬레스의 소유가 된 첩인 브리세이스를 바친다. 텐트 안에 갇혀 있던 아킬레스의 분노는 일리아드 이야기에서 중요한 부분이다. 트로이아를 전령한 후 아가멤논은 전리품을 나누어 가질 때 프리아모스의 딸인 카산드라를 얻는데 그녀는 그에게 펠롭스 2세와 텔레다모스라는 두 아들을 낳는다.

귀환하는 도중 아가멤논은 아이기스토스의 환대를 받게 되는데 클리타임네스트를 유혹한 아이기스토스는 아가멤논을 연회에 초대한 뒤 명예롭지 못한 방법으로 죽인다.

다른 전설에 따르면 아가멤논은 욕조에서 헝겊 또는 줄로 묶여 꼼짝 못하게 된 상태에서 아내에 의해 죽임을 당했다고 전해진다. 그녀는 딸인 이피게네이아를 제물로 바친 것에 대한 복수와 카산드라에 대한 질투심으로 아가멤논을 죽였다고 전해진다. 아가멤논을 죽인 자는 그의 아들인 오레스테스에 의해 죽임을 당한다.

아가멤논은 왕권을 대표하는 인물로 묘사되는데, 최고의 지휘관으로서 회의장에 군주들을 소집하고 전쟁에서 군대를 지휘한다. 그는 스스로 전투에 참가하여 11명의 트로이 사람을 죽이고 부상을 당해 자신의 막사로 물러나기 전 많은 영웅적인 행동을 완수한다.

그러나 그는 신들의 실수로 아테에 의해 눈이 멀게 되는데 크리세스와 아킬레스를 비난하고 그로 인해 그리스인들의 파멸을 초래한다.

오레스테스

오레스테스는 미케네의 왕인 아가멤논과 크리타임네스트라 사이에서 태어난 마지막 자식이다. 이미 아주 어렸을 때 그는 자신의 부상을

치료하기 위해 약을 찾으러 온 텔레페에게 볼모로 잡혔었다. 오레스테스는 아버지인 아가멤논이 트로이아 전쟁에서 돌아오는 길에 클라임네스트라와 그의 정부인 아이기스토스에 의해 죽임을 당했을 땐 어렸었다.

그는 누이인 엘렉트라의 도움을 받아 포키스에 있는 삼촌인 스트로피오스에게로 몸을 피한 그는 그의 사촌인 필라데스와 돈독한 우정을 나누는데 필라데스는 오레스테스가 불행을 겪을 때 그의 곁에 있어 준 충직한 동반자였다.

성인이 된 오레스테스는 아폴론의 충고에 따라 아버지의 죽음에 대해 복수하기로 결심한다.

필라데스와 함께 그는 몰래 미케네로 들어가 누이인 엘렉트라와 공모하여 어머니인 크리타임네스트라와 그의 정부인 아이기스토스를 죽인다. 그의 살인은 매우 정당한 복수로 보였지만 모친을 살해했다는 점에서 신들의 분노를 샀고 신들은 에리니스로 하여금 델프스까지 오레스테스를 쫓게 만들었다.

그러나 아폴론은 오레스테스를 버리지 않았으며 그에게 아테네로 몸을 피할 것을 권하고 아테네의 결정적인 중재와 아폴론의 옹호 덕분에 살인죄를 면하게 된다. 아폴론은 델프스에서 오레스테스를 정화시켜 주고, 아폴론의 입을 통해 타우리드에 있는 아르테미스의 조각상을 찾으러 가면서 광기로부터 치유될 것이라고 알려준다.

타우리드에서 오레스테스와 필라데스는 이방인으로서 제물로 바쳐지는 위기의 순간에 아르테미스의 여신관인 이피게네이아가 알아봤고 그녀는 이들과 함께 조각상을 가지고 달아난다.

메가로폴리스를 지나면서 오레스테스는 더 이상 괴롭힘을 당하지 않기 위해 에리니스에게 상징적으로 손가락을 주었고 분노가 가라앉은 에리니스로 인해 오레스테스도 정상으로 돌아온다. 오레스테스는 또 다른 많은 모험을 했는데 트로이 전쟁 때 헤르미오네를 납치하여 그녀와 결혼한다. 헤르미오네는 메넬라오스와 헬레나의 딸이었는데 트로이아 전쟁 때 영웅에게 기쁨을 주기 위해 아킬레스의 아들인 피로스에게 주기로 하였었다.

미케네에서 그는 부당하게 강탈당한 아버지인 아가멤논의 왕위를 물려받았고 헤르미오네와 결혼한다. 이로서 오레스테스는 아르고스와 미케네 그리고 스파르타의 왕이 된다.

또 전염병이 그의 왕국을 휩쓸었고 트로이아 전쟁 동안 파괴되었던 도시국가와 사원들이 복원되어야만 전염병이 끝날 것이라는 예언을 받게 된다. 이런 이유로 해서 그는 소아시아로 사람들을 보낸다.

오레스테스는 오랫동안 왕의 자리에 있다가 나이가 들어 뱀에 물려 죽었고 아르카디아의 테게아에 묻혔다. 다른 이야기에 따르면, 나중에 한 스파르타인이 그의 유골을 파내 스파르타로 옮긴 이후 스파르타는 테게아와의 전투에서 늘 승리했다고 한다.

우라노스

<우라노스, 16세기, 팔라초 베키오 (피렌체)>

우라노스는 하늘을 의인화 한 것이다. 전설에 따르면 우라노스는 대지의 어머니인 가이아의 아들인데 우라노스와의 사이에서 거인족, 씨클롭스, 타이탄족 그리고 많은 신들을 낳는다.

그러나 자식들을 미워한 우라노스는 대지와 하늘에서 아주 멀리 떨어진 지하 세계인 타르타르로 자신에게 대항한 자식들과 키클로푸스들을 던져버리는데 그곳은 철침을 던지면 바닥에 이르는데 9일이 걸리는 깊은 곳이었다.

우라노스에게 복수를 하기 위해 대지의 어머니 가이아는 거인족들을 설득하여 그들의 아버지를 공격하게 하였고 7명의 거인족 들 중 가장 어린 크로노스의 지휘 하에 일을 진행시켰다. 이들은 잠을 자고 있던 우라노스를 급습하였고 잔인한 크로노스는 반달 모양의 낫으로 우라노스를 베었다.

왼손으로 생식기를 잘라낸 후(이때부터 왼손은 불길한 징조가 되었다) 키프로스 섬(또는 키테라섬) 가까이에 있는 바다에 던져버렸는데 어떤 학자들은 여기에서 아프로디테가 탄생하였다고도 한다.

상처로부터 흘러나온 핏방울이 대지의 어머니에게 떨어졌고 그녀는 세 명의 에리니스들을 낳는다. 거인족들은 타르타르에 갇혀 있던 키플로푸스들을 풀이주고 크로노스에게 대지의 통치를 맡긴다.

그러나 크로노스는 보다 강력한 권력을 원하였고 다시 타르타르에 있는 키플로푸스들을 100개의 팔을 가진 거인들과 함께 공격한다. 그는 누이인 레아와 결혼하고 엘리드를 통치한다.

크로노스

하늘의 우라노스와 대지의 가이아 사이에 태어난 아들로서 누이인 레아와 결혼한다.

가장 잘 알려진 이야기에 따르면, 그의 어머니인 가이아는 남편인 우라노스의 행동에 매우 못마땅해 했다고 한다. 그녀가 백 개의 팔을 가진 거인족들과 키클로프스들을 낳았을 때 우라노스는 이들을 왕국에서 내쫓았다 (다른 해석에서는 이들을 감금했다고 한다). 그녀는 크로노스에게 반달 모양의 낫을 주어 우라노스가 가이아와 재결합하려 했을 때

<자식들 중 하나를 삼키고 있는 크로노스, 고야 (마드리드)>

공격하게 했다. 크로노스는 뒤로 잘린 생식기를 던졌는데 여기에서 흐르는 핏방울로 에리니스들, 거인족과 요정들이 태어났다.

크로노스는 우라노스 대신에 통치를 하는데 그 역시 아버지처럼 난폭해진다. 그는 자기 자식들 중 하나가 자기가 아버지에게 했던 것처럼 자신의 왕좌를 뺐을 것이라는 예언을 듣고는 다시 거인족들과 키플로프스들을 감금하고 자식들을 한 번에 한 명씩 삼켰다. 그의 아내이자 누이인 레아는 계속해서 헤스티아, 데메테르, 헤라, 하데스, 포세이돈과 제우스를 낳는다. 크로노스는 제우스를 제외한 이들 모두를 먹었는데 레아는 제우스를 어머니인 가이아에게 맡긴다. 그녀는 크로노스에게 보자기로 쌓인 커다란 돌을 제우스 대신에 대체하였고 크로노스는 제우스인줄 알고 그 돌을 삼킨다. 제우스는 크레타에 있는 딕테산에 사는 요정들에 의해 몰래 키워졌고 크로노스가 아이의 울음소리를 듣지 못하게 하기 위해 쿠레스들이 방패를 두들기는 동안 염소의 젖을 먹고 자란다.

나중에 제우스는 메티스 여신과 결혼하고 그는 크로노스가 5명의 다른 자식들을 토해내게 하기 위해 구토제를 먹인다. 전쟁이 벌어지고 크로노스는 제우스가 풀어준 거인족들과 씨클롭스들의 도움을 받아 제우스와 나머지 아들들에 의해 왕위를 뺏긴다. 크로노스느는 이아페토스와 다른 티탄 신족들과 함께 타르타로스 깊은 곳에 던져지고 백 개의 팔을 가진 거인들이 이들을 지킨다. 크로노스는 아이들을 토해내기 전에 제우스 대신에 먹은 돌을 뱉었는데 이 돌이 세상의 중심을 나타내는데 사용된다.

다른 신화에 따르면 크로노스는 잔인한 군주가 아니라 매우 훌륭한 군주로서 황금시대를 열었다고 한다.

아르고나우타이

아르고나우타이의 집합

그리스 신화에서 아르고나우타이는 황금의 양털을 찾기 위해 아르고스 선단에 이아손과 함께 떠난 영웅들을 지칭하는데 이들은 많은 전설 속에 등장한다.

이올코스의 왕이 죽자 포세이돈의 아들인 펠리아스는 자신의 배다른 형제이자 아이올로스의 자손이며 이아손의 아버지인 합법적인 왕위 계승자 아이손으로부터 왕위를 빼앗는다. 한 예언자가 펠리아스에게 그가 아이올로스의 후손에게 죽임을 당할 것이라고 말하자, 펠리아스는 모든 아이올로스의 후계자들을 죽이는데 이아손만이 그녀의 어머니인 티로의 도움을 받아 살아남는다. 그러나 펠리아스는 아이손을 성안에 있는 감옥에 가두고 왕위 계승을 포기할 것을 종용한다. 아이손는 폴리메데와 결혼하여 아들을 낳았는데, 펠리아스는 만일 그의 어머니가 마치 아이가 사산되었던 것처럼 꾸며 아이의 부모들을 오라고 하지 않았다면 가차 없이 이 아기를 죽였을 것이다. 아이는 마을을 벗어나 펠리온 산에 버려졌는데 켄타우로스족의 케이론이 마치 아킬레스에게 했던 것처럼 이 아이를 맡아 키운다.

또 다른 예언에 따르면 펠리아스에게 한 짝의 신발만을 신고 나타난 아이올로스의 후손에게 목숨을 잃을 것이라고 말한다.

어느 날 그의 친척들이 포세이돈에게 재물을 바치기 위해 강을 건너 그에게 오고 있었는데, 그의 시선이 한 젊은이에게 고정되었다. 그 젊은이는 키가 크고 긴 머리에 딱 달라붙는 가죽의 긴 옷과 표범 가죽으로 만든 옷을 입고 있었다. 그는 긴 두 개의 창으로 무장하고 있었으면 한짝 신발 밖에 신고 있지 않았다.

또 다른 신발은 진흙으로 이루어진 강인 아나우로스를 건널 때 강을 건너려던 한 늙은 노파가 일행들에게 자신을 건널 수 있게 해 달라고 요구했는데, 어떤 사람도 이 늙은 노파에 대해 동정심을 가지고 있지 않았지만 이 젊은 이방인이 그녀를 등에 업었다. 그러나 그는 그 늙은 노파의 몸무게 때문에 무릎을 꿇고 말았는데 사실 그 노파는 헤라여신이 변장한 것이었다. 펠리아스가 늘 상 바치던 재물을 헤라여신에게 바치지 않았기 때문에 헤라여신은 그를 벌하기로 마음먹었던 것이다.

펠리아스가 이 젊은 청년에게 다급한 모습으로 물었다. 너는 누구며 너의 아버지의 이름은 무엇이냐? 그는 이전에 이아손의 아들의 이름으로 불렸음에도 불구하고 자신을 키워준 키케론이 자신의 이름이 이아손이라고 말해주었다고 그에게 전한다. 그는 불길한 시선으로 그를 바라보며 물었다. 만일 너의 같은 고향 사람 중 하나가 너를 죽일 것이라는 예언이 있다면 너는 어떻게 할 것이냐?

<나는 그를 코르키스에 있는 황금 양털을 찾아오라고 보낼 것입니다>. 그는 헤라여신이 그의 입을 통해 이 말을 하게 만들었다는 것을 전혀 알지 못한 채 이렇게 말을 한다.

<너는 네가 지금 누구에게 말을 하고 있는 것인 줄 아느냐?> 하고 말한 펠리아스는 자신의 정체를 밝히고 이아손은 자신의 정당한 왕위를 돌려줄 것을 그에게 요구한다. 그러나 그는 양이나 소와 같은 가축들을 요구하지는 않았고, 포세이돈에게 재물을 바치기 위해 와 있었던 그의 삼촌인 페레스 왕과 필로스의 왕이 이아손을 지지하자, 펠리아스는 감히 그의 왕위 계승권을 거절하지 못하고 다음과 같이 말을 한다.

<나는 네게 우리 민족이 겪고 있는 저주로부터 우리를 해방시켜주길 부탁한다>

이아손은 펠리아스는 훨씬 전에 죽음을 피하기 위해 신성한 숫양의 등을 타고 오르코메노스 로부터 도망친 프릭소스의 유령에게 시달림을 받고 있다는 것을 알게 된다.

그는 코르키스로 도망을 갔고 그가 죽은 후에 그를 매장하지 않았었다. 한 예언에 따르면 그의 망령이 숫양의 황금 양털과 함께 배로 돌아와야만 이아손의 家系(가계)가 번성할 수 있다는 것이었다.

황금 양털은 아레스의 성스러운 숲의 한 나무에 걸려 있었고 밤낮으로 깨어있는 용이 지키고 있었다. 펠리아스는 이아손이 힘든 임무를 마치고 나면 기꺼이 자신이 양위를 넘겨주겠다고 선언하는데 마치 비로소 이성을 갖춘 사람처럼 말을 한다.

이아손은 펠리아스가 부탁한 이 일을 거절할 수가 없었고 그는 아르고스에게 50명이 탈 수 있는 배를 만들라고 명령한다. 그리고 전 그리스에다 자신과 함께 바다로 떠날 지원자들을 모집한다고 공표한다.

아르고나우타이의 출발

이아손은 그리스의 50명의 위대한 영웅들과 함께 페가수스를 타고 아르고에 정박한다. 이 탐험대 중에는 유일한 여성인 아틀란테를 비롯하여 오르페우스, 펠레스, 천리안을 가진 린케우스, 복서인 폴리데우케스, 헤라클레스 등 많은 영웅들이 참여했다. 이밖에도 이아손은 청동 신발을 신고 코에서는 불을 뿜는 두 마리 황소가 끄는 수레로 밭을 갈고 카드모스의 용의 이빨을 밭에 심는 것 같은 일을 해야만 했다. 용의 이빨들을 밭에 심자, 무기를 든 남자들이 나타나 이아손을 공격했다. 왕의 딸이자 이아손과 사랑에 빠진 메데이아의 마술의 힘 덕분으로 이아손은 모든 시험을 통과한다.

아르고나우타이의 이야기는 많은 대중적인 이야기들을 혼합한 가장 오래된 그리스 이야기들 중 하나로서 가장 중심 되는 주제는 영웅을 없애기 위해 그를 아주 위험한 여행으로 보내고 그에게 아주 힘든 임무를 맡기며 영웅은 뜻하지 않은 도움을 받게 된다는 것이다.

아틀라스

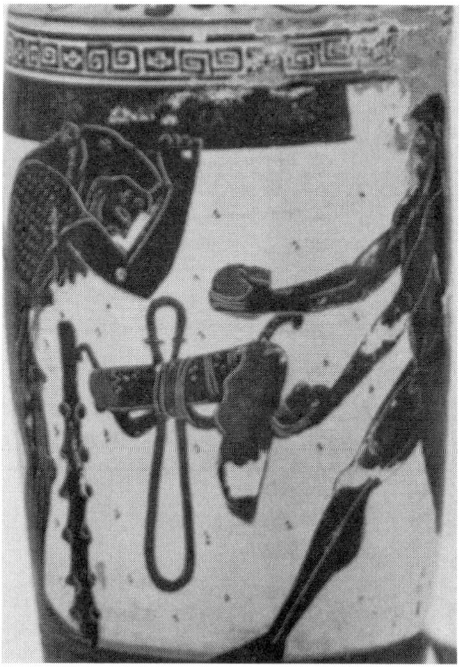

<헤라클레스와 아틀라스>

거인 아틀라스는 요정인 클리메네의 아들이거나 거인 에우리메논의 아들로 알려져 있다. 그의 형제들은 에피메테우스, 프로메테우스와 메노이티오스였고 그는 히아데스와 헤스페리데스의 아버지다.

형제들 중에 맏형인 거인 아틀라스는 내안선의 매우 넓은 지역의 왕국을 지배하고 있었기 때문에 바다의 깊이를 잘 알고 있었다.

신화에 따르면 아틀라스가 클리토에게서 쌍둥이 5형제를 낳게 하였는데, 그 중 포세이돈이 맏형이며 형제들은 제물로 받친 황소의 피를 통해 아틀라스에게 충성하겠다는 서약을 한다. 처음에 아틀라스의 형제들은 금은보화를 아틀라스에게 바치는 매우 덕망 있고 신용 있는 사람들이었다. 그러나 어느 날, 이들은 탐욕과 악의로 물들었고 제우스의 허락 하에 아테네인들은 아무런 도움 없이 이들을 물리쳤다. 그리고 동시에 신들은 홍수를 일게 하여 아틀란티스를 물에 잠기게 하였다. 성문과 사원은 두꺼운 진흙으로 뒤덮였고 바다로 항해하는 것은 불가능했다.

아틀라스

아틀라스와 메노에티오스는 크로노스와 타이탄 족과 합세하여 이들을 제우스와 올림피아 신들에게서 구출한다. 제우는 벼락으로 메노에티오스를 죽여 타르타레스로 보내고, 아틀라스에게는 영원히 지구를 양 어깨에 짊어지는 형벌을 내린다.

그날 이후 아틀라스는 헤라클레스가 황금의 사과를 아틀라스가 가져오는 잠깐 동안 지구를 떠받들고 있었던 시간 이외에는 지구를 계속 양 어깨에 떠받치고 있다.

어떤 이들은 페르세가 메두사의 머리를 보여줌으로써 아틀라스를 돌로 만들었다고 말하기도 한다.

아르고스와 이오

<구름으로 변한 제우스가 헤라 여신 몰래 이오에게 접근한다. 콜레주, 빈 미술관>

그리스 신화에서 이오는 강의 신인 이나코스와 멜리아의 딸로 아르고스에 있는 헤라 여신의 신전에 여사제로 등장한다. 어느 날 그녀는 레르네 근처로 가 그곳에서 제우스를 만나는 꿈을 꾼다. 그의 꿈을 들은 그녀의 아버지는 예언자인 델포이와 도도나에게 조언을 구하는데 자신의 딸이 이 꿈대로 해야지 그렇지 않으면 모든 가족이 벼락을 맞아 죽을 위험이 있다고 전해준다. 그리하여 그녀는 이 호수 근처로 가 실제로 제우스를 만나게 된다. 이 젊은 여인의 아름다움 때문인지, 아니면 판과 에코의 딸인 인크스의 주문 때문인지는 모르지만 제우스는 그녀와 사랑에 빠진다. 제우스는 구름으로 변하여 그녀와 자주 밀애를 갖는데 이들의 관계는 제우스의 아내인 헤라여신이 이들 앞에 갑자기 나타나면서 들통 나게 되는데, 제우스는 그녀의 아내인 헤라여신이 자신의 불륜관계를 알아차리지 못하도록 하기 위해서 이오를 흰색의 빛이 나는 암소로 모습을 바꾼다. 하지만 이러한 동물 모습으로 변하는 것에 속지 않은 헤라는 제우스에게 그 암소를 자신에게 달라고 한다. 이오가 헤라의 손에 넘어갔음에도 불구하고 제우스는 때때로 황소로 모습을 바꾸어 몰래 그녀를 만난다.

헤르메스와 암소로 변한 이로 그리고 아르고스

그러자 헤라는 제우스와 그녀의 관계를 떨어뜨려 놓기 위해 아르고스에게 그녀를 지키라고 명령한다. 아르고스는 100개의 눈을 가진 거인으로서 50개의 눈이 잠자고 있는 동안 다른 50개의 눈을 뜨고 있었다. 사실 눈의 수는 확실하지 않은데 왜냐하면 그는 수를 무한정하게 늘릴 수 있었기 때문이다. 그는 놀랄 만한 힘을 지녔는데 이 힘을 이용하여 아르카디아를 야생 황소로부터 구해준 적도 있었다. 그는 또한 아르카디아인들의 가축 떼를 훔쳐가는 사티로스를 죽였으며 무서운 에키드나도 죽였다.

제우스는 아들인 헤르메스에게 이오를 구출하기 위해 아르고스를 죽일 것을 명령한다. 아르고스는 이오를 좀 더 잘 감시하기 위해 미케네에 있는 성스러운 숲에 있는 올리브 나무에 묶어 놓았다. 헤르메스는 아르고스를 찾아 하프를 켜면서 아주 긴 지루한 이야기를 그에게 들려줌으로써 그를 잠들게 하는데 성공한다. 아르고스가 잠들자, 헤르메스는 그의 목을 자른다(헤르메스가 아르고스를 죽이기 위해 사용한 방법에 대해서는 여러 가지 해석이 있는데 어떤 이들은 헤르메스가 그에게 돌을 던져 그를 죽였다고도 하고 또 어떤 이들은 마법의 팬 플룻을 이용하여 그가 잠든 틈에 죽였다고도 한다). 헤라여신은 자신에게 충실했던 아릇고스를 위해 그리고 그의 눈을 회수하여 자신이 좋아하는 공물인 공작의 꼬리에 단다.

아르고스에게서 벗어난 이오는 너무도 기뻤지만 그 기쁨도 그리 오래 가지는 않았다. 헤라는 이를 복수하기 위해 이오에게 등에를 보내 끊임없이 그녀를 찌르게 만들었다. 미칠 지경에 이른 이로는 화가 나 도망을 가 여러 나라를 돌아다닌다.

도망치는 도중, 그녀는 카우카소스산에 묶여 있던 프로메테우스를 만나게 되는데 그로부터 그녀가 언젠가 사람의 모습으로 돌아가고 위대한 영웅인 헤라클레스의 선조가 될 것이라고 말한다. 그리고 프로메테우스 역시 후에 풀려나게 된다.

그녀는 마침내 이집트에 도착하는데 제우스는 그녀를 젊은 여인으로 모습을 바꾸게 하고 그녀와의 사이에서 에파포스라는 아들을 낳는다. 헤라여신의 명령에 따라 쿠레테스들이 아들을 납치하였으나 제우스에 의해 아들을 찾은 후 그녀는 이집트에 정착하였나 그리고 죽은 후 하늘의 별자리가 되었다.

하르피아이

하르피아이는 바다의 신인 타우마스와 오케아노스의 딸인 엘렉트라의 (아가멤논의 딸과 혼동하지 말 것) 딸들이었다. 이들의 수와 이름은 작가들에 따라 매우 다양하다.

처음에 하르피아이는 매우 아름다운 머릿결을 가진 날개가 달린 여인들로 묘사되었는데 전설이 바뀌면서 차츰 끔찍한 괴물의 모습으로 묘사된다. 하르피아이는 새의 몸과 여인의 머리를 가진 괴물로 표현되는데, 날카로운 이빨을 가지고 있으며 고약한 냄새를 풍겼다. 이들은 아이들과 죽은 자들의 영혼을 납치하였는데 어떤 무덤에는 이빨로 영혼을 가져가는 이들의 모습이 그려져 있는 것을 볼 수 있다. 이들은 이오니아 바다에 있는 스트로파데스 섬에 살고 있었으며 호메우스는 이들을 폭풍의 여신

들로 묘사하기도 했다.

또한 서풍인 제피로스와 하르피아이 중 하나로서 망아지의 모습을 하고 있던 포다르게가 결합하여 유명한 불사의 말인 바리오스와 크산토스를 낳았는데 이 말들은 아킬레스에게 주어졌다. 사람들의 모든 실종에 이들이 책임이 있다고 보는 사람들이 있는데 신들조차 이들로부터 안전하지 못하다고 알려져 있는데 그 이유는 판다레오스가 죽은 후 그녀의 딸들을 키운 아프로디테, 헤라 그리고 아테네가 이들을 순결하게 해주었기 때문이다. 여신들이 젊은 여인들의 결혼에 대해 토의하기 위해 올림푸스로 간 틈을 이용하여 하르피아이는 에리네스에게 시녀로 주기 위해 젊은 여인들을 납치한다. 에네는 하르피아이 중 하나인 케라이노를 만나게 되는데 그녀로부터 트로이 사람들이 자신들의 식탁을 먹을 수밖에 없을 정도로 배고픔에 시달린 후에야 새로운 조국에 도달할 수 있을 것이라는 예언을 한다. 트라키아의 필레우스 왕은 신탁의 재능을 가지고 있었는데 제우스는 하르피아이를 그에게 보냈다. 왜냐하면 그가 인간에 관한 몇 가지 비밀을 발견했기 때문이었다. 제우스는 그를 장님으로 만들었고 하르피아이는 그의 식탁에 놓인 음식을 먹거나 더럽히기 위해 왔다. 왕은 아르고나우테스들을 반갑게 맞이하고 이들에게 여행에 대한 미래를 알려주었으며 이들 중 두 명인 날개 달린 매형과 처남인 칼라이스와 제테스에게 하르피아이를 쫓아달라고 간청한다.

식사가 준비되고 하르피아이가 도착했을 때, 보레아스의 아들들이 이들을 쫓아간다. 전설의 끝은 작가들마다 차이가 나는데, 가장 잘 알려진 이야기에 따르면, 칼라이스와 제테스가 하르피아이를 이오니아 바다에 있는 스트로 파데스 섬까지 쫓아간다. 이때 하르피아이의 자매인 이리스가 나타나 제우스의 명령에 따라 하르피아이를 쫓는 것을 그만 둘 것을 요구하는데 왜냐하면 하르피아이는 단지 신의 명령에 따른 것이기 때문이었다. 그 대신 하르피아이는 필레우스를 조용히 놔둔다. 하르피아이는 크레타에 있는 딕스 산의 동굴 속에서 살았다.

다나이스들

<다나이스들>

아시리아, 아라비아, 이집트, 리비아를 포함한 왕국의 왕인 벨로스왕은 포세이돈과 리비아의 아들이자 아게노르의 쌍둥이 형제다. 그의 아내인

안티노와 함께 아이깁토스, 다나오스가 태어났다. 아이깁토스는 아라비아 왕국을 물려받았지만 멜람포데스 지방을 정복하였고 그의 이름을 따 이집트라 불렀다. 그는 각기 다른 어머니로부터 50명의 아들을 낳았는데 리비아를 지배하기 위해 파견된 다나오스에게는 다른 어머니로부터 태어난 다나이스들라 불리는 50명의 딸이 있었다. 벨로스가 죽자 쌍둥이 형제는 유산을 놓고 싸움을 하였고 화해의 행위로서 아이깁토스는 50명의 왕자와 50명의 공주들을 결혼시키자는 제안을 한다. 음모일지도 모른다고 의심을 한 다나오스는 한 예언자가 아이깁토스가 다나이스들을 죽이려는 음모를 계책하고 있으며 리비아를 떠나는 것이 좋다는 말을 듣고 자신이 옳았다는 생각을 한다.

아테나의 도움을 받은 그는 배를 만들어 모든 가족을 모은 후 로데스를 거쳐 아르고스로 도주한다. 도중에 로도스 섬의 린도스에 들러 다나오스는 다나이스들로 하여금 아테나 상을 세우도록 한다. 아르고스에 도착한 다나오스는 자신이 아르고스의 왕이 되도록 신들에게 선택받았다고 공표한다. 그러나 게라노르는 아테네 여신의 비호를 받고 있다는 다나오스의 선언을 믿지 않고 결국 아르고스인들은 회의를 소집하여 이 문제를 의논한다. 그 때 거대한 늑대가 산에서 내려와 도시 성벽에서 그리 멀리 떨어지지 않는 가축 떼를 공격해 가축들의 우두머리 황소를 죽였는데 사람들은 이 사건을 만일 게라노르가 왕위를 다나오스에게 양위하지 않는다면 다나오스가 힘으로 이들을 정복할 것이라는 예언의 전조라고 믿고 게라노르를 설득하여 저항 없이 왕위를 양위하도록 설득한다. 이 늑대가 아폴론이 변장한 것이라고 믿었던 다나오스는 아르고스에 아폴론 신전을 세운다. 다나오스는 아르고스인들이 포세이돈이 모든 강물과 모든 급류들의 물을 마르게 한 날로부터 긴 가뭄에 빠져 있다는 것을 알고 딸들을 보내 물을 찾고 모든 방법을 써서라도 포세이돈의 은총을 받을 수 있도록 하라는 명령을 내린다. 딸들 중 아네모네라 불리는 딸이 숲속에서 수사슴을 쫓아가다가 우연히 잠들어 있던 사티로스 (반인반수의 숲의 신) 를 발견한다. 그는 껑충 뛰어올라 그녀를 범하려고 한다. 그러나 그녀가 포세이돈의 이름을 언급하자, 포세이돈이 나타나 사티로스에게 삼지창을 던진다. 사티로스는 삼지창을 교묘히 피하고 도망친다. 삼지창은 바위에 꽂히고 포세이돈은 아네모네와 사랑을 나눈다. 그리고 포세이돈에게 그녀의 아버지가 지시한 내용을 말해주자 포세이돈은 바위에 꽂힌 삼지창을 뽑으라고 말을 한다. 그의 말대로 삼지창을 뽑자 세 개의 구멍이 생겼고 그곳에서 물이 솟아났다. 이 샘물은 오늘날 아네모네라 불리며 레르네 강의 근원지가 되었으며 심지어 가뭄이 심한 여름에도 결코 마르는 적이 없다고 한다.

아이깁토스는 아들들을 아르고스로 보내며 다나오스와 그의 모든 가족을 벌하기 전에는 돌아오지 말라는 명령을 내린다. 아르고스에 도착한 이들은 다나오스에게 결정을 되돌리고 자신들이 딸들과 결혼할 수 있도록 허락해 달라고 간청한다. 그러나 사실 이들은 결혼식 날 다나오스의 딸들을 죽일 계획이었다. 다나오스가 이들의 제안을 거절하자 이들은 아르고스를 포위한다. 가뭄이 곧 사라질 것을 안 다나오스는 아이깁토스의 아들들이 요구한대로 할 것을 약속한다. 그리고 합동결혼식이 거행되는데 이 결혼 축하 향연이 벌어지는 동안 다나오스는 딸들에게 긴 장미 가시를 나눠주고 머리카락 속에 숨기도록 한다. 그리고 자정이 되자, 딸들은 자신의 남편들의 가슴 한복판에 가시를 찌른다.

이 왕자들 중 단 한 사람만이 살아남는다. 아르테미스의 충고에 따라 히페름네스트라는 린케우스의 생명을 구해주었는데 왜냐하면 그가 그녀의 처녀성을 존중해주었기 때문이었다.

그녀는 그가 도망갈 수 있도록 도와주었고 새벽에 다나오스는 히페름네스트라가 자신의 명령을 어겼다는 사실을 알게 된다, 그녀는 재판을 받게 되지만 아르고스의 재판관들에 의해 무죄로 판명된다. 살해당한 왕자들의 머리는 레르네에 묻히고 이들의 육신을 아르고스 벽 아래에서 장례를 치르게 한다. 그러나 아테네와 헤르메스가 제우스의 허락을 받아 레르네의 호수 물로 다나이스들을 정화시켜 주었음에도 불구하고 죽음의 사신들은 딸들이 죽은 후 영원히 구멍 난 항아리에 물을 채우게 될 것이라고 결정한다.

린케우스와 히페름네스트라는 다시 만나게 되고 가능한 한 빨리 다른 딸들도 결혼시키기로 결심한 다나오스는 이들의 정결의식을 치루는 날 전에 구혼자들을 찾아 나선다. 그는 달리기를 통해 사위 후보자들을 뽑으려고 생각하는데 일등을 한 사람이 첫 번째로 아내를 고를 수 있으며 나머지들은 도착 순서에 따라 아내를 고를 수 있도록 할 예정이었다. 그러나 이 여자 살인자들과 결혼하여 자신들의 목숨을 위태롭게 할 생각을 가진 젊은 남자들의 수는 많지 않아 극소수의 후보자들만이 달리기 시합을 하였고, 이들이 결혼 첫날밤이 지나고 아무런 사고를 당하지 않자 다른 남편 후보자들이 또 다른 달리기 시합에 참가하였고 그 다음날 시합이 이루어졌다. 이렇게 하여 다나오이 후손들이 생겨나게 되었다.

이러는 동안 아이깁토스는 그리스에 도착했지만 자신의 아들의 운명을 안 후 그는 아로에로 도망쳐 그곳에서 죽는다. 후에 다나이스들은 린케우스에 의해 자신들의 아버지와 마찬가지로 죽임을 당하며 지옥으로 보내져 죽음의 사자들이 판결한 대로 구멍 난 항아리에 물을 채우는 형벌을 받게 된다.

멘토르

오디세우스가 믿는 친구인 멘토르는 트로이아 전쟁으로 오디세우스가 자리를 비운 동안 그의 아들인 텔레마코스의 교육을 맡았다. 호메우스에 따르면 아테네 여신이 텔레마코스를 방문하기 위해 그의 외모를 빌렸다고 한다.

네스토르

그리스 신화에서 네스토르는 넬레우스왕의 가장 나이가 어린 아들로서 헤라클레스가 그의 형제들을 모두 죽인 학살에서 살아남은 유일한 생존자였다. 그가 이 비극에서 살아남을 수 있었던 내용은 두 개의 신화가 서로 다르게 설명하고 있는데, 하나는 그가 형제들과 멀리 떨어져 메세니아에서 게레니아의 손에 자랐기 때문이라고도 하고 또 하나는 그만이 넬레우스와 그의 11명의 다른 아들들이 공모하여 헤라클레스가 돌보던 게리온의 황소를 훔치는 일에 동참하는 것을 거절했기 때문이라고도 한다. 이로 인해 헤라클레스는 네스토를 살려주었고 그를 메세니아의 왕이 되게 해준다. 아폴론은 그에게 3세대에 걸쳐 살 수 있도록 해주었는데 그 이유는 그의 외삼촌들을 죽인 후 신이 이 살인을 묵고해주는 조건으로 오랜 세월동안 자식을 낳지 못하게 하는데 동의했기 때문이다. 왕이 된 네스토르는 자신의 왕국을 급습한 책임이 있는 필리에인들과 에페이엔들과 여러 번에 걸쳐 전쟁을 하였는데 포세이돈의 중재로 몰리오니데스인들은 그다지 많이 학살하지 않는다. 그리고 일대일 결투에서 거인 에레우탈리온을 죽인다. 그의 이름은 칼리돈의 멧돼지 사냥에 참가한 사람들 중에 거론되며 켄타우수스와 싸운 라피테스 전투에서도 나오고 심지어 아르고스 탐험대에서도 거론된다.

그는 트로이 전쟁의 영웅들 중 가장 현명하며 나이가 많다. 그의 충고는 모든 이들이 따랐으며 일리아드 오디세이 신화에서 전쟁에 참여하는 노인으로, 그리고 특히 많은 경험을 바탕으로 충고를 하는 존재로 부각된다. 메넬라오스가 헬레나의 납치 후 네스토르에게 조언을 부탁하였고 네스토르는 싸움에 참가하려는 영웅들을 소집하기 위해 그리스 전체를 그와 함께 동행 한다. 그 자신도 90척의 함대를 이끌고 전쟁에 참가하였고 아킬레스와 아가멤논 두 사람 사이의 논쟁이 벌어졌을 때 이들의 화합을 이끌어내기 위해 노력한다. 작가들에 따르면 그는 아낙시비아 또는 에우리디케의 남편이었으며 여러 명의 아들을 낳았다.

그 중 안틸로코스와 트라시메데스는 네스토르 옆에서 트로이 전쟁에 참가하였다. 그는 또 피시디체와 폴리카스테라는 두 딸이 있었는데 일리아드에 관한 후대의 신화에 따르면, 파트로클레스 다음으로 아킬레스의 최고의 친구였던 그의 아들인 안틸로코스가 아가멤논을 상대로 자신의 목숨을 희생하여 네스토르의 목숨을 구했다고 한다.

에오스

에오스는 새벽의 여신으로서 로마신화에서의 아우로라 여신과 동일인물이다. 그녀는 티탄족인 히페리온과 테이아의 딸이며 셀레네와 헬리오스의 누이다. 어느 날 에오스의 침대에 있는 아레스를 발견하고 화가 난 아프로디테는 그녀를 젊은 인간과 사랑에 빠지게 하는 벌을 내린다. 수줍음과 부끄러움에 얼굴이 빨개진 그녀는 티탄족인 아스트라이오스와 이미 결혼을 하였음에도 불구하고 몰래 젊은 인간들을 유혹하는데 티토노스와 결혼한 후 그를 불사신으로 만들어달라고 제우스에게 간청하였다. 그러나 젊음을 유지할 수 있게 해달라는 말을 잊는 바람에 그는 죽지는 않았지만 추한 모습으로 늙어갔다(추한 남편과 잠자리를 피하기 위해 새벽에 일어나는 바람에 새벽의 여신으로 불리게 되었다는 이야기도 있다). 그 후에도 에오스는 사냥하는 케팔로스에게 반해 그를 납치하는데 결국 그와 그의 아내인 프로크리스로 하여금 서로 질투를 하게 하여 남편의 손에 죽게 된다. 또한 그녀는 오리온을 델로스로 데려가는데 신성한 곳에 그를 데리고 왔다는 이유로 아르테미스의 분노를 사 오리온은 죽임을 당한다.

암피트리테

그리스 신화에서 암피트리테는 네레우스와 오케아노스의 딸인 도리스의 딸로서 바다의 여왕이자 포세이돈의 아내로 묘사된다. 암피트리테는

일리아드 이야기에서는 전혀 알려지지 않는 인물로서 여기에서는 아프로디테의 어머니인 디오네만 언급되고 있다. 오디세이에서 암피트리테는 바다의 여신으로 해상괴물들의 주인으로 언급되고 있지만, 포세이돈과의 관계는 언급하고 있지 않다. 또한 암피트리테는 델로스 사람인 아폴론에 대한 호메로스 찬가에 등장하는데 여기서 그녀는 헤라여신의 의견에 맞서 아폴론의 탄생을 주재했던 여신들 중에 하나다. 신계보학에서 그녀와 포세이돈의 관계가 언급되는데 이 둘은 트리톤이라는 괴물을 낳는다.

신화에서 암피트리테와 포세이돈과의 만남에 대한 이야기를 들려주는데 포세이돈은 낙소스섬에서 암피트리테가 춤추는 모습을 보고 사랑에 빠졌고 암피트리테가 도망을 쳐 거인신인 아틀라스 근처로 몸을 피한다. 포세이돈은 그녀를 찾기 위해 많은 수의 부하들을 파견한다. 이 부하들 중 하나인 돌로래인 델피노스가 그녀를 찾아내고 그녀를 설득하여 포세이돈과 결혼할 것을 승낙한다. 델피노스의 노고를 치하하기 위해 포세이돈은 그를 돌고래좌라는 하늘의 별사리로 변하게 한다.

바람

대부분의 고대 사람들은 바람을 의인화 내지 신성시했다. 그리스 사람들은 바람을 날개가 달린 종족으로 생각했으며 자신들을 아이올리스 섬에 잡아 둔 에오레에게 복종하였다.

호메우스 시대부터 그리스 사람들은 바람을 에오레 이외에 4가지로 구분했다.

아이올로스

히포테스의 아들인 아이올로스는 리파로스의 딸이자 아내인 키아네와 함께 아이올리아의 떠있는 섬에 살았다. 이들은 6명의 아들과 6명의 딸 모두 12명의 자녀를 두었다. 그는 제우스로부터 바람을 지키라는 명령을 받은 경험 많은 선원이었는데 바람을 동굴 속에 가두었고 포세이돈의 명령에 따라 이들을 놔주었다. 그는 오디세우스가 트로이에서 귀환하는 중에 만났고 그에게 항해에 방해가 되는 모든 바람을 가둬둔 놀라운 가죽주머니를 선물로 주었다.

그러나 오디세우스가 잠이 든 사이 그의 동료들이 호기심과 시기심으로 인해 가죽 주머니를 열었고 그로 인해 모든 바람이 빠져나와 폭풍을 일으킨다.

보레아스

북풍으로서 별의 신인 아스트라이오스와 새벽의 신인 에오스의 아들이다. 그는 아테네 왕인 에렉테우스의 딸인 오레이티아를 납치하여 키오네와 클레오팔라 등 많은 자녀를 낳는데 트라키아는 그가 머물기 좋아하는 장소였으나 여러 나라에서 숭배를 받았다. 아테네에 사람들은 그를 자신들의 수호신으로 삼아 그를 기리는 사원을 가지고 있었다. 그의 모습은 수염이 나고 눈으로 덮힌 머리카락을 하고 있으며 펄럭이는 옷을 입고 있는 우중충한 노인으로 묘사된다. 때때로 다리 대신에 뱀을 가지고 있다.

노토스

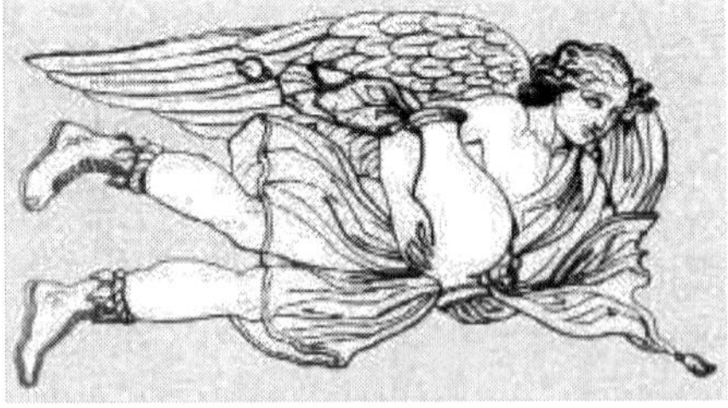

비를 동반하는 남풍이다.

에우로스

동풍으로서 수염이 나고 날개가 달렸으며 커다란 외투를 입고 있는 형상으로 묘사된다.

제피르

서풍으로서 일리아드에서 제피르는 매우 난폭하고 비를 많이 뿌리는 바람으로 묘사되지만 나중에는 부드럽고 가벼운 바람으로 눈을 녹이는 포근한 바람으로 여겨진다. 그의 모습은 날개가 달린 젊은 남자로 묘사되는데 오랑캐꽃과 앵초로 덮인 이마와 반쯤 벗은 몸과 손에는 봄에 피는 꽃들로 가득 찬 바구니를 들고 있다.

레토

레토는 코이오스와 포이베의 딸로서 쌍둥이 자매인 아폴론과 아르테미스의 어머니다. 이들의 아버지는 헤라와 결혼하기 전 레토와 몸을 섞은 제우스인데 이런 이유로 해서 그녀는 헤라여신의 분노를 겪어야 했다. 어떤 대지에서도 거인족이었던 그녀를 받아주길 원하지 않았는데 그 이유는 헤라여신이 이 거대한 거인족 여인을 받아주지 말라는 금지명령을 내린데다 그녀가 출산을 하는 나라에는 태양이 비추지 못하도록 하였기 때문이었다. 이러한 이유로 제우스는 북풍인 보레아스를 시켜 이 젊은 여인을 오르티기아라 불리는 조그마한 섬으로 포세이돈에게 데려가게 했다. 레토의 누이인 아스테리아는 독수리의 형상을 한 제우스에게서 벗어나기 위해 조약돌로 변했고 바다로 뛰어들었는데 그녀는 <대지>라는 이름을 가질 권리가 없는 떠있는 섬인 오르티기아가 되었다. 게다가

포세이돈은거대한 파도를 일으켜 태양으로부터 이 섬을 숨겼다. 헤라도 탄생의 여신인 에일레이티아도 레토를 어쩌지 못했고 9일 후 에일레이티아는 이리스의 요구에 굴복하여 레토가 아르테미스와 아폴론을 낳을 때 돕는다. 종료나무를 둘둘 감고 아이들을 낳았는데 다른 전설에 따르면 레토가 델로스 옆에 있는 섬에서 자식을 낳았고, 그녀는 이 섬에 아들이 사원을 지을 것을 약속하였다. 이 이야기에 따르면 레토는 킨티아에 주춧돌을 세웠고 아폴론과 아르테미스의 별명이 <델리오스의 신들>과 <킨티아의 신들>이 되었다고 한다.

또 다른 이야기에 따르면 레토는 자식들을 두 개의 다른 섬에 낳았다고 하는데 아르테미스는 오르티기아에서, 아폴론은 델로스에서 낳았는데 이는 아마도 이 두 섬 사이에 혼동 때문인 것으로 생각된다. 자식들이 태어난 후 포세이돈은 기둥을 세워 바다 깊숙한 곳에 이 섬을 움직이지 않게 했고 섬에 식물들이 자라게 했다. 아폴론은 가이아의 보호를 받고 있는 티티오스를 죽였지만 헤라는 질투를 멈추지 않았다. 자식들을 낳은 후 레토는 어느 날 크산토스 강에서 아이들을 씻기려고 한다. 그러나 헤라의 명령으로 이곳의 농부들이 아이들을 씻기지 못하도록 물을 더럽게 만든다. 화가 난 레토는 늑대들을 시켜 농부들을 쫓고 이들을 개구리로 만들어버린다. 두 자식은 어머니인 레토를 깊은 사랑으로 돌보았는데 아폴론은 어머니가 임신한 동안 그녀를 괴롭히던 괴수인 피톤뱀을 죽인다.

그는 또한 그녀를 강간하려는 거인 티티오스를 죽였으며 특히 누이와 함께 감히 자신의 어머니와 견줄려고 했던 니오베의 자식들을 거의 다 죽인다.

아르테미스

그리스 신화에서 아르테미스는 사냥의 신이며 태양의 신인 아폴론과 비교되는 달의 신으로서 로마 신화에서 다이아나와 동일인물이다.

그녀는 제우스와 레토의 딸이고 아폴론의 쌍둥이 누이로서 아폴론과 많은 공통적인 특징을 가지고 있다.

아르테미스는 수렵과 궁술뿐 아니라 야생의 자연과 동물들의 주인으로 군림하였다. 또한 그녀는 사람들의 발길이 거의 닿지 않는, 경작되지 않은 땅을 주로 다녔다. 문명화된 세상과 야생의 세계 사이의 경계지역에 살던 사냥꾼인 아르테미는 소인국 사람들과 동물들과 함께 성인이 될 때까지 함께 동행 했다. 키클롭스가 준 활과 화살로 무장한 아르테미스는 쌍둥이인 아폴론과 함께 거인과 싸우기도 하고 뱀인 피톤

헌주(獻奏)를 붓고 있는
아르테미스

과도 싸웠다. 트로이 전쟁에서는 트로이 사람들이 편에 섰고 활로써 니오베를 공격하기도 했다. 또 그녀는 여인들에게 갑작스러운 죽음을 선고하고 아폴론은 남자들에게 갑작스러운 죽음을 내렸다. 일리아드에서 헤라 여신은 그녀를 여성들에게는 무서운 암사자라고 표현하고 있다.

숲을 가로 질러 달리는 그 어떤 것에도 복종하지 않은 자부심 강한 야성의 아르테미스는 무엇보다도 야생 세계에 속하는 존재이다. 신들 중에서 디오니스소스를 제외하고는 유일하게 야생 동물들에게 둘러싸여 있다. 또 요정들의 우두머리이기도 한 아르테미스는 <시끄러운 여인>이라는 별명을 가지고 있는데 그 이유는 그녀가 사냥개떼를 데리고 다니면서 큰 소리로 이 개들에게 사냥을 시키기 때문이다. 사실 아르테미스는 야생 동물들을 데리고 다니는 동시에 사냥을 하는 사냥꾼으로서의 두 얼굴을 가지고 있다. 암사슴은 그녀가 가장 좋아하는 동반자인데 그녀가 나타나는 많은 그림들을 살펴보면 늘 그녀 곁에 암사슴이 있는 것을 알 수 있다. 그럼에도 불구하고, 아르테미스는 화살로 수사슴을 사냥하고 다니는 것으로 아주 잘 알려져 있다.

사수좌(射手座) 의 자리를 차지하고 있는 이 여신은 길을 잃은 자들이나 이방인 또는 밤을 이용하여 도망을 가는 노예들을 인도하는 신으로 통하기도 한다. 또한 아르테미스는 라틴어로 트리비아라는 이름을 가지고 있는데 이는 <인생의 갈림길에서 길을 밝혀주는 존재>라는 뜻이다.

아테네와 헤스티아처럼 아르테미스는 <처녀> 여신으로서 단성 생식의 존재로서 불을 다루고 남자와 성을 통한 모든 사업을 금하는 것과 관계가 있다. 그녀는 그녀를 유혹하려는 남자들을 엄하게 벌준다. 악타이온이 우연히 그녀가 목욕하고 있는 곳에 나타나 그녀를 놀라게 하자, 그녀는 그를 수사슴으로 변하게 하고 사냥개들을 시켜 그의 사지를 찢게 한다. 또한 그녀는 자신의 주위 사람들의 순결을 감시한다. 그녀는 자신이 가장 아끼던 요정인 칼리스토가 제우스와 성관계를 가졌다는 이유로 그녀에게 활을 쏜다. 사람들은 제우스가 모습을 바꾸고 칼리스토에게 접근함으로써 목적을 이루었다고 말하는데 이 점은 아르테미스 와 칼리스토가 연결되어 있다는 관계의 애매모호함을 밝혀주는 요소이다.

목욕하고 있는 다이아나

헤라

크로노스와 레아의 딸인 헤라는 하늘과 올림푸스의 여왕이었다. 제우스의 누나이자 아내인 그녀는 제우스와 함께 하늘을 통치했으며 올림푸스 12주신 중 하나이다.

그녀는 로마인들에게는 주농으로 알려져 있으며 사모스 섬 또는 어떤 이들은 아르고스에서 태어났다고 한다. 제우스를 제외한 크로노스의 모든 자식들처럼 헤라도 아버지가 삼켰었다.

다른 전설에 따르면 헤라는 크로노스에게 먹히지 않고 반대로 제우스를 구해주고 몰래 키웠다고 한다. 그녀의 형상은 서 있거나 왕좌에 앉아 있고 왕홀과 왕관을 쓰고 있으며 머리에 장식되어 있는 제비꽃은 결혼의 상징을 나타낸다. 때때로 헤라는 한 손에 풍요로움의 상징인 석류를 들고 있기도 한다. 헤라는 아르고스가 죽임을 당한 후 그를 공작으로 만들어 깃에다 백 개의 눈을 달아주었다.

크로노스가 추방된 뒤, 제우스는 여신들, 요정들과 함께 많은 애정행각을 벌였지만 아내로서 헤라만이 적당하다고 결심한다. 그는 헤라를 찾아

크레타 섬에 있는 크노소스로 갔고 그녀를 구슬리지만 실패한다. 어느 날 제우스는 헤라가 토르낙스 산의 숲에서 산책하고 있는 것을 발견하고는 비를 내리게 한 후 뻐꾸기로 변한다. 비에 흠뻑 젖어 추위에 떨고 있는 불쌍한 뻐꾸기를 본 헤라는 뻐꾸기를 가슴으로 품어 따뜻하게 해 주기 위해 자신의 속옷 속에 품는다. 그때 제우스는 자신의 본모습으로 돌아왔고 너무도 창피한 나머지 그녀는 제우스와 결혼한다. 모든 신들이 결혼식을 축하하기 위해 선물을 가져오는데 특히 대지의 여신은 헤라에게 황금사과가 달려있는 나무를 선물하고 아틀라스 산에 있는 헤라의 과수원에 심고 헤스페리데스로 하여금 지키게 한다. 제우스와 헤라는 사모스에서 신혼 밤을 보냈는데 3년 동안 지속되었다. 헤라는 매년 봄에 아르고스 근처에 있는 카나토스 샘에서 목욕을 하며 다시 처녀로 되돌아간다. 둘 사이에 일레이티아, 헤베와 아레스가 태어난다.

헤라는 제우스에게 헤파이스토스가 자신 혼자 낳은 아들이라고 말하는데 제우스는 그 말을 믿지 않는다. 헤라를 기계장치가 되어 있는 의자에 강제로 앉혔고 이 의자는 앉아 있는 사람의 두 팔을 죄어 꼼짝달싹 못하게 하였다. 그리고 그녀가 진실의 맹세를 한 후에 고백하자 그녀의 말을 믿게 된다. 결혼의 수호신인 헤라는 충실함의 표본이었다. 또한 익시온은 신들의 초대로 천상의 세계에 와 헤라를 보고 사랑에 빠진다. 제우스는 구름으로 헤라의 모습을 만들어 그를 속이고 후에 그를 타르타로스로 떨어뜨려 영원히 벌을 받게 한다.

또 다른 이야기에 따르면 어느 날 헤라는 불성실한 남편인 제우스를 버렸다. 그러자 프라타이아 왕의 충고에 따라 제우스는 나무로 만든 우아한 조각상을 만들었고 조각상 위에 베일을 덮은 후 자신의 이륜 전차 옆에 두었다. 그리고는 왕의 딸인 프라타이아와 결혼할 것이라는 소문을 퍼뜨린다. 이 사실을 안 헤라가 너무도 화가 나 즉시 달려와 그 조각상을 뒤집어 버린다. 그러나 사람이 아니라 나무 조각상인 것을 안 헤라는 큰 소리로 웃고 제우스와 다시 화해한다.

많은 이야기 속에서 헤라는 질투심과 제우스와의 다툼으로 올림피아 신전을 시끄럽게 했다고 전해진다. 어느 날 제우스의 바람기에 질린 헤라는 포세이돈, 아폴론 그리고 헤스티아를 제외한 올림피아에 사는 다른 모든 신들과 함께 제우스에게 반란을 꾀한다.

이들은 제우스가 침대에서 잠을 자고 있는 동안 급습하여 가죽 끈으로 묶은 후 움직이지 못하게 백 개의 매듭을 짓는다. 제우스는 이들을 그 자리에서 죽이겠다고 위협하지만 벼락을 제우스의 손이 닿지 않는 곳에 두었기 때문에 제우스를 비웃는다. 이들이 자신들의 승리를 축하하고 다음 후계자가 누가 될 것인지를 알기 위해 논쟁하고 있는 동안 올림피아에서 내전이 있을 것을 예견한 테티스가 모든 손을 동시에 사용할 수 있는 백 개의 팔을 가진 브리아레오스를 찾아가 자신의 주인을 풀어주게 한다. 헤라가 이 모든 음모의 주동자였기 때문에 제우스는 그녀를 황금 사슬로 손목을 묶고 발목에 쇠고랑을 채운다. 다른 신들은 분노했지만 감히 찢어지는 헤라의 외침에도 불구하고 감히 그녀를 구해주러 가지 못한다. 결국 제우스는 신들이 자신에게 더 이상 대항하지 않겠다는 맹세를 받은 후 그녀를 풀어준다.

아킬레우스

<테티스가 자신의 아들에게 헤파이스토스가 새로 담금질하여 만든 무기를 전해주고 있다>
기원전 575— 550, 루브르 박물관

아킬레우스는 테살리아에 있는 프티아 왕인 펠레우스와 바다의 여신인 테티스 아들로서 가장 유명한 그리스 영웅들 중 하나이며 트로이 전쟁에서 가장 중요한 역할을 했던 인물이다.

그의 전설 중 가장 두드러진 것 중에 하나가 그의 어머니가 아들을 불멸의 존재로 만들려는 소망에서 나타난다. 그리고 이야기가 여러 가지로 전해지는데 테티스는 펠레우스의 7명의 아들을 낳았고 6명의 아들을 불 속에 던져버렸는데, 그 이유는 펠레우스의 강압에 못 이겨 결혼하여 낳은 자식들이라 불멸의 존재가 아니었기 때문이다. 혹자들은 그녀가 자식들의 죽음을 가져오는 일부를 소멸시키게 하기 위해 아들들을 불 속에 넣었다고 확신한다.

가장 많이 알려진 이야기에 따르면 그녀는 아들의 발꿈치를 잡고 지옥의 강인 스틱스 물속에 담갔다고 한다. 그리하여 아킬레우스는 그의 어머니가 잡았던 발꿈치를 제외하고는 상처를 입지 않는 몸이 되었다고 한다. 그래서 아킬레우스의 발꿈치라는 표현은 <상처를 입힐 수 있는 아주 민감한 부분>이라는 표현으로 쓰인다.

<아킬레우스를 케이론에게 맡기는 펠레우스>, 흰색 바탕의 향료 항아리, 기원전 500년, 아테네 고고학 국제 박물관.

그럼에도 불구하고, 일리아드 속에서는 아킬레우스가 타격에 전혀 부상을 입지 않는다고 확실하게 말해주는 그 어느 것도 없다. 아킬레우스는 돌로페스의 왕인 포이닉스에게 지배자로서 갖추어야 할 덕목인 정치와 웅변술과 무기 다루는 법을 배운다. 그리고 반은 인간이고 반은 말인 케이론으로부터 의학 공부와 달리는 법("가벼운 발걸음의 아킬레우스"이라는 별명을 얻음)과 활 쏘는 법, 그리고 요정들의 모든 재능과 부상당한 사람들을 치료할 수 있는 비법을 배웠다. 또 케이론은 아킬레우스에게 용기를 불어넣기 위해 야생동물들의 내장과 사자의 골수를 먹였으며 부드러움을 위해 꿀을 먹였다.

아킬레우스와 테티스

어머니로부터 화려한 인생과 길지만 어둡게 살아가는 인생 중 선택을 해야 한다는 말을 들은 아킬레우스는 조금의 망설임도 없이 영광스러우면서 짧은 생을 살 것이라고 말한다.

9살이 되었을 때, 칼카스는 아름다움과 용기, 그리고 헤라여신과 아테네 여신의 보호로 인해 아킬레우스는 그리스인들이 승리를 얻기 위해서는 반드시 필요한 존재가 될 것이라는 예언을 한다. 그러나 아킬레우스가 트로이 전쟁에서 위험에 빠질 것이라고 예언으로 인해 아들의 삶을 걱정

케이론에게서 활 쏘는 법을 배우고 있는 아킬레우스

하던 어머니 테티스는 선사들의 압박으로부터 그를 벗이니게 하고 죽을 수밖에 없는 그의 운명을 벗어나게 하기 위해 아들을 여자로 변장시켜 스키로스의 왕인 리코메데스의 딸 들 속에 숨긴다. 그는 필라라는 이름으로 여인들 틈에 숨어 살았는데 리코메데스의 딸들 중에 한 명인 데이다메이아를 유혹하여 그녀와 결혼을 한다. 그는 또 필로스라고 불리는 네오프톨레모스라는 아들이 있었는데 아들 역시 트로이 전쟁에 참여한다.

아킬레스와 리코메데스의 딸들

오디세우스의 계략으로 인해 그리스인들을 쫓아가는데 제약이 따랐던 아킬레우스는 상인으로 변장을 하였고 이타케의 오디세우스는 리코메데스의 딸들에게 매우 비싼 천과 무기를 선물한다. 그리고 그 가운데 무기를 섞어놓고 위험 나팔을 불게 한다. 딸들 중에 변장을 한 아킬레우스가 혼자 무기를 잡음으로서 그의 정체가 드러나고 만다.

영광과 탐험의 길을 떠난 그는 죽을 때까지 서로 헤어질 수 없는 사이가 되는 파트로클로스과 함께 두 명의 다른 그리스 영웅인 오디세우스와 네스토르의 뒤를 쫓아가 트로이에서 합류한다. 당시 아킬레우스의 나이는 15세였고 아카이아의 전사들 중 가장 어렸다고 한다. 50여척의 선단을 이끈 아킬레우스는 그리스 함대가 역풍 때문에 나가지 못하고 있던 아울리스에 있는 아가멤논과 합류한다. 그러나 칼카스의 예언으로 인해 여전히 함대는 트로이를 향해 떠날 수가 없었는데 칼카스는 왕의 딸이 아르테미스에게 제물로 받쳐지지 않는 한 이들을 놓아주지 않겠다고 말한다. 이피게네이아는 미케네에 있었고 아가멤논은 아울리스 항구로 올 수 있도록 그녀를 어떻게 설득해야 할지 알지 못했다. 그리고 메넬라오스와 오디세우스의 압력에 못 이긴 그는 자신의 딸을 아킬레우스와 약혼시킨다는 핑계 하에 불러 올 것을 수락한다. 이러한 음모에 분개한 아킬레우스는 오디세우스를 결코 용서하지 않았고 불행한 이피게네이아를 구하기 위해 길을 떠난다.

여정 중에 그는 테네도스 섬에 도착하는데 그곳의 왕이자 아폴론의 아들인 테네스를 죽인다.

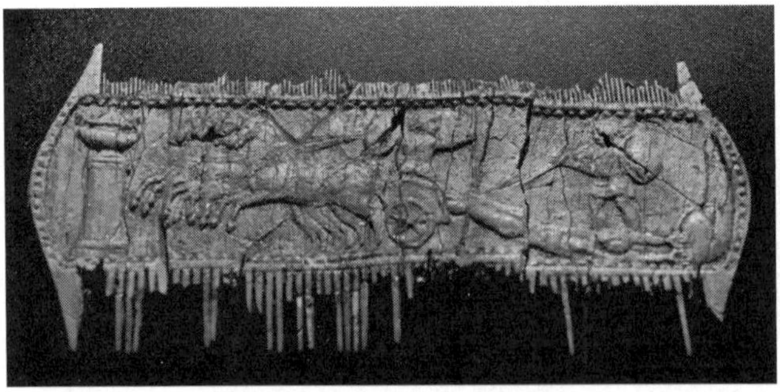

<아킬레우스가 마차 뒤에 헥토르의 시체를 끌고 있다>
기원전 1세기 중엽, 오리아에서 발견된 뼈로 만든 머리빗

트로이에 도착한 아킬레우스는 트로이의 성벽 뒤를 점령한 후 도시의 식량 보급을 차단했다. 부대 선두에 선 그는 트로이에 의존하고 있던 소 아시아의 11개 도시를 점령하였고, 그 보답으로 이 마을들 중 한 곳에서 브리세이스를 받았으며 아가멤논은 크리세이스를 받게 된다. 이 순간부터가 일리아드의 이야기가 시작되는 시점이다. 전염병이 그리스 진영을 휩쓸었고 아폴론의 신관인 크리세스의 딸인 크리세이스를 아가멤논이 첩으로 삼았다는 사실을 칼카스가 알려준다. 아가멤논은 아폴론의 분노를 사지 않기 위해 그녀를 아버지에게 돌려주게 된다. 어쩔 수 없이 양보를 하게 된 아가멤논은 분노하여 영예의 또 다른 몫을 요구한다. 아킬레우스에게 모멸감을 주기 위해 아가멤논은 아킬레우스의 포로인 브리세이스를 데려갈 것을 결심한다. 브리세이스는 사제인 브리세스의 딸이었다. 아킬레우스는 에베노스의 아들인 미네스와 에피스트로포스를 죽이고, 이곳에서 그녀를 마을에서 납치했는데 그는 그녀를 총애했다. 사랑하는 브리세이스를 뺏긴 것에 너무도 화가 난 아킬레우스는 전쟁터에서 빠져나와 아가멤논의 왕홀(王笏) 에다 전쟁터로 돌아가지 않을 것을 맹세한다. 그는 어머니에게 제우스에게 자신이 전쟁터에 없는 동안 트로이 군대가 우위를 점할 수 있게 부탁하라고 간청하고, 제우스는 이를 허락한다. 패배를 하면서 후퇴하게 되었고 트로이인들은 그들의 배를 불 지르겠다고 위협을 하였다. 나이가 많은 지혜로운 네스토르는 아킬레우스의 친구인 파트로클로스에게 아킬레우스를 설득해달라고 부탁한다. 결국 파트로클로스는 아킬레우스의 무기를 가져가 그리스인들을 구해주라는 아킬레우스의 허락을 받아낸다. 그러나 아킬레우스에게 한 약속에도 불구하고 파트로클로스는 전투에서 한 번 승리하자 계속 트로이 군대를 추격하게 되고 결국 헥토르에게 죽임을 당하게 되고 헥토르는 전리품으로서 아킬레우스의 무기를 빼앗는다. 파트로클로스에게 속았다는 분노와 그가 죽었고 헥토르가 승리했다는 것에 대한 분노로 인해 만일 헥토르와 부딪친다면 얼마 안 있어 죽게 된다는 그의 어머니의 경고에도 불구하고 복수를 다짐한다. 헤파이스토스는 그에게 새로운 무기를 만들어 주고 그는 헥토르를 찾아 나선다.

<파트로클로스를 치료해 주고 있는 아킬레우스>

<파트로클로스의 시신 앞에 있는 아킬레우스>

신이 만들어준 무기로 재무장한 아킬레우스는 또 다시 전투에 참여하고 여정 중에 많은 트로이 인들을 죽이며 강의 신인 스카만드로스와 싸움을 하게 된다. 트로이의 수호신이었던 그는 아킬레우스가 수많은 트로이 사람들을 죽여 강물에 던지는 것을 보고 화가 나 그를 익사시키려

고 하지만 불의 신인 헤파이스토스가 강물을 마르게 하여 아킬레우스를 구해준다. 결국 그는 헥토르와 마주치게 되었고 아테네 여신의 도움으로 그를 죽인다. 그는 헥터르의 시신을 마차에 묶고 땅에 발이 질질 끌린 채 도시의 성벽을 세 번이나 돌았다. 그리고 매일 파트로클로스의 무덤 주위를 돌게 했다. 그러나 아킬레우스는 어머니인 테티스의 요구에 따라 늙은 프리아모스에게 그의 아들인 헥토르 시신을 돌려줌으로써 자신의 자애심을 보여준다. 그리고 친구인 파트로클로스의 장례를 성스러이 치른다.

그러나 그로부터 며칠 후, 아폴론의 지시를 받은 파리스가 쏜 화살에 그의 약점인 발뒷꿈치를 맞아 죽게 된다. 그의 죽음에 대해서는 여러 가지 속설이 있는데 아킬레우스가 프리아모스 왕의 딸인 폴릭세네와 사랑에 빠져 그녀와 결혼하기 위해 그리스인들을 배신한 대가로 전쟁터 혹은 아폴론 신전에서 죽었다고 전해진다. 화장 후 그의 재는 파트로클로스 와 함께 금으로 만들어진 유골함에 넣어졌다. 아이아스와 오디세우스가 그의 시신을 구해 아킬레우스의 무기를 놓고 서로 다투었으며 결국 오디세우스가 승리했다고 전해진다. 그리스인들은 아킬레우스에게 신의 영광을 기렸고 사원을 지어 그를 숭배하였다고 한다.

<아킬레우스의 죽음>

헤파이스토스

헤파이스토스는 불과 금속의 신으로서 12명의 올림피아 주신에 속한다. 로마인들에게서 그는 화산에 비유된다.

그는 구리, 쇠, 청동, 은과 금을 가지고 하는 예술을 발견한 창조자이며 신들과 여신들이 사용하는 마법 물건들의 대부분을 제련하는 장인이다. 그가 만든 것들은 다음과 같다.

- 올림피아 궁전
- 제우스의 벼락
- 제우스의 왕홀
- 포세이돈의 삼지창
- 아르테미스와 아폴론의 화살
- 마차, 침대와 헬리오스의 둥근 배
- 아킬레스의 새 무기들
- 아프로디테의 마법 혁대
- 판도라의 상자
- 하르모니의 목걸이

어떤 이들은 헤파이스토스가 헤라가 남편인 제우스가 아테네를 낳을 것에 대해 질투한 나머지 혼자서 낳은 아들이라고 주장한다. 헤라는 제우스에게 헤파이스토스가 자신 혼자 낳은 아들이라고 말하는데 제우스는 그 말을 믿지 않는다. 그러나 헤라를 기계장치가 되어 있는 의자에서 강제로 앉혔고 이 의자는 앉아 있는 사람의 두 팔을 죄어 꼼짝달싹 못하게 하였다. 그리고 그녀가 진실의 맹세를 한 후에 고백하자 그녀의 말을 믿게 된다.

그는 태어나면서부터 불행했는데 그를 싫어한 어머니인 헤라가 그를 귀찮아하여 올림피아의 높은 곳에서 던짐으로써 추한 외모를 갖게 된다.

그는 그러나 이 와중에 살아남았고 육체적인 어떠한 상처도 입지 않았는데 그 이유는 그가 바다에 떨어졌고 그곳에서 멀지 않은 곳에 있던 테티스와 에우리노메가 그를 발견하여 구해주었기 때문이었다. 이 여신들은 바다 지하 동굴에서 돌보았는데 이곳에 그의 첫 번째 대장간을 만든다. 그는 여신들에게 최고의 보석과 물건들을 만들어준다. 9년이 흐른 후 헤라는 테테스를 만났는데 그녀는 헤파이스토스가 만든 아름다운 팔찌를 차고 있었다. 헤라는 그녀에게 이 아름다운 보석이 어디에서 났느냐고 묻는다. 테티스는 전혀 대답하고 싶지 않았지만 헤라는 그녀에게 대답을 받아내 헤파이스토스를 올림피아로 즉시 오라고 한 후 아름다운 대장간을 만들어준다. 이때부터 헤라는 아들인 헤파이스토스에게 많은 관심을 보여주며 심지어 많은 신들과 인간들과 연분을 뿌렸던 아프로디테와 결혼하게 해준다.

어느 날 헤파이스토스는 아레스와 함께 있는 아내인 아프로디테를 급습하여 모든 신들 앞에 이들의 불륜을 보여주기 위해 끈으로 묶는다. 헤파이스토스는 헤라여신과 화해하였고 헤라여신이 제우스에게 반역을 꾀하는 순간에 손목을 묶어 하늘에 매달아놓았다고 제우스를 비난한다. 화가 난 제우스는 헤파이스토스를 다시 올림푸스 신전 아래로 떨어뜨린다. 헤파이스토스는 하루 동안을 낙하하여 렘노스 섬의 땅에 떨어졌는데 이때 죽지 않는 몸임에도 불구하고 두 다리가 부러진다. 그러나 섬 주민들이 그를 발견하였고 그는 이로 인해 절름발이가 된다.

아레스

<투구를 쓰고 있는 아레스의 두상>

아레스는 전쟁과 난폭함의 신이었다. 그의 이름은 모든 종류의 치명적인 죽음의 형태를 나타내는데 특히 전염병이 대표적인 예이다. 전쟁은 아레스의 춤이라고 불릴 정도로 아레스는 전쟁을 좋아했다. 그는 제우스와 헤라여신의 아들로서 그의 주위에는 우의적 존재들로 둘러싸여 있는데, 그는 누이인 전쟁의 신인 에니오, 아들인 근심의 신 데이모스, 공포의 신 포보스 그리고 살인과 폭력의 신인 케레스와 함께 전쟁에 참여하였는데, 그리스인들은 그의 이름이 <살인자>라고 해석했다.

아레스에 대한 이야기는 매우 빈약한데 그리스에서 그는 전혀 유명한 존재가 아니었다. 그의 사원들은 매우 드물었고 신도들도 많지 않았다. 반면 마르스는 로마인들에게 매우 잘 알려져 있다. 고대시대에 마르스는 전쟁의 신이었지만 그를 기리는 달에 벌어지는 축제들은 매우 농촌적인 풍경을 자아낸다. 아레스는 12명의 올림피아 신들 중 하나이며 올림피아 신전을 끊임없는 전투로 시끄럽게 함으로써 다른 신들로부터 미움을 샀

<Arès 조각상>

는데 특히 그의 아버지인 제우스는 <나는 올림피아 신전에 있는 신들 중 그 누구보다도 너를 싫어한다. 왜냐하면 너는 오로지 불화와 전쟁과 전투만을 꿈꾸기 때문이다>라고 말하며 그를 아주 싫어했다. 그의 어머니인 헤라여신도 트로이 전쟁 동안 트로이 편을 들기 위해 전쟁터로 떠나는 아레스를 보고는 그다지 좋아하지 않았다. 특히 헤라클레스와 아테네 여신과 싸움이 잦았다. 그와 마찬가지로 전쟁의 여신인 아테네는 승리와 같은 전쟁의 긍정적인 측면을 대표하는 반면 아레스는 부정적인 면을 상징한다. 두 신은 특히 서로를 미워했는데, 아레스는 제우스가 금지시켰음에도 불구하고 전쟁에 참여하려 하였으나 아테네가 그를 비난하며 전쟁에 끼어들지 못하게 막는다. 논쟁 끝에 아레스는 아테네 여신을 공격하고 마술 방패를 향해 자신의 투창을 던진다. 그러나 아테네는 부상을 입기는커녕, 아레스를 돌로 그의 머리를 내리친다. 아플로디테가 그를 피신시키려고 하자, 아테네는 아플로디테를 주먹으로 때려 기절시킨다.

트로이 전쟁에서 아테네는 디오메데스를 시켜 아레스를 공격하게 하였고 자신도 그에게 돌로 만든 큰 벽돌을 그의 목을 향해 던졌다. 신들 중 유일하게 아레스만이 개인적으로 전쟁에 참여를 하였는데, 아프로디테만이 그에게 애정을 가지고 있었다. (동생이라는 설도 있고 정부라는 설도 있다). 시간이 흐른 뒤, 델포이로 가는 길에 헤라클레스는 아레스의 아들인 킥노스와 결투를 하게 되고 아레스 자신도 이 싸움에 끼어들게 된다. 그러나 아테네 여신의 도움을 받은 영웅 헤라클레스는 킥노스를 죽이고 아레스의 엉덩이에 상처를 입힌다.

데메테

데메테는 그리스어로서 대지의 어머니를 뜻하는 말로서 농업과 수확의 여신으로 알려져 있다. 가이아나 레아가 대지 자체를 상징하고 있다면 그녀는 파종과 식물이 자라는 것을 도와주는 역할을 한다.

그녀는 크로노스와 레아의 딸로서 올림푸스 12주신 중에 하나지만 올림푸스와 땅이 접한 엘레우시스에 거주하는 것을 좋아했다.

그리스 경제의 기본은 근본적으로 밀과 호밀과 같은 곡식 재배에 있었기 때문에 데메테는 도시국가의 풍요와 번영에 밀접한 관계가 있으며 사람들은 모든 그리스 지역에 그녀를 기리는 많은 사원을 지었다.

그녀의 아름다움 외모로 인해 많은 신랑 후보자들이 있었다고 전해지는데 그녀가 아르카디아에 있을 때 포세이돈이 그녀를 소환했는데 그녀는 암말로 변하여 옹코스 왕의 말들 사이에 숨었다. 그러나 바다의 지배자인 포세이돈은 수말로 변해 그녀를 취했다.

데메테는 제우스의 유혹 또한 거절했었는데 제우스는 목적을 이루기 위해 황소로 변했고 페르세포네를 낳는다. 데메테는 또한 이아손과 함께 플루토스를 낳는다. 이들은 카드모스와 하르메니에의 결혼식에서 만나는데 사랑에 빠지게 하는 묘약을 마시고 들판에서 세 번이나 사랑을 나눈다. 이들이 돌아오자 제우스는 이들 사이에 무슨 일이 일어났는지 알아차리고 이아손이 감히 데메테를 건드렸다는 사실에 분노하여 그를 벼락으로 내려쳐 죽인다.

다른 전설에 따르면 이아손이 데메테와 함께 시실리에 살았고 플루토스를 낳았다고 한다.

또 다른 전설에 의하면 죽은 자들의 군주인 하데스가 데메테를 아내로 맞이하기 위해 페르세포네를 납치하였고 데메테는 대지의 수확에는 아랑곳 하지 않고 그를 찾아 나선다. 도소라고 불리는 노파로 변장한 데메테는 9일 동안 헤매고 기근이 인간들을 위협한다는 것을 안 제우스는 하데스의 왕국에 전령사인 헤르메스를 보내 페르세포네를 어머니인 데메테에게 돌려주라고 한다. 그러나 페르세포네는 하데스가 그녀를 곁에 두기 위해 마지막 속임수로 준 석류 씨를 먹는다. 이 죽은 자들의 왕궁에서 석류 씨를 먹은 사람은 누구를 막론하고 왕궁을 벗어나지 못하게 되었는데 제우스는 페르세포네가 그의 어머니인 데메테와 수확할 수 있는 6개월에서 8개월 사이에 함께 지내고 나머지는 그의 남편과 지낼 수 있도록 한다. 이 기간이 그리스인들의 수확 주기가 되었다.

데메테는 인간들에게 파종과 경작 기술을 가르쳐 주었다. 그녀가 도소의 모습으로 방황할 때 엘레우시스의 왕인 쎌레오스를 만났는데 그의 환대에 보답하기 위해 왕의 아들들인 데모폰에게는 불사의 몸을, 둘째인 트립토레메에게는 농업기술을 전수해준다.

역 자　정일영

인하대 불어불문학과 졸업
프랑스 파리 8대학 대학원 졸업
프랑스 파리 8대학 박사준비과정 수료
언어학 박사학위 취득

현 재　인하대학교 출강, 충북대학교 출강
EBS 수능 프랑스어 강의

저 서　디지털로 배우는 프랑스어 회화
(Rendez-vous avec la français, Pentacord)
대학 프랑스어 회화
DELF A1, DELF A2, DELF B1, DELF B2
DELF A1-Junior, DELF A2-Junior
기초 프랑스어
생활속의 프랑스어 회화
프랑스어 문법(공저)
홀로서기 프랑스어 회화
프랑스어 필수어휘
프랑스어 말소리 갈(공저)
오르세 미술관, 루브르 박물관 외 다수

오디세이 신화

1판 1쇄 찍음 • 2009년 1월 2일
1판 1쇄 펴냄 • 2009년 1월 10일

역 자 • 정 일 영
발행인 • 정 현 걸
발 행 • 신 아 사
인 쇄 • 예지인쇄

출판등록 • 1956년 1월 5일(제9-52호)
서울특별시 은평구 녹번동 28- 36 (2F)
전화(02)382 – 6411 • 팩스(02)382 – 6401
홈페이지 • www.shinasa.co.kr
E- mail • shinasa@chol.com

* 저자와의 협의로 인지를 생략함

ISBN 978-89-8396-601-8

정가 12,000 원